U0448305

Anders Rydell

Book Thieves
The Nazi Looting of Europe's Libraries and
the Race to Return a Literary Inheritance

纳粹与书

追寻被掠夺的历史记忆

〔瑞典〕安德斯·莱德尔　著
朱慧颖　译

商务印书馆
The Commercial Press

Copyright © 2015 by Anders Rydell
Published by agreement with Salomonsson Agency AB
through The Grayhawk Agency Ltd.

目录

序 ………………………………………………………… i

1 吞噬世界的大火：柏林 ………………………………… 1
2 柏林市图书馆的幽灵：柏林 …………………………… 14
3 歌德的橡树：魏玛 ……………………………………… 32
4 希姆莱的图书馆：慕尼黑 ……………………………… 54
5 反对耶路撒冷的战士：基姆湖 ………………………… 64
6 抚慰以色列的苦难：阿姆斯特丹 ……………………… 84
7 挖掘共济会的秘密：海牙 ……………………………… 108
8 列宁工作过的地方：巴黎 ……………………………… 121
9 消失的图书馆：罗马 …………………………………… 140
10 民族的碎片：塞萨洛尼基 ……………………………… 157
11 造纸厂就是乱葬岗：维尔纽斯 ………………………… 172
12 塔木德部队：特莱西恩施塔特集中营 ………………… 200
13 "没有犹太人的犹太人研究"：拉提波－法兰克福 …… 214
14 一马车的鞋子：布拉格 ………………………………… 233
15 踏上归途的书：柏林－坎诺克 ………………………… 266

致谢 ……………………………………………………… 291
注释 ……………………………………………………… 294

无需问那是谁的鞋，
我的心已撕裂：
哦鞋子，请告诉我真相，
脚被送到了哪里？

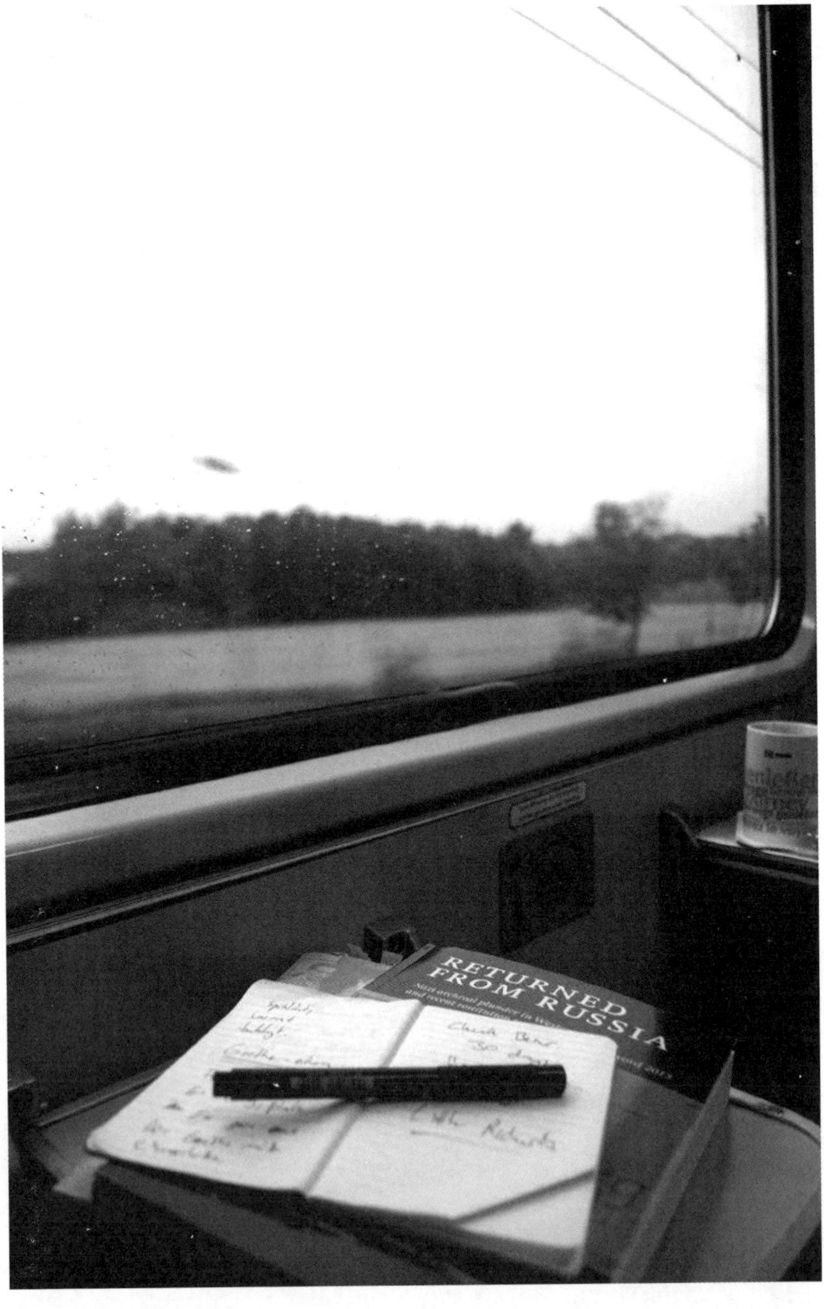
RETURNED
FROM RUSSIA

序

2015年春，我从柏林飞往伯明翰，背包里放着一本橄榄绿的小书。我不时打开背包和装书用的棕色软垫信封，看到书还在，我才放心。七十多年后，这本书将回到它的家人，即它曾经的主人的孙女手里。这位前主人曾经小心翼翼地把他的藏书票粘在扉页上，并在书名页写下他的名字：理查德·科布拉克（Richard Kobrak）。1944年年底，他和妻子一起坐上开往奥斯维辛的某趟最后的列车，而后被赶进那里的毒气室。我背包里的这本小书并不特别值钱，在柏林的旧书店里，它的售价很可能也就几欧元。

然而，就在我守护这本书的短短数日里，一想到它可能会突然不翼而飞，一种类似于恐慌的情绪就会攫住我。想象背包忘在出租车上或者书被偷，也让我惶惶不安。该书的价值不在钱的多少，而在情感，它对那些不在祖父膝下长大的人来说不可替代。这本橄榄绿的小书价抵万金，因为它是理查德·科布拉克唯一留在世间的东西。一本属于私人藏品的书。令人悲伤的是，它只是还在等待被发掘的数百万书籍中的一本。数百万失去的生命，原本属于他们的数百万被遗忘的书籍。半个多世纪来，它们被忽略，静默无声。那些知道它们来历的人常常试图抹去书籍主人的记忆，他们撕掉有标记的书页，划去个人赠言，伪造图书馆目录，在目录里把盖世太保或纳粹党赠送的"礼物"写成来自匿名捐赠人。

但是或许因为掠夺在在皆是，也没有人想要了解这些遗物的历史，许多书反而得以幸存。

在过去的几十年里，纳粹盗窃艺术品的恶行已引起极大的关注。2009 年，在调查了斯德哥尔摩当代美术馆中一幅第二次世界大战中消失的作品，即埃米尔·诺尔德（Emil Nolde）的《花园》（Blumengarten）之后，我自己也开始写这样的故事。正如这本橄榄绿小书，那幅画原本属于一个德国犹太人家庭，1930 年代末遗失。我最初的主题后来变成了纳粹如何大规模地掠夺艺术品，以及要求归还这些作品的长达七十年的战役。我的努力最终凝结成 2013 年出版的一本书：《掠夺者——纳粹党人如何盗取欧洲艺术瑰宝》（Plundrarna. Hur nazisterna stal Europas konstskatter）。

当我沉浸在挖掘这种既被意识形态，同样也被贪念驱动的盗窃行为的细节时，我发现被偷盗的除了艺术品和古玩，还有书籍。这本来没有什么可好奇之处——纳粹的劫掠组织本就无所不抢，无所不夺。

我惊讶的第一件事是偷书的规模非常庞大，在一次从大西洋海岸延伸到黑海的劫掠行动中，数百万书籍消失不见。但别的事也引起了我的注意，即这些书的重要性似乎是在意识形态上。艺术品主要分给了纳粹领导人，尤其是阿道夫·希特勒和赫尔曼·戈林（Hermann Göring）。纳粹党人想要在欧洲的废墟上建立一个新世界，他们打算用这些艺术品展示这个新世界，使其合法化并赐予其荣誉。在他们眼中，那是一个更美丽更干净的世界。

但是书籍另有他用。窃取书籍不是为了荣誉，也不仅仅因为贪婪，而是出于更令人不安的原因。整个欧洲的图书馆和档案馆都遭到第三帝国最重要的理论家们，如纳粹党卫队头子海因里希·希姆莱（Heinrich Himmler），或纳粹党首席理论家阿尔弗雷德·罗森堡（Alfred Rosenberg）领导的组织的洗劫。史上最大的偷书行动是在第二次世界大战期间精心安排和实施的，此次洗劫的目标是意识形态上的敌人——犹太人、共产主义者、共济会、天主教徒、政权的批评者、斯拉夫人，等等。这个故事现在还没有广为人知，很大一部分罪行也悬而未决。我决定循着抢劫者的踪迹，开启穿越欧洲数千英里的旅程。此行的部分目的是想了解，也想找出什么存留至今，什么已佚失。我从散落在巴黎的流亡者图书馆辗转到罗马，查找可上溯至世纪之初、而今已不复存在的古老的犹太人图书馆。然后，我在海牙探寻共济会的秘密，复至塞萨洛尼基寻找一个被灭绝的文明的碎片。我还从阿姆斯特丹的西班牙系犹太人图书馆，来到维尔纽斯的犹太人图书馆。在这些地方，人们和他们的书籍被拆散，有时被摧毁：痕迹无处不在，虽然往往仅剩一鳞半爪。

本书在很大程度上是关于流散——第二次世界大战期间成千上万的图书永远风流云散的故事。数百万册个人的书籍，曾经是个人藏品的一部分，如今依然在欧洲各国的书架上，但情势已经不同。集几代人之力而建成的图书馆曾经引人入胜，也是社区、家庭和个人文化、语言和身份认同的核心，现在已成碎片。图书馆自身是不可代替的——它折射着创造和滋养了它们的人民和社会。

但是本书也述及奋起保卫其文化遗产的人民，他们冒着生命危险，有时也确实失去了生命。这些人清醒地意识到，偷走他们的文化就是抢走他们的历史与人文，归根结底，就是抢走他们的所有记忆。他们不顾一切想尽办法藏起自己的手稿，掩埋自己的日记，在踏上前往奥斯维辛的不归路时紧紧抓住最心爱的那本书。我们能记起发生过的可怕往事，应该感谢那些人——那些失去生命的人和那些死里逃生、从此描述其经历并公之于世的人。他们让本来秘而不宣的事情发出了声音。在我们生活的时代，大屠杀最后的幸存者不久也将离世，我们只能希望他们留给我们的将足以让我们继续铭记。撰写本书时，我意识到这些记忆才是核心，它们正是书籍被劫掠的原因。抢走人们的文字和记述，是囚禁他们的一种方式。

书籍很少如艺术品那样独一无二，但它们拥有更多人可以理解的价值。在我们的时代，书籍一直具有近乎精神象征的价值，丢弃书籍仍被认为是亵渎神明，烧毁书籍则是最有象征性的举动之一，无异于摧毁文化。虽然在这里具有象征性的毁灭文献之举主要指1933年的纳粹焚书，但是焚书的历史正如书籍自身一样古老。

人类与书籍之间的密切关系与数千年来文字在知识、感情和经验传播中的作用有关。文字逐渐代替了口头传统，我们可以保存更多，回望更远，也可以满足从未满足、想要知道得更多的渴望。读写能力直到最近还只是少数人的专利，因此它是一种神奇的能力。无论谁掌握了这样的能力，都能与祖先交流——并拥有知识、权威和权力。我们与书籍之间，同时兼及情感与精神的关系，涉及书籍如何"对我们说话"。书籍是把我们和其他生者与死者相连的媒介。

在很长一个时期内，美国的黑人奴隶被禁止学习读书写字，于是他们把《圣经》——白人奴隶主以之将自己囚禁奴隶的行为正当化——当作"会说话的书"。奴隶解放的一个重要部分是奴隶们拿起了《圣经》，用它来反抗他们的压迫者。《圣经》是压迫与解放的工具。即便是今日，全球冲突的核心仍在于如何解读神圣的著述。书籍不仅传递知识与情感，也是一个权力之源。

这就是常常为1933年德国臭名昭著的焚书暴行的烟雾所掩盖的事实——当时纳粹党领袖厌恶的作者的著作都被付之一炬。纳粹反知识分子、破坏文化艺术的形象在我们心中挥之不去，在某种程度上可能是因为这不难理解，也可能是因为我们愿意视文学和文字为本质美好的事物。

但即便是纳粹党人也认识到，如果有什么比仅仅摧毁文字更有力量，那便是拥有并控制它。书中自有力量。文字能用作武器，在大炮的隆隆声停息后久久回响。它们不仅仅是宣传的武器，而且是化身为记忆的武器。无论谁拥有了文字，就拥有了阐释文字并书写历史的权力。

1 吞噬世界的大火：
柏林

> 焚书之地，终将焚人。
>
> ——海因里希·海涅，1820年

这句话镌刻在柏林贝贝尔广场（Bebelplatz）一块嵌入鹅卵石地面、锈迹斑斑的红色金属板上。夏日来柏林的游客去参观城里景色时，会经过这个位于勃兰登堡门（Brandenburger Tor）和博物馆岛（Museumsinsel）之间的广场。此地依然保持着有象征性的张力。广场的一个角落里站着一位上了年纪的妇女，她白发凌乱，身裹大幅以色列国旗——"大卫之星"旗。加沙再次爆发战争，约有三十人聚集在一起，抗议反犹情绪。第二次世界大战结束约七十年后，反犹情绪再度在欧洲死灰复燃。

在宽阔、时尚的菩提树下大街（Unter den Linden）的另一侧，几张搁板桌摆在洪堡大学的门口，花几欧元就能买到翻烂了的托马斯·曼（Thomas Mann）、库尔特·图霍夫斯基（Kurt Tucholsky）和斯蒂芬·茨威格（Stefan Zweig）的著作——1933年5月，他们的书就是在这里被扔到火中。搁板桌的前面是一排鹅卵石大小的金属牌，每块牌上都有一个名字：马克斯·拜耳（Max Bayer）、马里恩·博伊特勒（Marion Beutler）、爱丽丝·维多利亚·贝尔塔（Alice Victoria Berta），他们都曾就读于洪堡大学。每个名字后面都有一个时间和一个无需多加解释的地名:"毛特豪森 1941""奥斯维辛 1942""特莱西恩斯塔特 1945"。

海涅的话实为戏剧《阿曼索》(Almansor)中的一句对白,自第二次世界大战以来它一直被视为一个富有洞察力的预言,仿佛看见了当前和随之而来的大灾难。1933 年 5 月 10 日,在当时叫作剧院广场的贝贝尔广场,史上最著名的焚书仪式上演了——这一事件一直强有力地象征着极权压迫、文化野蛮主义以及纳粹发动的残酷无情的意识形态之战。焚书的火焰也象征着文化毁灭与大屠杀之间的密切联系。

同年早春,纳粹党人以另一把火——1933 年 2 月的国会大火——为借口,攫取了德国的政权。纳粹宣称这起纵火案是共产党人干的,德国受到了"布尔什维克阴谋"的威胁,因此掀起了第一波广泛的恐怖活动,逮捕了共产党人、社会民主党人、犹太人以及其他政治反对派。纳粹党报《民族观察报》(Völkischer Beobachter)为这些指控推波助澜,多年来它一直促使、煽动人们反对犹太人、布尔什维克、和平主义者和世界主义者的文艺,为纳粹上台铺路。

1933 年之前,纳粹已开始破坏文化活动——从"令人不快"的电影到所谓的"堕落艺术"展都受到攻击。1930 年 10 月,前一年刚荣获诺贝尔奖的托马斯·曼在柏林贝多芬大厅举办的一场公开读书活动中抨击当时弥漫于德国的情绪。[1] 有人向约瑟夫·戈培尔(Joseph Goebbel)透露了此次活动的消息,因此戈培尔早已派出 20 名冲锋队队员去读书会,每个人都系着黑领带,混在包括一些右翼知识分子在内的听众中。曼的演说赢得了部分听众的掌声,也遭到了破坏者的刁难。场内气氛最后一触即燃,曼被迫从后门离开大厅。

威胁更是到处蔓延。托马斯·曼一家和阿诺德·茨威格(Arnold Zweig)、台奥多尔·普利维埃(Theodor Plievier)等作家不断收到恐吓电话和恐吓信,许多作家的住所被肆意乱涂乱画。经过选择,一些作家成为冲锋队巡逻员的监视对象,这些人守在他们家门外,他们走到哪儿,这些人就跟到哪儿。

纳粹也制定了违禁文献的名单。1932年8月,《民族观察报》公布了一个作家黑名单,准备等纳粹上台后就查禁他们的作品。[2] 同年更早的时候,在42名德国教授签名支持下,该报发表了一个宣言,宣称德国文学应该防范"文化布尔什维主义"。1933年冬,纳粹党人已经掌权,对违禁文献的查处从街头转向国家机器。1933年2月,兴登堡(Paul von Hindenburg)总统签署了"保护人民和国家"法令,限制出版自由——同年春又进一步修正,控制言论自由。第一批牺牲品是共产党和社会民主党的报纸及出版商。戈林奉命领导斗争,反对所谓肮脏的作品,即马克思主义的、犹太人的以及色情的书籍。

正是这次对书籍的打击导致了5月份的焚书活动——但实际上这件事的发起者并不是纳粹党,而是德国大学生联合会(Deutsche Studentenschaft)——德国学生会的联盟组织。自1920年代以来,其中几个学生会已或多或少公开支持纳粹党。第二次世界大战前,这不是德国右翼保守派学生第一次烧书。1922年,数百名学生聚集在柏林滕珀尔霍夫机场(Tempelhof),烧毁"肮脏的作品"。1920年,汉堡的学生焚烧了第一次世界大战后德国被迫签订的投降文件——《凡尔赛和约》的副本。

纳粹党对文学的攻击与右翼保守派学生团体早已发动的攻击一拍即合。对这些学生团体而言,烧书是德国人表达挑战与反抗的传统,它可以上溯至马丁·路德和宗教改革时期。1933年4月,德国大学生联合会宣布采取行动反对"非德国的文学",视希特勒为路德再世。为了勾起人们对马丁·路德开始宗教改革时提出的《九十五条论纲》的记忆,德国大学生联合会在《民族观察报》上公布了自己的论纲——"打倒非德国精神的十二条论纲"。

学生们提出,语言中有一个民族真正的灵魂,因此应该"净化"德国文学,把它从外国的影响中解放出来。他们说犹太人是德语最危险的敌人:"犹太人只能用犹太人的方式思考,如果他用德语写作,他就是在撒谎。用德语写作,但用非德国的方式思考的德国人是叛徒。"[3]

他们要求所有的"犹太作品"必须用希伯来文出版,"把非德国的精神从公共图书馆里清除干净"。德国的大学应该是捍卫"德国民族传统的堡垒"。

他们的宣言使全国上下都行动起来清除非德国的作品。学生会服从德国大学生联合会,他们成立了战争委员会,组织、协调全国各地的焚书活动。焚书变成了庆祝活动,委员会得到指导,要推广他们的活动,雇用演讲人,收集烧火用的木柴,争取其他学生会和当地纳粹领导人的支持。那些反对焚书的人,尤其是老师们,都遭到了恫吓。战争委员会还到处贴海报,上书"今天作家,明日轮到教授"等标语。[4]

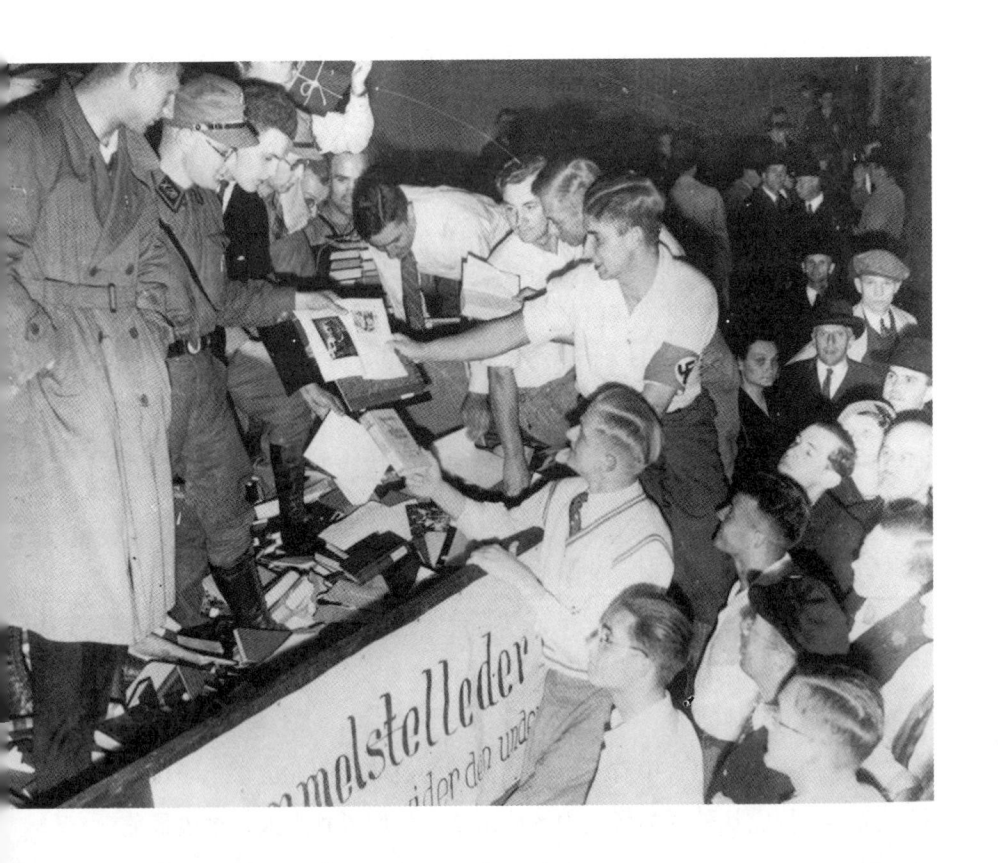

"热情的"学生们准备在全德各地举行焚书活动。德国最受国际赞誉的作家撰写的许多书籍都被扔进大火里烧毁。(陈雪霏译)

不过，战争委员会的首要任务是收集"肮脏"的作品，以备焚烧。学生们奉命先清理自己个人的藏书，后来延伸到公共图书馆和当地的书店，许多学生都心甘情愿地配合。1933年春，一个更全面的书籍和作者的黑名单也开始制订。早在1920年代，图书管理员沃尔夫冈·赫尔曼（Wolfgang Herrmann）就和一些右翼极端分子学生团体混在一起，几年来一直在制订"值得一烧"的作品清单。最初他只列出了12个人，但是很快就扩充到131位作者，并分成不同类别：共产主义者，如托洛茨基（Trotsky）、列宁、贝尔托·布莱希特（Bertolt Brecht）；和平主义者，如埃里希·玛利亚·雷马克（Erich Maria Remarque）；犹太知识分子，如瓦尔特·本雅明（Walter Benjamin）；此外还有其他许多在魏玛共和国时期声名大振的文学家和知识分子。

除了国家主义的批评者，一些所持历史观，尤其是在第一次世界大战、苏联和魏玛共和国等主题上与纳粹观点不一致的历史学家也被列入黑名单。纳粹也完全反对一些思想家的全球视野，如弗洛伊德和爱因斯坦，二者均因推动了"犹太人的科学"而受到攻击。

学生们除了"清理"自己的藏书，还要求公共图书馆和书店交出他们手中的"肮脏的作品"。许多时候，大学教务长、教师和学生合作，一起清理学校图书馆。

不过战争委员会也在地方警察和冲锋队员的协助下，用更暴力的方法把手伸向图书馆书籍。5月初，就在焚书前几日，学生们攻击了外借图书馆和共产主义者图书经销商。前者尤其为保守势力厌恶，赫尔曼把它们称作"文学妓院"，认为它们在正派的普通人中传播了肮脏的、犹太人的、颓废的作品。自第一次世界大战以来，图书馆极为流行。因为两次世界大战之间的经济大萧条和通货膨胀，买得起书的德国人越来越少，传统的图书馆也无法满足人们对书籍的巨大需求，于是15,000多家小型外借图书馆应运而生。这些图书馆提供了价格低廉的借阅服务，大量购买了当时的畅销书，如托马斯·曼的著作。虽然冲锋队也搜查私人图书馆，但这些"人民图书馆"更容易落入学生之手。德国保护作家联盟（Schutzverband deutscher Schriftsteller）保护那些德国作家，他们坚决反对审查制度和国家对文学的其他形式的干预，有一次被广泛报道的袭击就是针对联盟在柏林的公寓大楼。大约有五百名联盟成员住在大楼里，他们的公寓被搜查或肆意破坏。可疑的书被没收或当场损毁，正在撰写或阅读"社会主义"作品的作家被扣押。

就在焚书的前几日，最为臭名昭著的袭击发生了，大约一百名学生冲击了位于柏林蒂尔加滕（Tiergarten）的性学研究所。该研究所由医生马格努斯·赫希菲尔德（Magnus Hirschfeld）和亚瑟·克伦弗尔德（Arthur Kronfeld）成立，不仅从事性学的开创性研究，也致力于促进女性、同性恋者和变性人的权利。整整三小时，学生们在楼里发狂，往地毯上泼油漆，砸窗户，在墙上乱涂乱画，破坏油画、瓷器和其他日用品。他们还拿走了书籍、研究所的档案、大量照片和创始人赫希

具有开创性的柏林性学研究所在 1933 年遭受掠夺。该研究所图书馆的部分图书和档案被送到了歌剧院广场并于当年 5 月 10 日被焚毁。（陈雪霏译）

菲尔德的半身像。[5]

早在1932年,许多犹太人和共产主义者看清了政治风向,已开始整理他们的个人藏书,销毁照片、通讯簿、信件和日记。共产党员发出警告:如果随身携带"危险"的文件,要做好吞下文件的准备。因此,也有人把他们自己的藏书投于火炉、壁炉或在后院焚烧,此种小型的烧书就有成千上万起。他们很快就发现知易行难:烧书很费时间,所以许多人选择把藏书丢到树林、河流或者行人绝迹的大街上——也有人匿名把书邮寄到子虚乌有的地方。[6]

1933年后,大量的德国作家自愿或被迫流亡。流亡作家中除了托马斯·曼,还有其兄亨利希·曼(Heinrich Mann)、布莱希特、阿尔弗雷德·德布林(Alfred Döblin)、安娜·西格斯(Anna Seghers)、雷马克以及其他许多人。到1939年,已有约两千名作家或诗人被迫离开纳粹德国和奥地利,其中许多人一去永不复返。但是也有大量的人选择留下,一些没有明确参与政治的作家走向了后来所谓的"境内流放"。他们留在了德国,或者说他们的"家园"(*Heimat*),但是他们也决定不再发表论著。作为一种选择,他们出版审查委员会接受的书籍:少儿读物、诗歌和历史小说。其他人被禁止出版自己的著作,除非他们隶属于戈培尔领导的国民教育与宣传部的帝国文学院(Reichsschrifttumskammer)。

也有一批作家加入了纳粹德国政权的阵营。1933年10月,一系列德国报纸发表了88名德国作家和诗人签署的声明,标题为"最忠诚的联盟誓约"(*Gelöbnis treuester Gefolgschaft*)。声明直接支持德国最近的决定:退出国联。签署该声明的有沃尔特·布勒姆(Walter Bloem)、汉斯·约斯特(Hanns Johst)和阿格涅·米盖尔(Agnes Miegel)等人,因为他们与其宣誓效忠的政权一荣俱荣,一损俱损,如今他们大多已被人遗忘。

当时,拥护国家社会主义的作家会得到丰厚的奖赏,德国最受人尊敬的文学研究院、基金会和协会原本将他们拒于门外,现在开始向他们敞开大门。1933年，纳粹控制的读书俱乐部"古腾堡读书会"（Büchergilde Gutenberg）有25,000名成员，几年后增至333,000人。依靠这样的读书俱乐部，纳粹政权高效地把从歌德、席勒到国家主义者、保守主义者和纳粹分子的作品传递给了数百万读者。

宣传部激发了德国历史上空前的、想必也是绝后的文学和政治热情，它每年颁发的文学奖项超过了55个。

整个1930年代，戈培尔的宣传部完全控制了德国的图书行业，包括大约2,500家出版社、16,000个图书经销商和二手书书店。[7]其中的一个措施是逐渐把犹太人逐出研究院、文学协会、作家的专业团体、出版社和图书经销商、印刷商队伍，清除图书世界里的"犹太人影响"。犹太人出版商、印刷商和图书经销商被"雅利安化"，即转让给雅利安人老板。有些犹太人的出版社执图书行业之牛耳，如朱利叶斯·斯普林格（Julius Springer）即为最大的科学类出版商。雅利安化是个贯穿整个1930年代、逐步推进的过程。起初，为了避免损害公司的价值或者影响国际关系，接管犹太人的公司、排挤犹太人是小心进行的，纳粹政权只是劝说犹太人老板出售；如果他们拒绝，就采取程度不等的强迫、骚扰和威胁手段。出版业的雅利安化为纳粹党、国家和商人个体筹到了大笔金钱。1936年，《纽伦堡法》使这一行为合法化、正式化。

虽然早在1933年，纳粹党已迫使许多最著名的德国作家流亡国外，但是销毁他们的书籍还需要相当长时间。这一过程是逐步进行的——例如，托马斯·曼的作品不断再版，直到1936年他被剥夺了公民权。让德国的出版商撵走那些作者、防止图书重新印刷是一回事，控制二手书市场又是另一回事——更不用说德国家庭的书架上早已有的那些书。实际上，几乎不可能完全清除这些书籍，整个战争期间，大多数上了黑名单的作家的作品其实都能看到——虽然是私下里买卖。纳粹政权能利用的最有效的工具是自我审查，即人们自行清理藏书。

另一种方法是为德国人民提供新的作品。1930年代，每年都有大约两万部新作问世。宣传部认为"对人民有教育意义"的书受到赞助，用大开本不断大量出版。当时读者数量有限的书籍突然大批量发行，希特勒的《我的奋斗》在1925年第一次出版时只卖了9,000册，但是仅1933年就有85万册的印刷量。[8]希特勒最大的主顾是德国这个国家，人们总共购买了600多万册。纳粹党自己的出版商弗朗茨·厄尔出版社（Franz Eher Verlag）除了出版《我的奋斗》，也出版了罗森堡的《二十世纪的神话》（*Der Mythus des 20 Jahrhunderts*），最后它变成纳粹党最成功的公司之一。

第三帝国赋予德国古典文学重要的地位，抬出里尔克（Rainer Maria Rilke）和歌德等作家。对纳粹意识形态亦步亦趋的文学作品有突显和赞美雅利安人种的散文、诗歌，它们偶尔采用含蓄的方式表达这一点，不过却经常用无耻的漫画丑化犹太人、斯拉夫人、吉卜赛人、黑人和亚洲人。这些故事经常强调种族和个人品质之间的直接联系，换言之，犹太人天性"不可靠""贪婪""狡诈"。最成功的是汉斯·格里姆（Hans Grimm）的《没有空间的民族》（*Volk ohne Raum*），书中格里姆提出第一次世界大战中德国战败是因为他们"没有生存空间"。如果在欧洲和殖民地没有更多的土地，德国永远不能发挥全部潜力。该书在纳粹德国卖出了近50万册，纳粹政权甚至用书名做口号。

*　　*　　*

1933年5月10日上午11时，柏林的学生组成一支游行队伍，向着剧院广场进发。他们手持火把，高举性学研究所创始人赫希菲尔德的半身像，如同举着被黜国王砍断的头颅，后来这个半身像和从研究所洗劫而来的书一起被扔进火堆。同一天晚上，德国有90个不同地方点起了焚书的大火。德国大学生联合会早已制订详细的计划，规定焚书活动应该如何组织协调。焚书在公共的中心位置举行，有些城市要求打强烈的聚光灯，以增强效果。焚书用的柴堆通常提前几天搭好，并用列宁的照片和魏玛共和国的旗帜装点。

某些地方用牛拉的粪车把列入黑名单的书籍运到广场——那些牛仿佛正走向刑场，也有些地方把书籍钉在木枷上。学生们身穿各个学院的正式服装，佩戴各地区学生会的徽章，和希特勒青年团、冲锋队、党卫队，以及准军事组织"钢盔前线士兵联盟"（Stahlheim）穿着制服的先头部队一起游行。他们奏响军乐，高唱战歌，如纳粹军歌《国家社会主义之歌》。学生们根据仪式把书籍扔进火堆，一边扔一边宣读事先准备好的九个"火之誓言"，誓言中对一些作者指名道姓并控诉其"罪行"。

学生、老师、校长和当地的纳粹领导为聚集的群众发表了演讲，这吸引了更多人。据说聚集在柏林剧院广场的人多达 4 万，其他城市据报告有 15,000 人。[9] 广播对柏林的焚书活动进行了现场直播——戈培尔在活动中对群众发表了演说，因此通过广播了解到情况的人甚至更多。摄影组也跟在旁边拍摄了整个过程，后来影片在德国各地的电影院播放。

此前不久戈培尔成立了宣传部，虽然当时赫尔曼罗列的黑名单尚未成为官方文化政策的一部分，但是戈培尔已秘密鼓励学生们首先行动。纳粹内部对于应该采取何种文艺政策也意见不一，纳粹党内的某些势力担心焚书会引起国际社会的强烈谴责，也有人自然地担忧 1933 年春席卷德国的右翼革命热情将会失控，因此甚至戈培尔也等到最后一刻才公开支持焚书。

焚书首先是仪式化的戏剧性事件，而不是真正意义上的彻底"清理"德国的图书馆和书架。戈培尔非常清楚从历史和政治的视角来看焚书的象征意义，它象征着为重生的德国施行了热烈的洗礼仪式。戈培尔在对柏林群众的演讲中强调了这一点，他说："在此，十一月共和国*的精神

---

* 即魏玛共和国。——译者注

基础轰然倒塌，新的精神将像凤凰一样从这些灰烬中涅槃重生。"[10]

德国各地的焚书此起彼伏，一直延续到夏季。在某些城市，如汉堡和海德堡，焚书事件不只发生一次。但是对于焚书的重要性，当时意见不一。许多德国知识分子，如海因里希·伯尔（Heinrich Böll）、汉斯·迈尔（Hans Mayer），对焚书轻描淡写——他们认为不过是学生们滑稽搞笑的举动，虽然它们非常令人不愉快。他们相信焚书表达了春天的革命热情，新政权迟早会从这类事情中"成长"。

弗洛伊德对焚书作了简短的评论："就烧我们的书？过去他们会把我们和书一起烧掉。"其他人则对政治现实的急剧转变无比震惊。作家茨威格后来在回忆录中说："甚至对有远见的人而言，事情也已超出想象。"[11]

甚至国际上对于焚书的重要性也有不同看法。某些人士认为它们"荒唐""毫无意义""幼稚"。其他人，包括海伦·凯勒（Helen Keller）、《新闻周刊》、作家路德维格·刘易斯逊（Ludwig Lewisohn），认为焚书是对思想的野蛮攻击。[12,13] 最强烈的反应来自纽约的美国犹太人大会（American Jewish Congress），他们视焚书为纳粹政权的反犹之举和对德国犹太人的迫害。美国的几个城市举行了示威游行，1933年5月10日约有10万人齐聚纽约，示威游行——这是这座城市有史以来规模最大的游行之一。

焚书的显著威力与它们借助媒体产生的渗透力，在当时已很明显，但是因为它们和犹太人大屠杀之间具有象征性的联系，它们在战后时期甚至有更大的影响力。虽然这不是历史上第一次或是最后一次焚书，但是德国的焚书事件最终成为审查制度和压迫钳制的最有力的隐喻——也是一旦焚书再次发生时的道德警示。因此在美国，1950年代参议员约瑟夫·麦卡锡（Joseph McCarthy）掀起反共运动，把具有"颠覆性"的书籍从美国的许多图书馆清理出去时，引发了抗议活动。

焚书使纳粹政权被冠以"文化野蛮人"的恶名，在随后的三四十

希特勒任命阿尔弗雷德·罗森堡为该党的首席理论家。他在广泛掠夺图书馆中发挥核心作用。(陈雪霏译)

年代,当纳粹主义控制了整个民族的语言、文化和创造性时,焚书又成了毁灭知识的象征。不过,它们也说明纳粹对敌人的种族灭绝不只涉及身体,还包括文化。

但是与此同时,焚书的烟雾和它们对文化造成的后果也掩盖了别的东西。后人对焚书的诠释与纳粹自己没有多大的不同,他们也把焚书视为仪式性的游戏和宣传性的表演。焚书这一幕总体看来太有诱惑力、效力和象征性,不能不书之于史。但是焚书成为文化灭绝的强有力的隐喻,以至于遮蔽了另一个更令人不愉快的故事,即除了销毁书籍之外,纳粹还做了更多的事情——他们也在狂热的占有欲驱使下收集图书。

当德国焚书的灰烬慢慢冷却时,纳粹党内的知识界和思想界开始制订一个计划。该计划不是致力于灭绝思想、文化和文学艺术,实际上它有更令人担忧的意图。总而言之,1933年5月只有数万册图书被焚,但是纳粹党组织的突击搜查没收和劫掠了更多的图书,而且通常是秘密进行。学生们肆意破坏了柏林性学研究所之后,冲锋队扣留了研究所的大部分藏书——超过万册,但是这些书没有被拿到剧院广场,而是送到了冲锋队总部。

纳粹党人并不打算通过铲除共产主义者、社会民主党人、自由主义者、同性恋、犹太人、吉卜赛人、斯拉夫人的文学和文化遗产来消灭这些敌人。确切地说,纳粹既非人们认为的"文化野蛮人",也不是反智主义者。相反,他们试图创造一种新的知识分子,这种知识分子所安身立命的不是自由主义或人道主义的价值观,而是他的国家与种族。

纳粹党人并不反对教授、研究人员、作家和图书管理员,而是想吸收他们,组成一支由思想和意识形态战线的斗士构成的军队,用他们的笔、思想和著作向德国和国家社会主义的敌人宣战。

1936年,犹太问题研究所在慕尼黑成立,它隶属于纳粹历史学家瓦尔特·弗兰克(Walter Frank)执掌的国立新德国历史研究院(Reichsinstitut für Geschichte des neuen Deutschlands),其宗旨是使纳粹政权的反犹政策合法化,使德国对全世界的野心正当化,用"科学"击倒德国的敌人,奠定第三帝国可以屹立千秋万代的思想基础。[14]正如国家社会主义所效仿的罗马帝国不只有军队和建筑,还有史学家与诗人,千年帝国不仅要用鲜血和石头来缔造,还要用语言文字。

在这场战役中,书籍与其说是牺牲品,毋宁说是武器。纳粹党人不仅想在战场上,而且也想在思想上打败敌人。如此,胜利才会在死亡、种族灭绝、犹太人大屠杀之后依然长存。纳粹不仅志在摧毁,也想证明自己行为的正当性。他们不想只通过毁灭敌人的文学和文化遗产赢得胜利——相反,他们想偷窃、占有、扭曲敌人的遗产,并反过来用敌人自己的藏书、档案、历史、遗产和记忆对付他们。要夺取书写他们历史的权利,正是这个观念酿成了世界历史上规模最大的窃书惨剧。

2 柏林市图书馆的幽灵：
柏林

有人领着我走过一段冷清的长廊，长廊墙壁刷了淡淡的芥末黄。到处挂着镶在薄镜框里的图画，空洞无物，在医院或低级公务员的办公室里常常能见到这样的印刷品。走廊通向一个房间，它除了连接更多四通八达的芥末黄走廊之外，似乎没有任何用处。整栋楼散发着迷宫的气息，杂乱无章，活像中世纪的市镇中心。这一点自有原因。距贝贝尔广场仅数步之遥的柏林中央与地方图书馆，正是建在其前身柏林市图书馆的废墟之上。气势雄伟的柏林市图书馆原本矗立在施普雷河（Spree）中心的岛屿上，但战争中被炸弹击中，彻底毁灭。战后，这座位于苏联占领区的图书馆在废墟上重建。如今，该馆外观呈现出新古典主义的壮观，内部却仍是依稀的东德风格和与之形成对照的其他现代化区域，该馆多少有点像得了精神分裂症。

塞巴斯蒂安·芬斯特瓦尔德（Sebastian Finsterwalder）就站在我们曾经经过的某扇灰色大门门口，掏出一把钥匙。他是图书馆的研究人员，三十多岁，乱发及肩，腰系铆钉皮带，鞋底呈荧光黄，手上戴着露指皮手套，看上去仿佛刚从克罗伊茨贝格（Kreutzberg）的某个夜总会出来。打开门后，塞巴斯蒂安对我微笑，然后夸张地猛吸一口废弃图书馆的气息：尘埃、干燥的皮革和褪色、发黄的纸张一起散发的气息。房间里到处都是书，书脊都已残破，密密麻麻地堆在一排排书架上。我们沿着书架之间的通道走动时，我不得不侧着身体，这样肚子才不会碰到书本。

"现在实际上是整理过了。我们第一次到这儿时,到处堆满书,整个地上都是,乱七八糟。几十年来,人们把书扔到这个房间,因此这里有 4 万本书,花了好几个月时间才整理出来。"他告诉我,同时让我看一个书架,上面的每一本书都有白色的纸条和编号。

"我们怀疑这些就是劫掠来的书。"塞巴斯蒂安一边说,一边伸手指向一个延伸到房间另一头约 20 码的书架。

目前没有人确切地知道柏林中央与地方图书馆有多少抢来的图书。塞巴斯蒂安带我看了一个又一个房间,每个房间都用同样的方式塞满了书。在这栋宏伟的大楼——德国最大的公共图书馆里,每个角落都有偷窃而来的图书,其中大多数尚未和 300 多万普通藏书分开,还有成千上万的书籍迄今没有找到。

在柏林中央与地方图书馆,书架上被掠夺来的图书在等着确认身份。

这些书表面上和其他任何书没什么区别，它们包括童话书，小说，诗歌集，关于菌类、飞机和工程学的书，歌谣集，词典和宗教类书籍。为了找出这些书的不同之处，我们必须翻开书看一看，通常头几页就能反映情况。

我们会在书上看到红色或黑色墨水印章，或者图案精美的藏书票，图书主人把它们粘贴在书的某处，通常这说明了该书是其藏书之一。有时我们也能发现赠言、签名或美好的祝福。在英国探险家斯坦利（Henry M. Stanley）撰写的《在最黑暗的非洲》（In Darkest Africa）一书的德文版中，我们看到了下面这个漂亮的手写体赠言：

致心爱的鲁迪，十三岁生日
母字
1930 年 10 月 25 日

据塞巴斯蒂安介绍，该书很可能属于鲁迪·乔尔森（Rudi Joelsohn）。1917 年，鲁迪出生于柏林。1942 年 8 月 15 日，他被驱逐到里加（Riga），三天后在那里遇害。[1]

如果我们仔细看一看扉页，还会认出一个用铅笔书写，虽然模糊却能说明问题的字母：J。这个字母是 Judenbücher（意为"犹太人的书籍"）的缩写，它出卖了书的身份，揭示了书籍主人的命运。

塞巴斯蒂安带我去他的办公室，在那里我们遇到了一位看上去很像德国老朋克乐队成员的老人。他没有把 7 月的闷热放在眼里，穿了一件厚厚的羊毛背心，并戴着一顶毛线帽。老人名叫德特勒夫·博肯汉姆（Detlef Bockenkamm），是该馆的图书管理员和历史藏书专家，也是他最早开始挖掘该馆令人难以接受的历史。现在有一个规模虽小，但却满腔热忱的研究者团队，他们理清了该馆某些复杂背景。他们一起对收藏的数万册图书追根溯源，进行人工审查，斩获的一些劳动果实就保存在办公室的一面墙边。一摞摞的书堆在一个胶合板书架上，每

部分书籍的原始所有者已被识别，但是，寻找他们的后代通常是一个非常耗时且复杂的过程。（陈雪霏译）

一叠书上都挂着一张纸片，上面写着名字：理查德·科布拉克、阿诺·纳德尔（Arno Nadel）、费迪南·努斯鲍姆（Ferdinand Nussbaum）、阿黛尔·莱芬贝格（Adele Reifenberg），等等。博肯汉姆和塞巴斯蒂安已经设法确认了这些书的主人。

在五本一叠的图书底部，我认出了一个名字：安努斯·施姚特（Annæus Schjødt）。他是一名挪威律师和抵抗战士，1942年逃到瑞典，第二次世界大战后又领导了对维德孔·吉斯林（Vidkun Quisling）的起诉，使后者被判处死刑。目前博肯汉姆和塞巴斯蒂安还没有找到文件说明这些书是如何以及何时被盗，不过这不难猜测，这些书想必不是盖世太保就是其他某个纳粹组织在施姚特逃脱后从他家里窃取，然后运到了德国。差不多可以肯定，这些书是他家中庞大藏书的一部分。这些藏书在柏林四分五裂，其中一些书被捐赠或卖给了柏林市图书馆。劫夺施氏藏书是件普通不过的事情，这些书架上的书就来自欧洲各个角落——只要那里有纳粹忙于四处搜刮。

相较于被掠夺的艺术品，这些被偷盗的书引起的关注要少得多，只是最近几年，这个问题才在德国激发起公众的兴趣。因为博肯汉姆，柏林中央与地方图书馆成为最早调查这个问题的图书馆之一。21世纪初，博肯汉姆撰写了一篇论文，探讨在图书馆里发现的大量藏书票。图书馆在出售或交换自己的藏品时，常常会把图书主人的藏书票拿掉。博肯汉姆发现了数百张有犹太人名字和图案的藏书票，这使他不由想知道这些书在图书馆的下落。他还发现，不夸张地说，一些书来头惊人。

2002年，博肯汉姆找到至少75本书，上有"特里尔（Trier）马克思故居"的印章。马克思故居是一家由德国社会民主党成立的博物馆，该党早在1933年已被取缔，党员被关押、杀害或被迫流亡。他意识到这些书很有可能抢自社会民主党，于是开始寻找更多来历可疑的书。这样的书在藏书中比比皆是，最初博肯汉姆估计图书馆里劫掠来的图书多达10万册，这个数字已令人震惊，但后来事实证明这是个相当保守的估计。

博肯汉姆也发现了一个令人不舒服的事实：他的前辈们对那些书的来历并非不知情，恰恰相反，实际上他们试图隐藏、抹去这段历史。许多书的扉页被裁掉，原主人留下的其他一些痕迹也被图书管理员撕掉或者刮除。他们还在编目时伪造图书来源，或者当作"无主"图书来处理。

博肯汉姆说："我试着和一位看着体面、也愿意交谈的老图书管理员谈过这个问题，他承认了一些事情，但没有全部承认。他把大多数秘密带进了坟墓。"说着他把一本大账簿放在桌子上，账簿的封面是灰色罗纹纸，上面贴着一张小小的白色标签，印着"杰戈，1944—1945年"。

这本账簿是博肯汉姆在2005年找到的，它是迄今为止最重要、最能说明问题的证据，能证明该图书馆曾试图掩盖这段历史。它包含了大约2,000个书名，它们被编在了战争最后两年的藏书目录里。杰戈指的是生活在19世纪后半叶的德国民族学家、探险家费多尔·杰戈

芬斯特瓦尔德让我看一本账册，上面记着战时编目的大约两千册偷来的图书。这些书都标有字母"J"，是 Judenbücher 的缩写。

（Fedor Jagor），因此这些书上都标有字母"J"。但这是不正确的，因为这些书根本不是归杰戈所有。字母"J"指的不是杰戈，而是犹太人的书籍，账簿里登记号为"899"的书就是属于鲁迪的那本《在最黑暗的非洲》。

这两千册书被证实是战时该图书馆里大量劫掠而来的藏书中的一部分。虽然关于在战争岁月里该馆如何管理的详细资料已经遗失，但是涉及这批藏书的信函仍幸存于世。1943 年，这家图书馆从柏林的斯图加特当铺购买了 4 万册图书，柏林被驱逐的犹太人家庭的大批图书被没收后都流向那里。最有价值的书被罗森堡特别任务小组（Einsatzstab Reichsleiter Rosenberg，简称 ERR）、党卫队和其他纳粹组织拿走，剩下的被送到当铺出售。图书馆和柏林市政办公室联系，一开始它想免费得到"重新安置的犹太人"的藏书，但是遭到了拒绝，因为书籍属于第三帝国，出售图书所得的钱要用来"解决犹太问题"，这个说法在 1943 年只意味着一件事。正如某种自筹经费的项目，犹太人被没收的财产，被用来支付驱逐出境、集中营和集体屠杀所需的费用。最终，图书馆花 45,000 马克买下了那批书。

账簿上最后一本书的编目时间是 1945 年 4 月 20 日，这一天苏联红军用大炮猛烈轰炸柏林市中心，与此同时其他几支部队开始向城内推进，而同一天希特勒在总理府庆祝他的 56 岁生日。这不仅是发给希特勒的信号，也是对柏林最后一击的开始。

柏林成为一片废墟，换言之，柏林市图书馆也难逃一劫。

"想想真不可思议，那天还有位图书管理员坐在地下室为抢来的图书编目。"塞巴斯蒂安·芬斯特瓦尔德说。

但实际上停战日之后这一过程也没有停止，1943 年购买的书没有毁于轰炸，因此战后这些书的登记还在继续，仿佛什么也没有发生，唯一的不同是现在这些书不再标上字母"J"，而是 Geschenk（礼物）的首字母"G"。

博肯汉姆发现 1943 年购自当铺的这批书的编目工作一直持续到 1990 年代。几年前他和芬斯特瓦尔德开始查看图书馆的库房时，发现这批藏书中还有几千册尚未编目。许多偷窃而来的书都被不声不响地塞到图书馆的书架上，这些不是唯一的一批。

该图书馆因为战争失去了大量图书，其中一些毁于轰炸，还有一大批书在战争接近尾声时疏散到了波兰和捷克斯洛伐克，部分留在了当地，也有一些被苏联红军抢走。藏书需要重建，在已成一片废墟的柏林也有大量被丢弃的书籍。战后，图书馆里那些属于纳粹党员、第三帝国公共图书馆、研究机构和其他组织的书也被没收。

甚至被认为"无主"的书籍，例如在被轰炸的楼房里找到的书籍，也被收集起来。这些书归科学图书馆抢救组织（Bergungsstelle für wissenschaftliche Bibliotheken）所有并分类，该组织就在柏林市图书馆那条街对面的一栋楼房里。它根据收集书的地点在每一本书上标注一个数字，然后把这些书重新分配给柏林的各家图书馆。

科学图书馆抢救组织的名单上有 209 个收集点，但是芬斯特瓦尔德和这一领域的专家、研究员皮特·普洛斯（Peter Prölls）证明了当时实际上只有大约 130 个收集点。

"某些地区一本书都没留下，都被毁掉、疏散或抢走。"芬斯特瓦尔德说。

在芬斯特瓦尔德办公室的一面墙上有一张 1937 年的柏林老地图，他用不同颜色的旗子标出不同的收集点：书被拿走的地方用绿色，没有拿走的用红色，还不清楚发生了什么的地方用蓝色。目前芬斯特瓦尔德和普洛斯一起研究科学图书馆抢救组织，该组织的工作在很大程度上还不为人知。他们试图通过历史的调查工作找出被劫掠的书籍如何分配，还有，最后柏林市图书馆如何成为这些"获救"书籍最重要的接收单位。

"我们接收了这么多书，一个原因是科学图书馆抢救组织的头儿和图书馆的头儿是好朋友，他们都是共产党员，战时都坐过牢，因此有点偏心的意思。"

虽然许多书没收自第三帝国一些最罪恶的组织，但在当时，书籍的实际来源似乎不值挂怀。标号"13"的书来自戈培尔的宣传部，而标号为"7"的书来自戈林的空军司令部。[2] "4"来自建筑师、军备部长阿尔伯特·斯佩尔（Albert Speer）的私人藏书室，"5"则来自德国作家布勒姆（Walter Bloem）的家。布勒姆是 20 世纪初德国最受欢迎的作家之一，是希特勒的热情支持者，甚至发表过致希特勒的颂词。

科学图书馆抢救组织的名单还包括一些在被占领的欧洲抢劫图书的纳粹组织，例如，标有数字"25"的书籍就是来自罗森堡庞大的"帝国东部占领区部"（Reichsministerium für die besetzten Ostgebiete），该部门负责管辖波罗的海国家和苏联。

罗森堡也利用这个部门为其领导的特别任务小组造势，该组织在东部成立了许多地方办公室，以便洗劫图书馆和档案馆。它在柏林设了好几个仓库，但是战争结束时它盗取的数百万书籍中只有一小部分还在柏林,大部分疏散到了现在的波兰。

科学图书馆抢救组织还列出了可能用作图书仓库的收集点,但事实证明许多收集点已被洗劫一空。很多情况下洗劫者是红军的战利品队,他们在德国各地大肆搜刮书籍。

战后,该组织的领导君特·艾斯纳(Günther Elsner)去了东部占领区司令部,他在地下室发现了两百个大木箱的书籍。但是大约一周后该组织成员回来拿书时,却发现箱子已被强行打开,大多数书已被拿走。

科学图书馆抢救组织列出的某个最大的被掠图书储藏点标号为"15",它属于罗森堡在洗劫欧洲图书馆时最有力的竞争对手,更确切地说,即"帝国中央安全局"(Reichssicherheitshauptamt,简称RSHA)在柏林建立的以被掠图书为藏品的大型图书馆。它是德国的国家安全局,负责协调第三帝国和纳粹党的警察和情报工作。帝国中央安全局是德国臭名昭著的恐怖组织,头子是希姆莱。它在极盛时期有6万人员,通过盖世太保和保安处(Sicherheitsdienst des Reichsführers-SS,简称SD)等许多下属机构对德国的敌人进行盯梢和监视。

第七处,即意识形态研究与评估处就是这样的机构之一,其职责为深入调查德国的敌人。第七处将柏林最大的共济会会所在艾森纳赫街(Eisenacher Strasse)上的房屋占为己有,在那里建了一座图书馆,里面都是从欧洲各地偷来的书籍。掠书计划越来越野心勃勃,因此需要其他的房屋。据估计,送到柏林的书超过了 300 万册。[3] 战后,这些书中大约有 50 万册在艾森纳赫街找到。在第二次世界大战的最后几年,该图书馆的大多数图书被疏散到不同地方,剩下的毁于空炸。找到的一些书归还给了原所有国,但也有数量不详的书分给了柏林的诸多图书馆。

芬斯特瓦尔德拿起分给他们馆的一本书,让我看扉页上用铅笔写的"15"。这是荷兰哲学家斯宾诺莎的一本传记,1790 年出版,书呈淡蓝色,有点儿破旧。里面还能看见书主人的藏书票,图案是一个小精灵坐在书本上。它是犹太裔德国作家、记者恩斯特·菲德尔(Ernst

Feder）的书，他曾活跃于魏玛共和国时期的知识界。纳粹上台后，菲德尔先是逃到巴黎，战争爆发后又逃到巴西，并最终跻身里约热内卢以茨威格为中心的圈子。这本书最后到了帝国中央安全局图书馆的原因，很可能与主题而不是主人有更大关系：斯宾诺莎是一位犹太哲学家。帝国中央安全局图书馆的目的是收集有助于帮助党卫队、保安处深入研究德国的敌人，如犹太人、布尔什维克、共济会、天主教徒、波兰人、同性恋者、吉卜赛人、耶和华见证人和其他少数族群的图书、出版物以及档案。

由于科学图书馆抢救组织根据这些书的来源地给它们标上了号码，因此博肯汉姆和芬斯特瓦尔德得以追踪其中的数千册图书。但是战后柏林市图书馆也从其他来源获得了数以万计的书，这种情况下就不可能查到书的源头。2002年博肯汉姆首先注意到被掠图书的存在之前，图书馆购买藏书并不问其出处。

为查出柏林中央与地方图书馆藏书中被掠图书的来历，从管理和需要做大量研究工作的角度来看，博肯汉姆和芬斯特瓦尔德所倾注的努力都是西西弗式的劳作。研究工作更意味着即便一本书也要花几周时间调查。该图书馆有战前、战时和战后来自许多不同渠道的藏书——在所有这些书中都可能有窃据的图书。

柏林市图书馆几乎没有得到过完整的藏书，而是几千家不同图书馆剩余的图书。因为这个原因，他们不得不追查原本属于成千上万名受害者的书籍。就算他们设法确定了某本书是抢夺而来，也不可能总是能查明它怎样来到了图书馆，是谁把它抢走，谁曾拥有过它。迄今为止他们从帝国中央安全局的图书馆里找出了203本书，但其中只有127本书里面有能帮助找到原主人的标记。

而且，他们还要回过头和自己以前的同事交锋，数十年来那些老同事一直在抹去、撕毁和伪造这些书的出处，以便把它们和其他书混在一起。但是，无论是芬斯特瓦尔德或博肯汉姆都不轻言放弃，他们通过研究撕破的书标的碎片，把它们的颜色、大小和其他图书完整的书标作比较，找到了许多书以前的主人。

2010年，柏林中央与地方图书馆开始系统地调查其藏书。博肯汉姆、芬斯特瓦尔德及其同事每年人工检查约10万册图书，据博肯汉姆目前的估计，该图书馆可能有25万多本抢来的图书。

这项工作最难的地方不是找出被抢的图书，而是找到它们的主人或后人。博肯汉姆和芬斯特瓦尔德发现的被掠图书中，大约只有三分之一有藏书票、签名或印章，让他们有可能确定图书的前主人，更困难的是找到幸存的受害者或他们的后人，以便归还这些书。

一开始，他们尽量追查每本书的主人，有时功夫不负有心人，但最终却发现这样做太耗费时间。2012年，他们开发了一个可以搜索的数据库，把被掠图书的信息、签名和图书主人留下的标记图像都输入数据库。

"我们想让那些后人来找我们，而不是我们去找他们。这个数据库能在谷歌上搜索到，因此许多研究家族谱系的人找到了我们。这个方法奏效了，现在在我们每个月都要归还一些书。"芬斯特瓦尔德说。

目前这个数据库共有15,000册图书，而且一直都在添加新书，几年后所有的书都会入库。

然而资源依然有限。该项目获得了柏林市政府和一个资助来源研究的联邦组织的支持，但它们是一次性地拨给该项目几年的经费。

"几年时间只够我们开始了解如何开展这项工作。我们不得不从零开始，因为没有人知道该怎样做。图书馆对书籍的出处几乎没有兴趣，他们只对内容感兴趣。况且，书标和签名也没有登记完。"芬斯特瓦尔德说。

他告诉我，无论是地方政府或图书馆，对于处理偷书问题都了无兴趣，德国的大多数图书馆和机构对此往往都不闻不问。

"现在没有真正为此做点事情的政治意愿或资源。在德国的几千家图书馆中，大约只有20家在积极地核查藏书。图书馆之间没有合作，所有图书馆都开展自己的研究。人们对艺术品更感兴趣，因为艺术品值钱。"芬斯特瓦尔德忧郁地说。

流落到柏林市图书馆的书籍,除了少数例外,其余从金钱的角度看都不太值钱。它们是普通人曾经拥有的普通图书:小说、儿童读物、歌谣集——花几欧元就能在旧书店买到,但它们回到人们手中时常常又具有巨大的个人价值。

2009—2014年,500本左右的书物归原主。鉴于该图书馆可能有25万本抢来的图书,这只不过是沧海一粟。

"我们很想归还这些书,但做这件事的只有少数几个人。在目前情况下,我们已找到15,000本背景'可疑'的书,其中有3,000本肯定是抢来的。我们要花几十年时间才能找到每一位后人,如果有的话。"博肯汉姆一边说一边把一些异常漂亮的藏书票放到自己的桌子上。显而易见,他对这些藏书票有深厚的感情。他了解每一张藏书票,正是通过它们,他第一个开始挖掘该图书馆的过去。他让我看一张藏书票,上面描绘的是一名天使手执两支标枪在与两条蛇搏斗。第二张上是一头昂首阔步、舌头外露的狮子。第三张是一位妇女手执鹅毛笔,骑在一匹长着翅膀的马上。大多数藏书票上还有大卫之星以及犹太人的名字,如赫希(Hirsch)、贝肯海默(Bachenheimer)和迈耶(Meyer)。它们是非常具有个人色彩的艺术品,许多藏书票反映了主人的生活点滴,以及他们与阅读、文化和文学的关系。但是它们也充满了来自一个失去的世界和生命的象征意义——再也没有人能解读它们的意义。这是一个被粉碎被拆散的图书与读者的世界。

"更糟糕的是不可能完成这项工作,不可能!但我们必须尽我们所能。"他说。

许多抢来的图书没有可以辨认的主人的记号,博肯汉姆和芬斯特瓦尔德不知道这些书会怎样。也许某天能认出它们的身份,但可能性很小。

"这些书就像图书馆里的幽灵,我们知道它们是偷来的,但从谁那里偷的？"芬斯特瓦尔德说着无奈地耸耸肩。

虽然到目前为止，只可能归还一小部分图书，但是博肯汉姆觉得每一本书的归还都是有意义的行为。有时，他们千方百计把书还给大屠杀真正的幸存者，沃尔特·拉赫曼（Walter Lachman）就是其中一位。拉赫曼是犹太裔柏林人，1942年和祖母一起被送进拉脱维亚的集中营时只有十几岁。他的祖母被杀害，而他被转移到了卑尔根-贝尔森（Bergen-Belsen）集中营，和他同时关押的有安妮·弗兰克（Anne Frank）。就在1945年4月英军解放该集中营的一个月前，安妮病死，很可能是死于伤寒。尽管拉赫曼也染上了严重的伤寒，但他活了下来。战后，拉赫曼移民美国。[4] 67年后，他的一位朋友阅读了德国《明镜》周刊关于柏林中央与地方图书馆里被掠图书的文章，然后打电话给他。《明镜》引述的一本图书正是拉赫曼的童年读物之一——犹太童话故事书，是拉赫曼的老师所赠。[5]

"拉赫曼无法亲自来，但他的女儿千里迢迢地从加利福尼亚来拿书。除了一些照片和在集中营戴过的一顶帽子，他的童年时代没有什么东西留下。据他女儿说，她的父亲从来没有说起过从前，但拿回这本书后情况变了。它让他变得自信，他开始讲他的故事，现在他在学校里给孩子们讲。"芬斯特瓦尔德说。他觉得这个例子说明了这项工作为何如此重要。

"这些书是记忆的保存者。它们从金钱的意义看没有什么价值，但它们对曾经拥有过、后来又失去了它们的人和家庭而言可能是无价的。有时我们把书还回去时，子女或子女的子女才首次听说父母亲或祖父母的故事。这个过程非常触动感情。"芬斯特瓦尔德继续道。

"我开始调查这些书的历史，上网搜索写在书里的名字时，搜索结果不断指向奥斯维辛集中营。每一次找到的线索都通往奥斯维辛。我们无法让死者复生，但或许我们能给他们别的东西，一本书或一段记忆。"说的同时，博肯汉姆看着摊在他桌子上的藏书票。

　　　　　　　＊　　＊　　＊

　　我抬头凝望深蓝色的巴比伦伊什塔尔门（Ishtar Gate），它几乎直抵天花板，但我没有时间欣赏上面的金色公牛，因为带路的褐发老妇人迅速穿过了这道门，毕竟她已司空见惯。"来源研究所"的办公室就在帕加马博物馆（Pergamonmuseum）的一栋配楼里面，距柏林中央与地方图书馆仅有几百码。它是一个联邦机构，负责帮助或资助博物馆、图书馆、档案馆和其他机构开展关于纳粹时期物品来源问题的调查。

　　我被带到艺术史学家和办公室主任乌维·哈特曼（Uwe Hartmann）那里，他是一位高个子中年男人，脸庞棱角分明，一头灰发剪得很短，戴一副半框眼镜。1990年代，他开始研究被掠艺术品的来源问题，2008年来源研究所成立后就一直任负责人。2013年，他又成为一个团队的队长。最近在慕尼黑发现了科尼利厄斯·古利特（Cornelius Gurlitt）收藏的大约1,400件艺术品，这个团队的任务就是从这批声名狼藉的藏品中鉴别出被纳粹劫掠的艺术品。古利特的父亲是曾为纳粹工作的艺术品商人。

　　哈特曼卷起了袖子，尽管办公室的几扇窗户大开，办公室里还是闷热难当。来源研究所也为柏林中央与地方图书馆正在进行中的工作提供了经费。

　　"我们很早就知道，我们的藏品里有这些图书，我们自己也看到了那些印章、签名和藏书票。人们一直都在说'地下室里的罪行'，但是没有为此做过什么。"哈特曼说。

　　柏林中央与地方图书馆绝非个别的例子，它甚至不是积极参与德国当时的劫掠活动的图书馆之一。该馆没有得到第三帝国最多或最有价值的书籍，其他某些图书馆，尤其是那些更有学术气息的图书馆，获得了纳粹党人更多的优待。和柏林市图书馆这类公共图书馆不一样，不对公众开放的大学图书馆和研究型图书馆还能接收横遭掠夺的"禁书"。

踊跃参与劫掠的一个图书馆是声誉卓著的普鲁士国家图书馆，现名柏林国家图书馆，它是德国最大的图书馆，成立于17世纪。该馆的藏品包括贝多芬第九交响曲最早的手稿，大量巴赫的乐谱，以及由公元400年流传至今、全世界最古老的彩色插图版《圣经》。在战争期间，普鲁士国家图书馆染指的图书要比柏林市图书馆的珍贵得多。2006年，一位名叫卡斯滕·赛多（Karsten Sydow）的学生在其硕士论文中指出，该馆的历史藏品中有近两万册盗取的图书，这段历史才曝光。[6] 普鲁士国家图书馆自己开展了研究后，证实大约有5,500册图书毫无疑问是劫掠而来。[7] 如果不是苏联红军反过来又洗劫了这家图书馆，肯定能发现更多的图书。据估计，该馆有200万册图书被运到了苏联，包括大多数犹太人的和希伯来语的书籍和手抄本。[8]

普鲁士国家图书馆也发挥了第三帝国被掠图书分配渠道的重要作用。针对德国和被占领区几千家被洗劫的图书馆和档案馆有个明确的分配政策，最重要的藏品对意识形态工作意义重大，因此由希姆莱的帝国中央安全局和罗森堡的特别任务小组瓜分。涉及最宝贵的藏品时，这两个组织经常是针锋相对的竞争对手。

除了它们，另外还有其他一系列组织、机构和政府部门竞相染指那些被劫掠的书籍，建立它们自己的图书馆。排在它们后面的是国立图书馆、大学和其他机构。

纳粹攫取政权后，指定由普鲁士国家图书馆分配从德国犹太人、共产主义者和共济会那里偷来的书籍。战争爆发后，该馆继续分配抢自法国、波兰、苏联和其他被占领区的书籍。

普鲁士国家图书馆把书分给三十多所德国的大学图书馆。[9] 不过，德国的图书馆也通过其他途径获取书籍。盖世太保和纳粹党的地方分部查抄被取缔的组织时，通常会分地区图书馆一杯羹。图书也作为"党的礼物"捐赠给当地的镇图书馆，因此地方的图书管理员通常非常清楚当地有哪些比较好的藏书，值得弄到手。不过，正如柏林市图书馆的情况，书籍也可以从城市里的当铺或"犹太人的拍卖会"购买，在这种拍卖会上，逃亡的犹太人不得不以远低于实际价值的价格出售其财物。

"难以估计书籍以这样的方式流动到什么程度，因为它们分散到不同地方，而且和德国的许多不同藏书混合在一起。例如，1960年代德意志民主共和国因为经济原因把大量书籍卖给西德，换取马克，这些书又被分给西德新办的大学。现在从这些藏书中还能找到许多从犹太人、共产主义者和共济会成员那里偷来的书。"乌维·哈特曼解释道。

"德国的几所大图书馆已在一定程度上着手检查自己的藏书，但我们有8,000个小图书馆，只有一个向我们申请检查藏书的经费。我们前面还有大量工作要做。"

迄今为止，德国的大多数图书馆既没有兴趣，也不愿去寻找其藏书中被掠夺而来的书籍。一位研究被偷财产问题的专家寄表格给600家图书馆，但只有10%的图书馆做出了回复。[10] 除了普遍不愿面对这个问题，还有资源有限、随时可能影响进展的问题。而且德国也没有任何法律责成公共机构清点其藏品，虽然有提议说应起草一个。这项工作纯属自愿。

最初，哈特曼的机构每年有100万欧元的预算可以支配，2012年增加到了200万欧元，但是这笔钱由所有的文化机构共享，而且大部分给了博物馆。到了2013年，他的机构已资助129个项目，其中90个是博物馆的项目，仅有26个为图书馆项目。该机构也不是提供全额资助，而是分摊成本，使许多较小的图书馆能做它们本来无力承担的事情。

"不幸的是，媒体对被掠艺术品的兴趣比对书籍大得多。一幅重见天日的杰作，或许价值百万，就能占据报纸头条，而一本书根本不可能这样，即使它的情况非常让人激动，非常感人。"

乌维·哈特曼指出书籍的另一个问题。

"艺术品常常有出处。老作品能在展品目录、拍卖登记簿上找到，艺术评论家也会提到它们，因此它们能追根溯源。图书就不能这么说了，如果里面没有任何印记就会很难，毕竟书很少是独一无二的。我们还需要做大量工作。"

目前究竟有多少被劫掠的图书藏在德国的图书馆，没人能够估计。

"这是个很难回答的问题。到目前为止德国的许多图书馆甚至还没有仔细检查它们的藏书，每年要查的书有几百万册。"

我们也很难判断有多少图书馆被洗劫。成千上万个被劫掠的图书馆再也没有重建，它们的藏书也没有被归还，此外也没有登记簿或目录能告诉我们这些藏书的规模，或者有哪些书。例如，纳粹上台之前，德国有数千个由工会、社会主义组织和德国社会民主党成立的"人民图书馆"，这些图书馆总计有 100 多万册图书，大多数书一直没有归还给原主。

纳粹从德国共济会抢劫了数以百万计的图书——纳粹掌权后共济会就被迫解散了。到 1936 年，党卫队单从德国共济会抢来的图书就达到了五六十万册。[11] 1930 年代末，德国不同的安全机构统一由帝国中央安全局辖制时，这些书不可避免地成为帝国中央安全局图书馆的藏书。

但是如果和纳粹在整个欧洲的洗劫相比，即便这样的劫掠规模也不算大。仅在法国，罗森堡特别任务小组就没收了 723 个图书馆的藏书，计达 170 多万册，其中有成千上万册是古老的中世纪手抄本、古版书和其他珍贵书籍与作品。[12]

波兰或许是受创最重的国家，据估计，学校和公共图书馆的图书遗失了 90%。此外，波兰 80% 的私人图书馆和专业图书馆也消失了。波兰国家图书馆大约有 70 万册藏书，这些书也或多或少流散各地。根据某个估算，波兰 2,500 万册图书中有 1,500 万册已不复存在，但不清楚其中有多少是被抢走、丢失或毁于战争。

苏联遭洗劫的程度更难以量化。根据最有效的计算，损失近乎天文数字。据联合国教科文组织估计，在当时的苏联大约有 1 亿册图书被损毁或劫掠。[13]

战后，绝非所有被劫掠的书籍都成了德国的藏书。纳粹洗劫来的大多数藏书自身又遭洗劫、流散或消失，尤其是战胜国获取了大量图书。华盛顿的国会图书馆派遣了一个特殊的代表团到德国，把超过100万册图书运到美国。[14]苏联红军也没收了上千万册图书。没有人知道多少书毁于空袭，位于市中心的图书馆很容易成为盟军燃烧弹袭击的牺牲品。通常认为，因为大火、轰炸和抢劫，德国总计失去了三分之一到一半的藏书。

不过，尽管有这些损失，还是有大量图书留在了德国的图书馆。正如柏林中央与地方图书馆，许多图书馆用来自不同纳粹组织的书籍填补了馆藏空白。2008年，德国历史学家格茨·阿利（Götz Aly）作了一个估算，德国的图书馆里至少有100万册掠夺来的图书。[15]这是一个保守的估计，实际数量很可能要多得多。就像柏林中央与地方图书馆，一旦一个图书馆自觉开始清点其藏书，这些数字往往会变大。当我问乌维·哈特曼核查德国的馆藏图书需要多长时间时，他微笑着回答："我给学生做讲座时，通常会告诉他们这是会贯穿他们一生的事情。它会持续许多许多个未来的十年。接手图书馆和博物馆工作的下一代也别无选择，只有继续处理这件事。这些东西承载了我们不能忽略的历史。"

3 歌德的橡树：
魏玛

> 这头怪物痛苦地跪下。去死吧，你这禽兽，你这德意志帝国的象征。歌德？对我们来说，歌德已不复存在，希姆莱消灭了他。
> ——引自 4935 号犯人的日记

浓雾仿佛为郁郁葱葱的林地笼罩了一层不透明的膜，十码以外的地方都无法看到。沿着开裂的柏油路前行，透过模糊不清的浓雾边缘，我看见有人一边低声耳语，一边小心翼翼地往前走。接着我认出了集中营的大门，还有褐色的木塔，令人想起古老的乡村教堂。铁门上镶嵌着 Jedem das Seine 几个字，意为"各得其所"，它是拉丁语格言 Suum cuique 的德译，而在英语里大抵相当于"to each his own"。这是深深植根于德国文化的惯用语，曾出现在马丁·路德和德国其他宗教改革运动思想家的著述中。它也是巴赫创作的一首康塔塔的标题，该乐曲于 1715 年首演，地点就在离我现在站立的地方大约仅 4 英里的德国文化名城魏玛。对这个短语可以有多种理解，但是在布痕瓦尔德（Buchenwald）集中营的门口，它所传递的信息毋庸置疑：各得其份*。我从柏林南下，数小时后来到了德国的"绿色心脏"图林根

---

* 暗示这里的人们被杀害纯属活该。——译者注

（Thüringen）。门里面就是灰色混凝土砌成的焚尸炉，上面耸立着一个胡乱建造的砖头烟囱，成千上万的人死后就在这里焚化。

德国最大的集中营之一布痕瓦尔德位于埃特斯山（Ettersberg），建在风景秀丽、因山毛榉树和古老的橡树而闻名的落叶森林中。作家、诺贝尔奖得主埃利·威塞尔（Elie Wiesel）16岁时被驱逐到这里，多年后他来到故地时说："假如这些树会说话"。[1] 在威塞尔眼中，埃特斯山迷人的森林和1937—1945年在这里做的噩梦之间有特殊的讽刺意味。被关押在布痕瓦尔德的俘房中，威塞尔不是唯一一位未来的诺贝尔奖得主。另一位同狱犯人是匈牙利作家伊姆雷·凯尔泰斯（Imre Kertész），他在《命运无常》（*Sorstalanság*）中描述过这一时期。其他许多作家、诗人、艺术家、音乐家、建筑师、学者和知识分子也被囚禁在这个集中营。23万多名犯人从被占领的欧洲各地送到布痕瓦尔德集中营，他们是纳粹政权政治和思想上的敌人：犹太人、同性恋者、波兰人、吉卜赛人、精神病人、残疾人、共济会成员、天主教徒、罪犯、战犯，其中有56,000人被杀害。集中营的看守、党卫队三级小队长马丁·索莫尔（Martin Sommer）用极其残忍的方法折磨、处决犯人，现在他被叫作"布痕瓦尔德的绞刑手"，因为他常常在营房北边的树林里把犯人反绑双手，吊死在树上。这种折磨方法名为吊坠刑罚（Strappado），宗教裁判所也曾使用。

身体的重量常常使双臂脱臼，据说与此同时索莫尔和手下的看守还要在林子里走来走去，用木棍猛击无助的犯人的脸、腿和生殖器。"这种折磨使一些犯人差点发疯，许多人请求党卫队开枪打死他们，这样他们就不用再忍受痛苦。"幸存者威利·阿佩尔（Willy Apel）作证说。[2] 听见犯人受折磨时发出的哭喊和呻吟，人们把这个地方叫作"唱歌的森林"。

埃特斯山森林里的一棵树具有特殊的意义。我从焚尸炉出发，走过一排排坼裂的混凝土地基——犯人囚室的遗迹。我的左边是曾经关押盟军战俘、同性恋者、耶和华见证人和逃兵的营区。往下走差不多就在砖砌的大房子旁边——消毒室也在里面,我看见了两排营房之间的东西:一个结实的灰绿色树桩,树根依然紧紧抓住地面,一块粗制的石板上刻着"歌德的橡树"这几个字。

1937年清理埃特斯山的树林,腾地方建造集中营时,党卫队留下了一棵橡树。有传闻说歌德常常坐在这棵枝叶繁茂的大橡树下。这不是图灵根唯一一棵和歌德有关的橡树,但这棵独特的橡树注定了要被赋予非常特殊的象征意义,象征布痕瓦尔德集中营和那里的看守与囚徒。歌德在魏玛度过了大半生,他常常骑马到埃特斯山,它在18世纪是个浪漫一日游的好去处。歌德告诉朋友、传记作家艾克尔曼(Johann Peter Eckermann),在这片树林里,他觉得"心灵充实,自由自在"。

建造布痕瓦尔德集中营时,最初党卫队想把它命名为"埃特斯山集中营",但是遭到了魏玛资产阶级强烈的抗议,因为埃特斯山不可避免地令人联想到歌德和魏玛的古典风格,因此不宜作为集中营的

当布痕瓦尔德集中营建成时,有一棵橡树留在集中营的中间。传说歌德曾经坐在这棵树下作诗。这张照片是法国人乔治·安吉利(Georges Angeli)于1944年6月在一家洗衣店里秘密拍下的。(陈雪霏译)

名字。因为这个原因，希姆莱决定为该集中营杜撰一个名字：布痕瓦尔德*。[3]

根据当地的一个传说，歌德正是在这棵树下撰写了《浮士德》中的"瓦尔普吉斯之夜"，是夜，魔鬼梅菲斯特把浮士德带到布罗肯山参加女巫们的安息日狂欢。还有传闻说，也是在这棵树下，歌德写出了《漫游者的夜歌》（*Wanderers Nachtlied*）。在1776年的一封信里，他把这首诗寄给了朋友和情人夏洛特·冯·施泰因（Charlotte von Stein），献词曰"自埃特斯山坡"：

> 你乃是从天而降，
> 熄灭一切烦恼伤悲，
> 谁有双重的愁肠，
> 你也给他双重安慰，
> 唉，我已经倦于浮生！
> 管什么欢欣苦痛？
> 让甘美的和平，
> 来，进驻我的胸中！**

或许，这对情人曾并肩坐在这棵树下？但是另有传说和这棵树错综复杂地联系在一起：这棵树以某种神秘的方式和德国的命运相连。树在德国在，但如果树倒下，德国也会衰弱。

实际上，这棵橡树最后象征了两个截然不同的现实，一个是对决定保留这棵橡树的党卫队看守而言，另一个则是集中营犯人的现实。对前者来说，橡树是联系伟大的德国文学传统的纽带，他们认为自己是这一传统真正的继承人。守卫集中营的党卫队积极投身于魏玛的文

---

* 即榉树林，Buchen 意为榉树，Wald 意为林。——译者注
** 此处采用了钱春绮先生的中译版。——译者注

化生活。在歌德曾任院长的魏玛国家剧院，一些最好的座位留给了党卫队骷髅师，合唱团也来布痕瓦尔德为看守们演出。有一次，浪漫的轻歌剧《微笑的大地》（*Das Land des Lächelns*）在此上演——相当具有讽刺性的是，其作者正是集中营里的一名囚徒，奥地利剧作家弗里茨·罗纳-贝达（Fritz Löhner-Beda）。后来贝达被送往奥斯维辛，在那里被一名看守活活打死。

对集中营的许多囚徒而言，这棵矗立在这人间地狱中间的橡树，代表了支撑他们活下去的梦想、幻想和希望。而对那些植根于德国文化的囚徒来说，这棵橡树象征着另一个世界，它比监禁了他们的这个世界更明亮更文明。德国作家和诗人恩斯特·维谢特（Ernst Wiechert）在其描述集中营生活的《死者之林》（*Der Totenwald*）中，讲述了这棵橡树如何安慰了他的化身——约翰内斯（Johannes）：

> 黄昏早已降临，约翰内斯再次离开营房之间的空地，那是夜晚他们打发余暇的地方。步行一分钟后，他站在了橡树底下，据说这棵橡树的影子曾经洒落在歌德和夏洛特的身上。它长在集中营的某条小道上，这里是唯一能一览无余地看到山下的地方。此刻，月亮悬挂在绿树覆盖的山巅，集中营里一片阒寂。
>
> 他看了会儿黑沉沉的天，茕茕独独，仿佛天地间唯剩他一人。他试图回忆 150 年前或许也曾站在此地的那个人的诗句。那个人的伟大分毫未失，即便他五十岁时沦为奴隶，也依然伟大。"高贵，友爱，善良……"* 不，即使这些也不会失落，只要还有一人对自己反复念诵，珍藏心底，直到生命的最后一刻。[4]

---

* 应指歌德作于 1783 年的诗歌《神性》（*Das Göttliche*）中的诗句：愿人类高贵，友爱而善良！——译者注

对维谢特而言，歌德体现了真正的德国文化传统，犹如一条灯光灿烂的路，虽然许多人已迷路，误入幽暗的森林。许多集中营的幸存者都描述过这棵橡树。法国艺术家、抵抗战士莱昂·德拉布尔（Léon Delarbre）经常坐在橡树下，为枝丫纵横的橡树画素描。

但不是每个人都和维谢特观点一致。确切地说，他们把这棵橡树视为德国文化内在的恶以及压迫、残忍的象征。这些犯人传播橡树和德国的命运绑在一起的神话，这给了他们希望。集中营里的橡树开始逐渐枯萎、死亡，某年冬天之后橡树不再长新叶，树皮也脱落了，露出白花花、干燥、光裸的树干。但是这棵树依然屹立，直到 1944 年 8 月的某一天盟军的轰炸机突然袭击毗邻集中营的工厂。一颗炸弹命中洗衣房，洗衣房失火，火势很快就蔓延到容易着火的橡树。在集中营里编号为 4935 的一名波兰犯人这样描述当时的情景：

> 我听见大火发出噼啪声，也看见火苗在飞舞：燃烧的橡树枝掉了下来，滚过屋顶的焦油纸。我闻到了烟的味道。犯人们排成长长的一排，把一桶桶水从水井传到着火的地方。他们抢救了洗衣房，但没有抢救橡树。从他们的脸上能看到隐秘的快乐，安静的成功：现在我们知道预言会成真。就在我们眼前，当烟雾和幻想交织在一起，它就不是一棵树，而是一个三头六臂、正在火焰里翻滚的怪物。我们能看到它胳膊掉落，躯体缩小，仿佛土崩瓦解。这头怪物痛苦地跪下。去死吧，你这禽兽，你这德意志帝国的象征。歌德？对我们来说，歌德已不复存在，希姆莱消灭了他。[5]

*　　*　　*

在魏玛国家剧院的门前，矗立着歌德和席勒的塑像。他们凝视无穷的远方，歌德的一只手搭在席勒的肩膀上，席勒则伸手去接歌德递给他的桂冠。恩斯特·里彻尔（Ernst Rietschel）创作于1857年的雕像在当时具有典型性，最终成为19世纪中叶德国各地竖立的两大文豪雕像的范本。当魏玛被人们顶礼膜拜时，歌德与席勒的雕像直接表达了整个德国被煽动起来的强烈的民族主义情感。

市中心的边缘有个伊尔姆河畔公园（Park an der Ilm），里面有一些小径穿过林地。树木繁茂，把这些小径变成了绿色的隧道。有的小径通向空旷的草坪，有的通向公园里的某个建筑，有的通往从巨石中喷水的喷泉，还有的通向山洞或风景如画的废墟。这座公园是一个充满浪漫气息的梦幻之地，18世纪末在英式庭园的影响下建成，此后一直变化不大。诗人歌德的白色花园洋房俯瞰旷野，他在魏玛的最初几年就是住在那里。此时歌德早已因其小说处女作《少年维特的烦恼》享誉欧洲——书中热情四射、情感充沛的文字令一个强调理性、理智和启蒙思想的时代惊愕不已。献身于美，崇拜自然，热爱诗歌，这种罗曼蒂克的思想已成为德国自我认知的一个重要方面。但是同时它自身似乎也有阴暗之处，这种文化几代之后的继承者，怎能在歌德曾经坐下写诗的同一片树林里悬吊、折磨和杀害他人？德国文化的一面光芒四射，另一面却充满黑暗，这个形象有时被叫作"魏玛－布痕瓦尔德分裂"。这两个方面构成了德国困境，即德国的雅努斯面孔[*]的缩影，对布痕瓦尔德的歌德橡树的不同观点充分印证了这一矛盾。

一些人希望把德国文化的这两个方面看作是完全分开的，以免遮蔽古典主义时期的光芒。战后的大多数时候魏玛都这样做。另有一些人则认为，这是历史的简单化，甚至是歪曲历史，因为这两个方面从文化、哲学和文艺的根源上缠绕在一起。虽然或许不是直接相关，但是国家社会主义助长并且毫不手软地利用了这些出自相同根源的思想：德意志民族主义和对启蒙理想的拒斥。

---

[*] 雅努斯是罗马神话中的门神，通常被描述成拥有前后两张面孔。——编者注

德国浓厚的浪漫主义强烈反对启蒙时代情感的缺失,那些形成于魏玛以东12英里的耶拿大学的思想尤其重要。19世纪上半叶,黑格尔、费希特、谢林等思想家开始发展现在我们名之为德国唯心主义的思想,作为对启蒙思想的反动。他们留下了大量的思想遗产,20世纪的纳粹党人很容易从中发掘灵感——其中最有影响的是以提振精神之名,强调德国的独特性。影响更大的是哲学家、历史学家赫尔德(Johann Gottfried Herder),他是歌德引介到魏玛的大思想家之一,有人认为他可能就是歌德笔下的浮士德的原型。赫尔德认为每个民族的灵魂都是独特的,他也非常强调爱国主义,后来证明他的观点对于德意志民族主义的兴起至关重要。赫尔德的首要目标是让德国文化远离当时法国的强烈影响——18世纪的欧洲文化由法国主宰。常被称为德意志民族主义之父的另一位哲学家费希特,认为德国人民拥有独一无二的特性,因此德国人应该"创造并引领人类历史的新纪元"。[6] 他早已充分表达了反犹太主义观点:自法国革命以来,在席卷各国的政治发展过程中,犹太人已在欧洲其他国家获得平等权利。如果德国也给予犹太人以平等的公民权利,将会危害德国。法国给了犹太人公民权,从此欧洲的犹太人获得解放,他们越来越多地选择打破犹太区的隔离状态,从语言和文化上融入欧洲社会。

19世纪上半叶,德意志民族主义兴起,其首要目标是缔造一个语言文化同一的德国。1848年,当革命热潮席卷欧洲时,民族主义情绪达到了高峰。德国的自由主义者、知识分子、学生和工人揭竿而起,反对德国各小邦国守旧、专制、冷酷的精英,但被保守的公国镇压。

正是在德国1848年革命的余波以及接踵而来的政治黑暗中,里彻尔的歌德与席勒像被竖立在魏玛国家剧院门前。

"德国大地上的解放战争既没有带来政治自由,也没有促成国家统一,于是市民们开始从文化事业中寻找他们依然缺乏的替代品。例如,在城市里最显眼的地方,常常竖立着知识巨子的纪念像,那时只有王子和军人才有此殊荣。"德国艺术史学家保罗·灿克尔(Paul

Zanker）这样写道。[7]

在 19 世纪中叶以前，为艺术家建造所费不赀的纪念像还很少见，但是革命后，作为文学和民族主义运动的象征，歌德和席勒的雕像几乎点缀了每个小镇。据灿克尔说，这些作家和诗人的雕像被视为理想的德国人的代表，是身穿当代服装的道德典范——他们不是赤身裸体、不可触碰的希腊神祇，而是公民。以这些纪念像为中心产生了一种崇拜心理，推动了报纸、插图本书籍和这些作者卷帙浩繁的文集出版发行。灿克尔说，就是在这一活动期间，德国人开始自认是"一个诗人和思想家的民族"。然而，他接着写道，这些纪念像并不是用来引导人们走向新的革命与反抗，恰恰相反，资产阶级立起这些塑像是为了宣扬公民的美德：遵守秩序、服从命令、忠于上级。魏玛的伟大作家曾效力于魏玛宫廷，这被认为是值得效仿的模范。

民族诗人歌德逐渐成为这些典范的化身，19 世纪后期，他注定了要被改造成新德国的道德楷模。不符合歌德这一面形象的一切都被束之高阁，甚至销毁。歌德致拿破仑表达其钦佩之情的信件被烧毁。他曾公开赞赏世界主义和国际主义，但去世后其观点被重新诠释为完全的民族主义——尤其是在 1871 年德国统一之后。黑格尔、费希特和赫尔德等哲学家的思想也被歪曲，为了使民族主义合理化，他们的观点被误用、过分强调甚至篡改。

歌德对政治领域的批评后来被右翼民族主义者用作反对成立政党和民主的武器。[8] 与此同时，左翼则视歌德为自由主义和议会制的支持者。歌德的精神之争延续到了 20 世纪。魏玛的明暗面之间内在的强大张力，以及这一冲突发生的地点、舞台就是这样一个具有象征性的地方：里彻尔塑造的歌德与席勒像后面的魏玛国家剧院。

* * *

1919 年 2 月 6 日，国民议会在魏玛国家剧院召开。大约十个政党的 400 多名代表在曾经属于歌德和席勒的舞台前各就其位，他们汇聚一堂是为了拯救德国。统一还不到 50 年的德国直到最近似乎还是强大甚至不可战胜的，但如今在分崩离析，俾斯麦用"血和铁"打造的德国像纸牌屋一样坍塌。为了拯救德国，他们重返根基，在魏玛召开会议。

在差不多一年前的 3 月 21 日，德国军队发动了"皇帝会战"*，在绵延的西线发起大规模进攻，企图打破僵局。而实际上，此战不过是为取得胜利而孤注一掷。夏季协约国反攻时，德军防线濒临完全崩溃。1918 年 10 月末，基尔港的水兵发动兵变，数日之内十一月革命席卷整个德国。第一次世界大战结束了，但是起义还在继续，随着相互对立的团体发生冲突，成百万幻想破灭的德军从前线撤回，政局一片混乱。德国共产党效仿布尔什维克组成了苏维埃，他们甚至于 1919 年春天夺取了巴伐利亚的政权，但却遭到了德国社会民主党和自由军团的反抗。自由军团是由退役的士兵与军官组成的准军事组织，他们带回了战场上残忍、惨无人道的暴力文化。

德国社会民主党的志向是建立议会民主制，1919 年 2 月在其倡议下代表们齐聚魏玛时，这些事件的阴影仍笼罩着他们。皇帝退位后，弗里德里希·艾伯特（Friedrich Ebert）领导下的社会民主党成立了一个临时政府。艾伯特是一位温和、实干的政治家，为了孤立激进的左翼，他只能和民族主义者及反对革命的自由军团结盟，让负责修订宪法的代表改赴外地的魏玛召开国民议会正是艾伯特的主意。代表们在魏玛制定了一部新宪法，并成立了后来所谓的魏玛共和国。

选择魏玛是既具有象征性，又顾及现实政治的行为。在爆发了所谓"一月起义"的柏林，非常有可能发生反对艾伯特政府的政变。自由军团已用令人震惊的残忍扑灭了残余的反抗：共产党人无力对抗身经百战的前线部队，数百人被草草处决。因此，虽然德国民主的黎明

---

* 又称"鲁登道夫行动"，是第一次世界大战期间德国在西线发动的大规模会战。——译者注

是在血泊中来临，艾伯特却想用歌德把它洗干净。所以艾伯特选择魏玛作为德国民主的出生地，其实是企图把魏玛古典主义的崇高理想和新生的民主相关联，借此来为后者争取合法性。

但是定都魏玛不仅仅是出于思古之幽情，也是为新的文化打上印记，最终它会界定新成立的共和国。现代主义运动，它非常清晰地反映在德国的表现主义中，渗透到并且复兴了魏玛共和国的文学、艺术、音乐、戏剧、建筑和设计，在所有领域里，新一代都背弃了过去僵化的陈规旧俗。然而，魏玛文化成了德国不可调和的两个方面之间白热化斗争的一个焦点：一为现代主义、世界主义和民主；一为对美的狂热崇拜、暴力和法西斯主义。在文学领域，一种新的实验性散文兴起，这类文章的标准主题是资产阶级空洞的理想、父权制的家庭结构和压抑的情感。这场新运动尽情地释放了被抑制的能量，在战争留下的存在的虚空里找到其发展必需的氧气。"输掉的不只是一场战争，一个世界结束了，我们不得不寻找从根本解决问题的方案。"德国建筑师、包豪斯学派创始人瓦尔特·格罗皮乌斯（Walter Gropius）写道。[9]

但是，虽然旧的世界似已风雨飘摇，但它永不会被打败，现代主义运动已瞬间把魏玛和德国分成两个实体。现代主义遭到了威廉时代的贵族、反对革命的资产阶级、大学教员等老式精英们的憎恶，他们自认为是传统的守护者。新运动被视为堕落、不道德——有些人甚至在看过、听过或读过之后就觉得身体不适。

反动分子开始动员起来，保守派、民族主义者和右翼极端分子对魏玛共和国及其民主理想、文化和现代主义的反对，注定了具有暴力性。不像共产党人和民主党人，德国的右翼一直坚持真正的保守革命。这是对现代主义的反动，在他们眼中，现代主义是在生活的竞技场中匆忙上阵，是在缔造一个没有灵魂、被夺走所有美妙的大众社会。[10]这股反击波反对当时的物质主义、理性主义和资本主义，因为它们侵蚀了人际关系和理想主义。新的世界腐蚀了高于任何其他东西的贵族阶层浪漫的价值观：荣誉、美和文化。作为一场运动，它早在战前已开始发展，许多人相信战争能让人们回归保守主义。只有战争能改变一路崩溃的进程，让国家接受必要的净化仪式，让人民超越物质主义，上升到更高的精神层面。对这些保守的革命者而言，第一次世界大战无关领土、自然资源或贸易霸权，它实际是法国文明与德国文化相对决的精神之战。换言之，是法国启蒙运动和德国浪漫主义之间的战争。

持此观点并放言赞成保守革命的那些人中有托马斯·曼，他长期以来对民主的发展抱怀疑甚至敌对的态度，认为民主对德国人民而言是外来事物。托马斯·曼把战争浪漫化，认为战壕里的严酷生活激发了那里的人们最好的一面。根据他的说法，战争最终会促使"群众"为了崇高的目标自我牺牲，由此就把自己变成了"人民"："战争是医治德国民族文化理性毁灭的有效良药"，他继续说，他梦想一个力量与文化合为一体的独裁的民族主义国家——"第三帝国"，他未卜先知似的决定这样称呼这个国家。这样的观念没有随着战争或其惨状、德国遭受的难以想象的损失的结束而消失——远非如此，对新事物的抵制非常仰赖于诸如此类的理想来动员反对的力量。在魏玛共和国"堕落"的民主时期，这些正是右翼极端分子用来绘制世界图景的概念。保守的知识分子如托马斯·曼的出发点略有不同，但他们激烈的民族主义、对封建思想的关注，以及把战争视为崇高的精神之战的浪漫主义，推动了纳粹主义和甚至更激进的现实观的正当化。

一种新的文学，即自由军团文学的出现，标志着文学方面对现代主义的抵制已经成形。自由军团由退伍的士兵组成，它们注定了要活跃于整个1920年代，填补《凡尔赛和约》规定德国军队不得超过10万人所造成的精神真空。自由军团和魏玛共和国的新秩序格格不入，因为后者嘲笑、唾弃军队里的荣誉、服从、兄弟情等传统美德。他们在前线的牺牲现在显得几乎没有意义。"背后捅刀说"（Dolchstoβlegende）正是产生于自由军团的团体里，此说认为德国没有在西线战败，而是败于大后方——社会民主党人、社会主义者和犹太人在背后捅了国家一刀。这一观点在德国社会甚嚣尘上，最后成为成立不久的纳粹党提出的主要政治问题。

自由军团文学兴起于1920年代，其图书经常在报摊或类似的水果摊出售，书中把战争、暴力和男子气概都理想化了。在两次世界大战之间的年月里，自由军团文学取得了很大的成功，一些书甚至拥有大批读者。这些书发泄了战后许多德国人经历的辛酸、厌恶和憎恨等情绪，但它们也包含了对更深层的东西——一个已失去的世界的渴望。

这些故事的典型写法是，以资产阶级家庭出身的青年及其自我成长的旅程为中心。年轻人对"后方"城市里肤浅的物质主义和同时代人精神的贫瘠感到困惑，于是去寻求更深刻的意义。在死亡面前，在前线，他"觉醒"并洞察了生命的真谛，那就是接受命运，为祖国、朋友和身上流淌的血牺牲自己。在前线学到的教训成为几乎是宗教性的生存经历，也成为"背后捅刀说"的来源：城市里的无知群众在背后捅了可敬的士兵一刀，从前线归来成了士兵们充满屈辱与厌恶的经历。他们回来后遇上了全面反叛、方兴未艾的现代运动：民主化、工人运动、实验文化、性解放、妇女解放。自由军团文化的斗争理想——抑制性欲、把暴力行为浪漫化、厌恶现代世界——在大多数情况下和纳粹的暴力思想如出一辙，并成为其一部分。

但是也有些人提出了不同观点。在《西线无战事》（*Im Westen nichts Neues*）中，雷马克审视了前线战斗的理想，揭露了"光荣"牺牲的空洞与虚假。他也刻画了因随时面临死亡而产生的亲密友谊，但没有英雄主义，朋友们都在经历相同的无意义的命运。雷马克也是一名退伍军人，他给了受战争影响的浪漫主义核心以一击，因此，1928年该书出版时引起了反动派和极右分子的强烈反应，1933年焚书时它成为第一批被烧毁的书籍之一。

在两次世界大战之间还出现了一批种族主义思想比较明显的反犹小说，其中一些拥有大量读者。文学成为传播并确立法西斯主义世界观的大众媒介。德国人热爱阅读，他们不仅在床头柜上放托马斯·曼的《布登勃洛克一家》（*Buddenbrooks*），而且也会放一些现在已不再广为人知的小说，如格利姆的《没有空间的民族》、斯金辛格（Karl Aloys Schenzinger）的《希特勒青年团员奎克斯》（*Der Hitlerjunge Quex*）。

纳粹党攫取政权之前，当时的现代主义、表现主义思想同美化暴力的自由军团文学、反犹太人和宣传种族主义的小说并立共存。暴力与进步思想之间的张力不断出现在魏玛共和国的文学和文化生活中。一方面，德国拥有左倾的自由主义作家和诗人，如亨利希·曼、图霍夫斯基、布莱希特；另一方面，也有右翼极端分子和民族主义作家，如埃米尔·斯特劳斯（Emil Strauss）、汉斯·卡罗萨（Hans Carossa）、汉斯·约斯特（Hanns Johst）。[11] 此外还有中间派作家。

保守的资产阶级知识分子，如托马斯·曼等人的立场最为进退维谷，他们既担忧民主的发展，同时也厌恶纳粹的粗俗。1922年德国外交部部长瓦尔特·拉特瑙（Walter Rathenau）被残忍谋杀后，托马斯·曼在柏林发表了题为"论德意志共和国"的公开演讲，重新界定了他的立场。在演讲中他公开反对德意志帝国的野心，并表达对魏玛共和国的支持。他还宣布现在他已看出"民主"实际上比他原来认为的更"德国"。因为对于自己在某种程度上为政治暴力推波助澜感到内疚，托马斯·曼的思想发生了转变。[12] 但也有可能是出于对暴力、战争和战败召唤出的"恶魔"的恐惧，现在它已化身为慕尼黑一个激进的法西斯党，正迈出蹒跚的步伐。

等级制的旧德国及其军国主义、帝国主义和民族主义的理想，已变为一场因为战争而走向激进并受"背后捅刀说"影响的崭新的政治运动。反过来，自由军团也找到了代表日益壮大的纳粹党展示暴力的新渠道。

政治运动注定了要在魏玛共和国诞生时收获第一批果实。几年前纳粹党因啤酒馆政变失败而被取缔，1925年重建。仅四年后，纳粹党（全称国家社会主义德国工人党，简称NSDAP）与图灵根的政党结成同盟，首先在德国的一次选举中一举获胜。在内政和教育部长威廉·弗利克

（Wilhelm Frick）的领导下，纳粹党人利用由罗森堡及其同伙提出的一个极端且制度化的种族主义文化项目，向魏玛的文化生活发起猛攻。罗森堡领导的"德意志文化战斗联盟"成立于 1928 年，它试图把全国众多激进的右翼文化组织联合起来，清除德国文化中犹太人和其他"外来"的影响。几年之内，魏玛从现代主义实验的自由区一变而为纳粹主义的圣地，而图灵根成了激进种族政治的测试点和模范州。种族政治很快席卷整个德国。[13]

图灵根禁止播放电影《西线无战事》，魏玛的城堡博物馆撤除了瓦西里·康定斯基（Wassily Kandinsky）、弗朗兹·马尔克（Franz Marc）和保罗·克利（Paul Klee）的作品。和包括爵士乐在内的"黑人"音乐一样，作曲家如斯特拉文斯基（Stravinsky）等也被列入黑名单。

就如以前图灵根吸引进步艺术家，现在它开始招纳更邪恶的知识分子。弗利克把优生学家汉斯·君特（Hans F. K. Günther）擢升为耶拿大学的种族生物学教授。君特，人称"种族君特"或"种族教皇"，在当时被认为是种族研究方面杰出的世界级权威，他的理论大多成为纳粹种族政治的基础。魏玛艺术学院取代了包豪斯学院，另一个种族理论家、建筑师和文化批评家保罗·休尔兹－瑙姆布格（Paul Schultze-Naumburg）被任命为院长。瑙姆布格除了其他著作，另撰有《艺术与种族》（*Kunst und Rasse*），在书中提出只有种族纯粹的艺术家才能创造真正的艺术。弗利克的得力助手、冷血的纳粹党人、文学专家汉斯·西弗勒斯·齐格勒（Hans Severus Ziegler）被视为文学、艺术和戏剧领域的政治专家，几年后他成为席勒协会会长和魏玛国家剧院创意总监。

纳粹还启动了一个把歌德"纳粹化"的大计划，它需要灵活的手段和大量的工作。虽然 19 世纪民族主义者早已开始扭曲歌德的形象，但他依然被认为是人道主义者和国际主义者——人道主义与国际主义是魏玛共和国的缔造者奉为圭臬的价值。歌德也被一连串"让人不舒服"的联系包围，其中很重要的一个说法是他是"犹太人的朋友"，甚至有传言说歌德本人有犹太血统。而且，犹太人还"渗透"到了歌德协会和魏玛其他与歌德有关的机构。例如，歌德席勒档案馆的前馆长朱利叶斯·沃勒（Julius Wahle）教授就是犹太人。

幸运的是，时任馆长的汉斯·华尔（Hans Wahl）乐意承担"洗涤"歌德，为其在国家社会主义的神殿准备一席之地的任务。几年前，华尔就参与了德意志文化战斗联盟魏玛分会的成立工作。

华尔准备加倍努力，拯救魏玛巨子的名誉。作为歌德协会副主席，他确保非雅利安人不得加入协会，并宣布该协会是"德国最反对犹太人的文学协会"。[14] 而实际上该协会直到1930年代末才将犹太人成员踢出。协会在其期刊上刊登歌德预言第三帝国崛起的文章，试图以此去除歌德的人道主义"气息"。华尔提出歌德既是一名反犹主义者，又是共济会的反对者，这是一个明显的谎言——因为歌德本人就是共济会成员。他还威胁那些暗示歌德是"犹太人之友"的研究者闭嘴。歌德协会主席朱利叶斯·佩特森（Julius Petersen）更进一步，把歌德比作希特勒——二者都是"伟大"的政治家和艺术家。1932年，托马斯·曼到魏玛城参加歌德逝世一百周年活动时厌恶地指出，"魏玛是希特勒主义的中心"。[15]

华尔的篡改行为赢得的至高荣耀是成立了新的歌德博物馆，希特勒亲自确保该馆资金无虞。歌德博物馆毗邻歌德故居，1935年开放。华尔在博物馆门口放了一座希特勒半身像和一块虚情假意地向博物馆赞助人致谢的匾额，以及歌德的家族谱系图，以说明歌德具有纯粹的雅利安血统。

如今，博物馆赞助人的痕迹已荡然无存，希特勒的半身像和歌德的家族谱系图都已移除，但希特勒的浮雕还在某块基石的灰泥上。

* * *

"一切始于那场大火。"迈克尔·诺奇（Michael Knoche）边说边眺望窗外。屋子有"绿色城堡"之称,这个房间就在屋子的顶层,能看见风景优美的伊姆河畔公园,7月份的盎然绿意几乎从敞开的窗户扑面而来。身穿灰色格子西装的诺奇其貌不扬,却是德国最著名的图书馆之一安娜·阿玛利亚公爵夫人图书馆(Herzogin Anna Amalia Bibliothek)的馆长。1761年,布伦瑞克-沃尔芬比特尔的阿玛利亚公爵夫人把她16世纪的城堡变成了收藏宫廷藏书的图书馆。这家洛可可风格的图书馆已荣登联合国教科文组织世界遗产名录,现为魏玛古典基金会(Klassik Stiftung Weimar)的一部分,该基金会负责监督魏玛文化机构的运转。

"1990年代初我刚到魏玛时,不相信这里会有抢劫来的东西。我和一些处理此事的犹太人组织接触过,我对他们说:'不会有问题。'那是当时普遍的看法,但是那场大火改变了这一点。"诺奇说。

2004年9月的一个夜晚,一根破电缆上冒出的火星点着了干燥的顶梁,于是这个闻名的白色洛可可式图书馆的楼上和数万册干燥易燃的书籍都陷身火海,接着油画、德意志帝国五百年来的皇室肖像画也难逃一劫。五万册图书在火焰中灰飞烟灭,其中许多是独一无二的、16世纪的初版书。歌德曾在阿玛利亚公爵夫人图书馆工作,它拥有德国最丰富的各种版本的莎士比亚作品和《浮士德》。还有几千册书被烟雾、热力和水损毁。

"失去的一些书是不可替代的,其他损失需要几十年才能弥补。"诺奇说道。不过,他为自己从大火中抢出了图书馆珍藏的古腾堡《圣经》感到安慰。

阿玛利亚公爵夫人图书馆已经重建,但是成千上万册书仍然冷冻着,等待极其耗时的修复工作。大火不仅毁掉了德国的一部分文化遗产——实际上也暴露了该馆一段不太光彩的历史。

"火灾之后我们开始检查图书馆里的每一本书,因为我们需要对图书馆的损失有个总体了解。我们翻阅以前的日志,查看书籍什么时候、怎样进馆。日志没有明确提及任何'不合法'的事,但有些迹象让我们怀疑有些书来路不正,如果可以那样说的话……书里有印章、信函和其他一些东西让我们这样想。"

图书馆的调查显示,1933—1945年期间藏书增加了35,000册,其出处"存疑"。这一新情况迫使阿玛利亚公爵夫人图书馆和魏玛古典基金会彻底重新评价自己的历史和战争期间图书馆的角色。汉斯·华尔长期被视为魏玛的救世主,至今他仍是魏玛历史上一位有争议的人物——争议如此大,以致近来举办了一整个研讨会研究其记录。

战后,华尔设法让苏俄当局相信他的无辜,虽然他曾是纳粹党员,并且一再主张咄咄逼人的反犹太主义。华尔不但保住了新政权里的老工作,1945年甚至被提拔为一个新成立的、负责德国民主重建的文化单位的副主席,它的第一个任务就是清除法西斯对德国文化的影响。[16] 1946年,华尔还被任命为魏玛尼采档案馆馆长。

华尔的辩护者提出,为了拯救魏玛的文化遗产,华尔在纳粹时期玩了两面手法。他们接着说,内心深处他是民主主义者,带领魏玛走过了最艰难的时期,其间做了一些他相信有必要的政治妥协。战争结束后,华尔坚称其目的一直是"让歌德在此时期内颜面无损"。[17] 另一方面,华尔作为"非自愿的纳粹"的形象越来越难以维护,因为他在纳粹夺取德国政权的五年前,就已卷入德意志文化战斗联盟魏玛分会的成立活动。

最近这些年关于阿玛利亚公爵夫人图书馆藏书的新信息,更使人无力为华尔辩白。战后他能轻松脱罪,虽然不能说是无懈可击,部分原因在于新政权就像魏玛共和国和第三帝国那样,热衷于利用歌德以获得合法性。歌德的思想再次被改造,十年前华尔把歌德变成了一个反犹太主义者,如今又要把他变成社会主义者英雄。

汉斯·华尔因心脏病发作死于歌德诞辰二百周年,即1949年。为感谢他保管了歌德的精神遗产,人们为他举办了国葬,并让他长眠在魏玛历史公墓中席勒和歌德的身旁。为了表示对他的敬意,一条通向伊尔姆河畔公园另一侧的歌德席勒档案馆的街道用华尔的名字命名,街名沿用至今。

"在魏玛,他是人们谈论不休的话题。对一些人来说他是一位英雄,但是对另一些人——嗯,他这个人不能用那些词来归类。事实是共产党需要像华尔那样的人,需要魏玛。红军战利品队偷了整个德国的艺术和文化,但是他们没有动过魏玛,似乎魏玛是个圣地。"诺奇告诉我。

现在,三位从事来源调查的专家在检查整个魏玛古典基金会及其保管的成百万册图书、文件、信函、艺术品和其他物品。我乘电梯从楼上诺奇的办公室下去,一路经过入口大厅、地下室,电梯还继续往下。在城堡的下面,学会、图书馆、啤酒屋、蜿蜒的鹅卵石小道、又长又直的地下墓穴,在地下网络中向外伸展。灯光投射在锃亮的地板上,非常美丽。大部分藏书现在就保存在这个地下综合体里——灯光、空气和温度都受到了控制。

基金会的两位来源研究者吕迪格·豪非(Rüdiger Haufe)和海克·克劳考斯基(Heike Krokowski),把我领到一个立在长廊墙边的书架,他们就是在这里收集了他们的"发现"。

一如柏林市图书馆的管理员们,华尔也接受了出现在他面前的扩大藏书量的独特机会。豪非和克劳考斯基从书架上抽出几本书,让我看曾经生活在魏玛的犹太人家庭的漂亮名牌。一些书是盖世太保或纳粹党的"礼物",其他一些来自柏林普鲁士国家图书馆的中央分拣站,还有几大袋书购自维也纳等地不择手段的书商之手,他们和逃走的犹太人大做生意。

但是华尔也盯上了特定的藏品——具体地说是那些属于犹太商人亚瑟·戈德施密特(Arthur Goldschmidt)的东西。戈德施密特靠加工动物饲料致富,但他真正的兴趣在别的地方,即收集图书。纳粹上台时,他已拥有一个藏书约达4万册的藏书室,其中最珍贵的是一套独一无二、闻名遐迩的古老年鉴,上起1600年,下至19世纪,计约2,000册。这一时代出版的年鉴配有插图,主题从芭蕾舞、狂欢节到昆虫、农业,五花八门,深深地吸引了戈德施密特。[18] 这些年鉴通常针对特定的群体，会涉及重要的节日或某些植物的花期。当时还发行了以诗人和作家为重点的文学年鉴。歌德对这种形式产生了兴趣，顺理成章地也出版了一些他自己的年鉴，戈德施密特设法弄到了初版。1932年，戈德施密特出版了这套年鉴的书目，题为《年鉴中的歌德》（Goethe im Almanach），引起了华尔的注意。事有凑巧，魏玛歌德席勒档案馆的藏品中正好缺少这些年鉴。几年后戈德施密特的公司被国家没收时，华尔的机会来了。为了活命，戈德施密特被迫把年鉴卖给歌德席勒档案馆。据戈德施密特自己估计，这套藏书至少值5万马克，但是华尔通知他，档案馆出的钱不会超过每册年鉴1马克。华尔还说，戈德施密特应该乐意"做出牺牲"，让自己的藏书进入这个著名的档案馆。[19] 正如1930年代德国的其他许多犹太人，戈德施密特发现自己没有讨价还价的余地。他不可能把这么著名的藏品带出德国，而且家里的资产已开始缩水，因此他别无选择，只能接受华尔的提议。在一份内部报告中，华尔满意地肯定"整件事非常有利，使档案馆数量可怜的年鉴大大增加了"。他还提到档案馆如何会以如此低的价格买到这批书："显而易见的原因是戈德施密特先生是犹太人。"[20] 1930年代末，戈德施密特一家想办法离开纳粹德国逃到了南美，后来戈德施密特在贫困中死于玻利维亚。

战后，这批年鉴从歌德席勒档案馆转移到了阿玛利亚公爵夫人图书馆。[21] 这些宝贵年鉴的来历仅用一个含义模糊的"A"来表示，暗指主人的名字。直到2006年图书馆开始调查时，人们才疑心什么地方不对劲。

"在欧洲被掠艺术品委员会（Commission for Looted Art in Europe）伦敦办公室的帮助下，我们找到了戈德施密特先生的后人，他们到这儿看了那些藏书。"豪非说。

经过谈判后，双方都赞成把那批藏品留在魏玛，但是基金会要根据实际价值补偿戈德施密特家——最后图书馆为这些书支付了10万欧元。

收藏家亚瑟·戈德施密特的藏书票,画面反映了第一次世界大战期间他作为德国前线战士的亲身经历。安娜·阿玛利亚公爵夫人图书馆得到了戈德施密特收藏的宝贵的文学年鉴和其他藏品。

在戈德施密特这件事中，德国的图书馆做出了迄今为止价格最高的补偿。但是虽然阿玛利亚公爵夫人图书馆已花了近十年时间调查，未来还有大量工作要做。它已归还一小部分偷来的书籍，但是更多的书还藏在魏玛的地下墓穴里。"我们计划到2018年查完1933—1945年的图书，不过到时又有战后一直到现在入馆的所有图书要看一看。老实说，我不知道要花多长时间，但是很清楚要持续至少又一个十年。有时大家说这件事需要整整一代人去完成。"我离开诺奇的办公室之前，他这样对我说。

在地下室里，豪非和克劳考斯基不停地把书从架子上拿下来放在我面前的一张桌子上。正如我要去拜访的德国其他许多图书馆，他们也想从实体的意义上把这些书和其他书分开，似乎它们都被污染了。他们把那些书从图书馆的主体里分割出来，单独放在书架上，和其余藏书隔着安全的距离，以免传染。成百上千的书从成百上千批藏书中分离出来。

豪非让我看近来他们发现的一本书，这本书来自戈德施密特的藏书室。书里有他的一张藏书票，上面画着一名在树下读书的士兵，标注的时间为1914—1918年。这幅画是戈德施密特的写照，第一次世界大战中他曾为德国作战。或许它记取了战争岁月里书籍给予他的安慰，让他可以暂时逃到梦里。每一本书都承载着一段关于偷窃、敲诈和悲惨命运的故事，最好的大概是关于逃亡、放弃一种生活的故事——而最差的故事，是人们除了这些书，没有留下任何痕迹。我问他们俩如何处理这些遗留在世、找不到回家之路的书，他们对视一眼，看来从未想过这一点。他们耸耸肩，好像在说"不知道"，那么或许它们就留在老地方吧。

4 希姆莱的图书馆：
慕尼黑

慕尼黑路德维希大街(Ludwigstrasse)上的那栋黄色大楼正面光秃，窗户小如缝隙，乍一看就像一个不祥的堡垒。巴伐利亚国家图书馆所在的大砖楼占据了整条街，斯蒂芬·凯尔纳（Stephan Kellner）就在入口处迎接我，他是一位历史学家，黑发又短又硬，一只耳朵上还戴着一个金耳环。

"这条路最好走。"说着他带我走出堡垒。我们绕过大楼，穿过图书馆后面乱糟糟的公园，公园遥远的尽头是一座小房子，半掩在常春藤之下。看得出来，小房子的另一头是英国花园（Englischer Garten），1937年希特勒就是在那里为他的博物馆"德国艺术之家"（Haus der Deutschen Kunst）举行开幕典礼。过去的十年，在巴伐利亚国家图书馆后面的这个小房子里，凯尔纳和同事一直研究馆内数量庞大的藏书，重点关注第三帝国的盗窃活动。该图书馆建立在巴伐利亚皇家图书馆的基础上，藏书量达几千万册，甚至早在16世纪就被誉为阿尔卑斯山以北最好的图书馆。其历史藏品是世界上最著名的藏品之一，其中那批16世纪前印刷的所谓古版书是规模最大的古版书藏品之一。不过就像德国的其他许多图书馆，巴伐利亚国家图书馆也因收藏了纳粹盗取的书籍而背上沉重的负担。

"这不是我的爱好，而是一种义务。这和我的家族史有关，我的祖父是犹太人，以前住在这里，但是后来被迫移民哥伦比亚，因此我觉得我个人有责任去做这件事。"凯尔纳说着把我带到一个房间，里面有一张大桌子，桌上整整齐齐地放着许多书。

在这次造访之前，我向凯尔纳发了一份愿望清单，因为巴伐利亚国家图书馆拥有一批独一无二的藏品——纳粹最早偷窃的一些图书。鉴于该图书馆就在国家社会主义的诞生地慕尼黑，而且慕尼黑从1936年开始就由纳粹第四号党员鲁道夫·布特曼（Rudolf Buttmann）掌权，因此该馆完全有各种机会参与劫掠活动。1930年代最早入馆的一些书籍原本属于慕尼黑最显赫的犹太家庭，也有些书来自宗教团体、共济会或受纳粹迫害的其他团体。

"很少有全部藏书都到这个图书馆里的，图书管理员主要挑出最珍贵的书籍，如18世纪以来的初版或图书馆没有的书。"凯尔纳告诉我。

托马斯·曼的私人藏书等最后也流入巴伐利亚国家图书馆。这些书是从他家偷走的，他的家就在英国花园的另一头，沿着伊萨尔河（Isar）走路就能到。1933年春托马斯·曼在国外巡回讲演时，收到消息说德国有大批知识分子被捕。他的家人劝他不要回来，于是曼暂居法国里维埃拉（Riviera）。六个月后，他在波辛格大街（Poschingerstrasse）上的房子就被没收了。[1]

战事结束后，美军把大约3万册杂七杂八的书移交给巴伐利亚国家图书馆。其中一些书现在已翻到扉页，放在我面前的桌子上，这是我第一次看到含义不容误解的印章。我看到一本名为《波兰犹太人》（Polnische Juden）的书，扉页上印着黑色的文字："国立新德国历史研究院"，院长为历史学家瓦尔特·弗兰克。这行字印在纳粹国家标志的周围，该标志为一只展开双翅的鹰伸爪抓住一个装饰着卐字符的花环。在《德意志人民的面孔》（Das Deutsche Volksgesicht）这本书中，还有德国鹰的另一种印章，更大，呈椭圆形，旁边有一圈字"奥登斯堡松特霍芬图书馆"（Ordensburg Sonthofen Bibliothek）。松特霍芬是纳粹党的精英学校之一。这是一本摄影书，里面有饱经风霜、表情严肃的德国人的黑白头像，其中许多人的侧面照清晰地拍出了鼻子的轮廓。我在摆出来的书中看到的最后一个印章要简单得多——一个蓝色的长方形内写着"政治图书馆，巴伐利亚州政治警察"。

桌子上的这些书就是一块块碎片，狼子野心早期的碎片，这种野心最终会演变为世界上规模最大的盗书活动。或许我们可以把这些书视为掠书计划的考古遗迹，该计划涵盖了研究机构、精英学校和秘密警察组织的意识形态战争。我们可以把它们描述为"早期的碎片"，因为这些印章代表着纳粹政权最早的企图，即企图制订思想方案，获取知识。这个方案提出，不仅要研究敌人，而且要在第三帝国建设以意识形态为基础的全新的文化研究和教育。

随着时间的流逝，第三帝国开始迅速走向成功时，这些零碎的努力也越来越多，并为更庞大更野心勃勃的计划所取代，它们的共同特点是疯狂地痴迷于知识的收集与占有。桌上的书籍就是纳粹政权从1930年代初开始建立的一系列新图书馆的残迹和组成部分。

根据凯尔纳的说法，这些原本收藏在完全不同组织的图书如何归拢在一起，最后又如何来到巴伐利亚国家图书馆，至今仍是个谜。最有可能的解释是，盟军从第三帝国大量的机构、政府当局和组织没收了这些书，其中许多书被带到了美国，另外一些则移交给了德国的图书馆，以便充实毁于战争的藏书。

凯尔纳告诉我："我们从第三帝国不同组织的藏书中看到这么多印章。围绕这些书一直有冲突和竞争。在纳粹运动中，建立自己的图书馆多少是有地位的象征，因此纳粹分子掀起了藏书热。这种做法的基础是极权主义意识形态，它想要全方位控制公民的生活。同样的极权主义思维也应用于科学，试图重新定义每一个科学领域。所有的一切都必须是国家社会主义的，每件事物，每个地方。他们不只是力求用自己的结构和体制取代旧的，而是要创造全新的。他们觉得将传统大学'纳粹化'还不够，他们要在新的建筑里办一个新的学校，用一个新的名字，然后传授新的思想。"接着他说到《我的奋斗》在当时德国社会的意义。"这种取代一切、从零开始的强烈欲望有近乎宗教

盖有"巴伐利亚州政治警察"印章的书。从1933年开始,巴伐利亚州政治警察由希姆莱领导,它被作为1930年代希姆莱建立的恐怖机器的模范。

性的意味。以前新婚夫妇会收到《圣经》作为礼物,但现在他们收到的是《我的奋斗》,这个例子很清楚地告诉我们他们准备走多远。"

这些加盖了印章的书籍清楚地反映了这一极权主义的强烈欲望。一部关于土著儿童保健的人类学研究著作中也有巴伐利亚政治警察的印章,这一点吸引了我的注意力,它表明安全警察的野心不仅仅局限于研究共产党人和具有颠覆性的政治集团。事实上,政治警察是第三帝国内部贯彻极权主义哲学最为卖力的组织的早期组成部分,这一组织名为党卫队,简称SS。

巴伐利亚政治警察原本是魏玛共和国分权警察制度的一部分,根据该制度,每个州都有自己独立的秘密警察部门。到了第三帝国,这种警察体系彻底改变。1933年纳粹分子掌权时,慕尼黑的巴伐利亚政治警察也迎来了新头目:一名33岁的农学家,名字叫作海因里希·希姆莱。

希姆莱出生在慕尼黑一个保守而且严苛的天主教家庭。在学校同学们的眼中，他是一个内省、不善交际的人。健康状况也不好，终生都有胃病等疾病。尽管如此，他还是想在部队有所作为，但使他极为失望的是，在停战前他都没有机会去前线，因此后来他选择了去慕尼黑大学技术学院攻读农学。

希姆莱钦佩镇压了慕尼黑共产党的自由军团。他开始对表现为反犹太主义、军国主义和民族主义的极右思想感兴趣，同时也对宗教、神秘主义和德国神话产生了浓厚的兴趣。1923年，希姆莱在恩斯特·罗姆（Ernst Röhm）的推荐下加入了纳粹党，并开始为慕尼黑的极右翼圈子所知。罗姆是纳粹党的准军事分支冲锋队的创造者和领导者，被美化成了一位战争英雄。

在啤酒馆军事政变失败后，希姆莱的生活也动荡不安。之后他成功逃脱了牢狱之灾并且爬得很快，因为纳粹党被取缔后领导人不是逃走就是入狱，内部出现了权力真空。1925年纳粹党重建后，希姆莱成为党卫队的一员。党卫队隶属于冲锋队，是一个小规模的精英警卫队，其主要目标是保护希特勒免遭各种威胁，包括来自纳粹运动内部的威胁。起初这个小组织大约只有12个人，希姆莱不是步兵，但是他证明了自己在玩转官僚政治、组织和规划上很有天分。他似乎早已对党卫队有清晰的想法，1927年他把自己的计划告诉了希特勒，即把党卫队发展成为一个种族纯粹的精英部队，一个忠诚的军事集团，以及只对希特勒负责的意识形态先锋组织。[2] 希特勒认为，希姆莱的计划能制衡冲锋队，因为后者的发展在魏玛共和国时期就已经近乎失控。

有了希特勒的支持，希姆莱在党卫队平步青云。到了1929年，他已是党卫队全国领袖，此时党卫队的人数甚至不到300人，但是截至1933年底已超过20万人。[3]

不同于冲锋队主要吸收工人阶级，希姆莱选择的是受过良好教育的中产阶级。他将党卫队视为一个种族和知识精英的组织，有人若想加入党卫队，必须能够证明其家族自 1750 年以来都是纯正的雅利安血统。受过法学教育的人往往会被优先考虑，而诸如无情、狂热、忠诚以及残暴等品性也很重要。

希姆莱个人对历史、神话和种族学说的兴趣也渗透进了党卫队。建立党卫队的灵感来自于历史上的精英团体，例如武士、条顿骑士和耶稣会士。党卫队要成为一个雅利安的勇士阶级，成员象征着一种新人类，即"超人"。1931 年，希姆莱开始在党卫队内部建立情报机关——保安处。

1933 年希特勒被任命为德国总理后，开始把魏玛共和国旧的情报机器与纳粹党自己的情报网络相融合。随着时间的推移，党卫队被赋予了极大的权力，来扩张和渗透到德国社会的角角落落，希姆莱很快就控制了德国所有的警力。[4]

党卫队领袖海因里希·希姆莱（中）与帝国中央安全局负责人雷因哈德·海德里希（Reinhard Heydrich，右）在一起。正是在海德里希组织内部，帝国敌人的图书馆得以形成。（陈雪霏译）

1930年代初党卫队的大幅度扩张，使其不可避免地与上级组织冲锋队发生了冲突，后者到1933年已是德国最大的军事力量，成员超过了300万。希特勒怀疑罗姆正在密谋发动政变推翻他，于是秘密命令希姆莱先发制人，攻占冲锋队。1934年6月底，党卫队袭击了冲锋队的领导层，展示出后来成为其标志性特征的效率与残暴。冲锋队领导阶层中大约有200名高级官员被捕或者杀害，这一次行动也被称为"长刀之夜"。

州一级的国家秘密警察改名为盖世太保，戈林设在柏林的秘密警察处也以此为名。此时保安处已经将总部从慕尼黑搬到了首都，这次搬迁还带上了一批被没收的图书，从清单来看书籍总数超过了20万。[5]

* * *

1936年，一种新式图书馆开始在保安处的柏林新总部成形。自纳粹上台以来，各联邦的秘密警察和保安处就一直紧紧盯着图书市场的各个环节。从文学批评、图书馆、图书出版、图书进口，到逮捕和骚扰作者、书商、编辑和出版商，一切都在监督审查之下。纳粹分子从敌人手中攫取了成千上万的图书，然而如何处理这些书籍却没有明确的计划。有些书捐赠给了图书馆，还有些书由不同组织收藏，这样的处理多少有点条理性。不过，1936年保安处在柏林正式成立了异类政治文献研究图书馆，并聘请了多位图书馆员开始为藏书编目。[6]与此同时，希姆莱下令德国所有的秘密警察部门查阅被没收书籍的清单，立即将有关材料送往新成立的"异类政治文献中央图书馆"（Zentralbibliothek für das gesamte politisch unerwünschte Schrifttum）。很快，该图书馆把收藏的范围扩大到和"帝国仇敌"有关的各类书籍——比如以这种或那种方式反对过纳粹思想的人的著作。据一位目击者说，到1936年5月，图书馆的藏书已经达到五六十万册。[7]

1936年以后，随着对帝国"内部敌人"的迫害普遍加剧，越来越多的书籍落入图书馆之手。1937年年中，保安处加大了对教会和会众的打击力度。纳粹政府猛烈抨击教会内部所谓的"政治活动"，有些人认为教会在反对纳粹意识形态，应该取缔，不过希特勒不打算走到这一步。反对纳粹政权的天主教徒、福音派团体和神职人员受到了最严重的迫害。1938年3月德国吞并奥地利之后，党卫队又在全国范围内横扫政敌和意识形态的敌人。党卫队保安处的特别突击队"奥地利特别行动队"（Einsatzkommando Österreich）查抄了组织、政府部门、政党、机构和个人的图书馆、档案馆，5月份该组织发往柏林的火车上装载了大约130吨被没收的书籍和档案材料。

1938年年底，另一个具有冲击性的事件——"水晶之夜"又新增一拨藏书。在1938年11月这场席卷全国的犹太人大屠杀中，一千多个犹太会堂被焚烧，两万多名犹太人被捕并送往集中营，[8]整个纳粹德国也开始了新一轮的焚书运动，这回是烧犹太人的宗教著作。纳粹和当地居民洗劫了数百个城镇的犹太会堂图书馆，他们把《摩西五经》《塔木德》和祷告书拖到街上撕碎、践踏，最后一把火烧毁。正如1933年的情况，焚书的仪式感和节日气氛经常吸引上千人旁观或参与。在巴登小镇（Baden），纳粹党人拿着《摩西五经》在街头来回游行，最后才把它们扔进火里烧毁。在维也纳的犹太区，许多犹太会堂的著作和宗教性手工艺品被收集起来堆成一大堆，然后付之一炬。在黑森州（Hessen），《摩西五经》被铺在街道上，由希特勒青年团的孩子们在上面骑自行车。而在德国西部的赫福德（Herford）小镇，孩子们把《摩西五经》做成民间节日用的五彩纸屑。据说在其他地方，人们把犹太人的著作当作卫生纸，或让孩子们当作足球踢来踢去。在法兰克福，犹太人被迫撕掉或烧毁《摩西五经》以及其他宗教著作。[9]

尽管书籍遭到了大规模的破坏，但是也有很多藏书被一只预想不到的手拯救了。正如1933年性学研究所图书馆和档案馆最重要的藏书、档案幸免于冲锋队的大火，一些最重要的犹太人藏书在"水晶之夜"也逃脱了被洗劫的厄运。根据一道密令，很多特别珍贵的档案和书籍被转移。[10] 来自 70 个不同犹太圣会，包括维也纳的犹太人社区和布雷斯劳（Breslau）犹太神学院的 30 多万本书被没收，带到了柏林。

1939 年，数量激增的纳粹党安全机构迎来了大规模重组，最后成立了国家安全总部：帝国中央安全局。这个超级机构负责安排警察、情报机关如盖世太保、保安处和刑事警察对付帝国的敌人。保安处在柏林开始建造的图书馆，最终并入帝国中央安全局的新部门——第二处，该处的职责是调查政敌，处长是党卫队突击连队长弗朗茨·希克斯（Franz Six）。作为第二处处长，希克斯把该图书馆的宗旨表述如下："为了解我们的意识形态之敌的精神武器，我们有必要深入研究他们撰写的著作。"[11] 但是这个研究型图书馆不久又移交给了帝国中央安全局下另一个截然不同的部门——第七处，一个致力于"意识形态研究与评估"的研究部门，仍由希克斯负责。[12]

战争爆发后，帝国中央安全局总算获得掠夺书籍的大好机会。1939 年年底，第一批战利品，即六车皮犹太人的书籍从波兰运抵柏林，这些书全部来自华沙犹太大会堂（Wielka Synagoga w Warszawie）的图书馆。仅波兰一个国家最后就有数千家图书馆被洗劫。[13] 第七处大肆搜刮掠夺，以至于不得不占用柏林艾森纳赫街和埃姆瑟街（Emser Strasse）上两个被没收的共济会会所。最终第七处图书馆由一系列部门构成，这些部门关注各种各样的敌人，其中规模最大的是犹太文献部，此外还有一个部门关注和平主义、基督教、不同宗派和少数族裔的作品，另有一个部门处理工团主义、无政府主义、共产主义和布尔什维克的文献。

大体上，第七处图书馆折射了希姆莱本人的兴趣所在，它涵盖的范围不仅限于"国家的敌人"，也反映了希姆莱和党卫队的世界观。帝国中央安全局图书馆内最令人好奇的藏书是神秘学书籍。通俗文学，尤其是煽情的纪录片和书籍对党卫队和神秘主义的关系津津乐道，但是帝国中央安全局图书馆收藏的神秘学图书，其实说明了神秘主义在党卫队是个非常严肃的主题。在帝国中央安全局成立之前，党卫队早已有一个"神秘学图书馆",后来又在此基础上成立了一个专门的图书馆:世界神秘文学中央图书馆(Zentralbibliothek der okkulten Weltliteratur)。[14] 除了别的部门,该图书馆还包括一个名为"特殊使命 H"的部门,专门研究巫术与咒语。它收集了关于神秘学、通神学、教派和占星术的著作,大多是掠夺德国共济会所得。另一个部门"特殊使命 C"则负责各种伪宗教主题,它收集了大量色情文学作品和性学文献。但是,党卫队不只是为第七处偷书,非常荒谬的是它也抢人。一些犹太学者和知识分子被绑架后带到了柏林的帝国中央安全局书库,被迫在图书馆工作,有时为党卫队翻译希伯来语和意第绪语文献。

图书馆,或者更确切地说帝国中央安全局第七处图书馆,是党卫队和希姆莱极权主义野心膨胀的具体表现。帝国中央安全局进行的研究不单是为了加深他们对敌人的认识,从而更有效地击败他们,也是要将这些知识灌注到党卫队的思想和知识发展中。党卫队发动的是针对犹太智识主义、现代主义、人文主义、民主、启蒙运动、基督教价值观和世界主义的战争,但是打这场战争靠的不仅仅是逮捕、处决和集中营。希姆莱把他的组织视为国家社会主义版的耶稣会,这当然不是巧合,因为 16 世纪新教传播之后,耶稣会充当了天主教反宗教改革运动的急先锋。根据希姆莱的世界观,党卫队将以同样的方式成为捍卫纳粹思想的堡垒。仅从一个视角来认识纳粹与知识的关系是危险的,因为这样会掩盖更危险的事情:极权主义意识形态不仅想控制人民,而且试图控制他们的思想。人们倾向于认为纳粹是精神错乱的知识破坏者,在纳粹政权的控制下,许多图书馆和档案馆因为有计划的破坏或战争的间接原因而不复存在,这也是事实。尽管如此,在希姆莱的图书馆的阴影下,我们仍应当思考这样一个问题:极权主义政权对知识的破坏和它对知识的渴求到底哪一个更可怕?

5 反对耶路撒冷的战士：
基姆湖

> 当德国人再度觉醒的象征——卐字旗——成为帝国唯一正确的忠诚告白，神圣的时刻到了。
>
> ——阿尔弗雷德·罗森堡

渡轮轻轻一晃后，从普里恩（Prien）村下面港口的停泊处启程出发。我在船尾甲板上最远的地方找了一个座位，那里可以极目远眺。甲板上很快挤满了穿得五颜六色的退休老人和叠罗汉的学龄青少年，争抢能晒到太阳的地方，湖面上几百只白色小艇也在竭力捕捉微风。之前我从慕尼黑坐了一个小时的火车前往东南部，一路上，一开始的农田风光变成了连绵起伏的山麓小丘，然后又逐渐出现河谷山峦——那是巴伐利亚腹地，有砖木结构的房屋、绿油油的小山和覆盖着皑皑白雪的阿尔卑斯山。在慕尼黑和希特勒的贝格霍夫（Berghof）山中别墅所在地贝希特斯加登（Berchtesgaden）中间有个基姆湖（Chiemsee），这个湖又名"巴伐利亚海"，面积很大，由阿尔卑斯山上的冰雪融化而成的湖水清澈湛蓝。巴伐利亚国家图书馆的斯蒂芬·凯尔纳在地图上指出我要去的地方，它就在基姆湖的对面。

我们还没有离开环绕着普里恩的湖湾，景色已夺人心目。湖的南端是阿尔卑斯山的一部分，叫作基姆高阿尔卑斯山（Chiemganer Alpen），峰顶插入云霄一英里，山外便是奥地利。横渡了一会儿之后，渡轮停泊在基姆湖最大的岛屿绅士岛（Herreninsel），退休老人和学生们弃船上岸，沿着一段狭长的防波堤走向岛上值得一看的景点海伦基姆湖宫（Schloss Herrenchiemsee）。

海伦基姆湖宫是 19 世纪末期喜怒无常的巴伐利亚国王路德维希二世所建，它或多或少是法王路易十四的凡尔赛宫的翻版，只是规模要小一些。宫殿还没有完工，路德维希二世就去世了，于是工程立即停止，因为他已经在宫殿上耗费巨资。就我自己而言，我是来看另一个疯子在基姆湖边的另一项工程的，它也一直没有实现，甚至没用过一块石头。大概就是因为这个原因，我才独自一人留在渡轮上，而上了岸的老太太们满怀期待，慢慢地走向海伦基姆湖宫，一边还沉浸在旅行指南对镜厅和全世界最大的麦森（Meissen）瓷枝形吊灯的描述中。

渡轮绕过绅士岛后，眼前豁然开朗，我甚至能看见湖的对岸。同时我也能看到这个看不见的历史遗迹的所在地，它就在南面的基明（Chieming）村和湖北岸的西布鲁克（Seebruck）之间，一个向外伸的岬角。罗森堡规划的"德国国家社会主义工人党高等学校"（Hohe Schule der NSDAP）的地点经过了慎重的选择。高速公路在基姆湖南岸和基姆高山脚下蜿蜒起伏，连接了德国南部的东、西地区。这条公路始建于 1934 年，是当时"帝国高速公路网"（Reichsautobahn）的一部分，建成后能通过柏油高速公路把整个德国连在一起。

1938 年德国吞并奥地利后，高速公路开始延伸至维也纳，借此把这个姐妹国和德国绑在一起。所有通过这条路向南走的人只要看到基姆湖就能看到大学。尽管这所大学一直没有建造，但是现代人仍有可能想象出它的模样，因为建筑师的图纸和模型的照片就保存在华盛顿的国会图书馆。[1] 罗森堡委任建筑师赫尔曼·吉斯勒（Hermann Giesler），还有纳粹德国最著名的建筑师阿尔伯特·斯佩尔来设计这所大学。图纸和模型表明它是一个巨大的综合体，有几幢相连的建筑物。最显眼的是主楼的入口，它是一座塔，像高楼大厦一样拔地而起，比周围房子高出四倍。塔的最顶部状如古典的庙宇，这是第三帝国盛行的建筑风格，是一种用巨大乃至吓人的尺寸来表现的新古典主义。纳粹党人试图用这些建筑物给观看者留下深刻印象并迫使其屈服。

"有朝一日高等学校会成为国家社会主义和意识形态研究与思考的中心。"希特勒宣布。[2]

虽然大楼一直没有建成，但是高等学校项目的另一方面无疑已付诸实施，毕竟基姆湖东岸的学校不过是建筑上的表现，是一个早已启动的意识形态研究项目的物质外壳。

在意识形态的生产、研究和教育方面，罗森堡渐渐成为希姆莱最有力的竞争对手。两个人为了欧洲的图书馆和档案馆争得你死我活，他们领导下的两个组织在战争期间四处劫掠，在西起大西洋海岸，东至伏尔加格勒（Volgograd），北起斯匹次卑尔根（Spitsbergen），南抵希腊、意大利的广大地方都设立了突击部队和地方办公室。正如党卫队中央安全局第七处的活动受其领导的性情和世界观的影响，罗森堡的组织即"罗森堡处"负责的各种研究和图书馆项目，也是罗森堡

阿尔弗雷德·罗森堡大学即纳粹党的高等学校效果图。该校原计划在战后建立，并将被打造成第三帝国未来的领导精英学校。（陈雪霏译）

思想的折射。希姆莱和罗森堡争做这场思想运动主要的领导者，但他们的想法和观点在一定程度上是不一样的。希姆莱受神话甚至神秘思想的影响，而罗森堡狂热地痴迷于他所谓的犹太人的全球阴谋。就意识形态的生产而论，罗森堡的野心更认真更大。

高等学校项目是纳粹的宏伟计划，它试图为一种全新的科学和科学家奠定基础。纳粹的科学观涵括并渗透到所有学科——它建立在这样的认识之上，即世上有独一无二、具有种族特殊性的"德国的科学"。

但是，罗森堡最重要的工程或许是为纳粹意识形态提供一个哲学框架，争取德国和国际社会对纳粹运动的一些认可。[3] 1933年纳粹当权后，他们开展的纳粹运动还没有成熟的思想方法，因此包含了许多不同而且往往是互相矛盾的意见和团体，从保守的民族主义者到狂热的种族主义理论家。纳粹的工会运动还有社会主义和工团主义倾向。纳粹党的领导阶层中既有倒退的怀旧主义者，也包括另外一些世界观比较现代的人，他们在一定程度上也接受现代主义艺术。

在通往权力的道路上，纳粹党接纳了其他许多极右翼活动和组织。大量的纳粹党员早先是其他激进右翼党派的成员，当纳粹党势力庞大后才退出原来的党派。运动中的不同力量和群体经常试图把纳粹党带向不同的政治方向。除了一些已经明确坚定的立场，国家社会主义仍是发育不良的，因此具有可塑性。整个第三帝国时期，纳粹党内始终存在着政治分歧，但是时日一长，这些分歧变得不那么有意义，总的说来也愈益难以容忍这些差异性。维系这场乱糟糟的政治运动的不变核心是希特勒本人以及在他身上成形的领导原则，即所谓的"元首原则"——盲目、绝对地服从元首——正是纳粹意识形态最重要的柱石。

我们讨论的元首原则基于这样一种观念：如果没有一个能力超群的领袖，德国人就是一盘散沙。只有坚定不移地服从元首，他们才能变成一个有目标、有方向、统一的民族。根据这一观念，国家领导人作为人民内在的意志、精神和灵魂的化身而获得合法性。而另一方面，民主由民意指引，它只不过是乌合之众腐化的规则，这些人就像一群没有牧羊人的羊。

如果没有元首原则,纳粹运动可能会因为内部的分歧而分崩离析,很有可能一开始大家就无法团结一致。党内各派别、组织和领导之间不时争吵,内容从何谓犹太人到德国表现主义不等,最终通常是由希特勒而不是明确的意识形态来解决争端。

作为领袖崇拜的中心人物,希特勒变成了思想先知,但他的观点并不总是很清晰。通常,他更喜欢置身于思想争斗之外,甚至鼓励运动中出现一些可控的竞争,以挑拨离间不同派系。

1933年希特勒上台后,纳粹党不得不将其政治愿景转变为切实可行的政治主张。此时的另一个挑战是新成员源源不断地加入纳粹党,以致党内普遍害怕政治机器中将会充斥着机会主义者和潜伏者,还有一个近乎偏执的观念是,这样的人会侵蚀"真正的理想"。因此,1930年代初意识形态的混乱被认为越来越成问题。纳粹党组织全国领袖罗伯特·莱依(Robert Ley)向罗森堡抱怨,"关系到我们应如何看待世界的运动产生了严重的分裂"。[4] 希特勒也认识到了思想"分裂"的问题。纳粹党该如何巩固自己的地位,吸收成千上万的新成员而不失意识形态的灵魂?为此,1934年,希特勒让罗森堡负责纳粹党的精神与意识形态发展和教育,罗森堡的官衔为"国社党精神与意识形态研究部元首代表"。同年还在柏林成立了一个名为"罗森堡办事处"的机构,不过,后来凡是与罗森堡有关的各种项目、头衔和组织都统称"罗森堡处"。

首先巩固罗森堡首席理论家地位的,是他出版于1930年的哲学著作《二十世纪的神话》。罗森堡也把一群往往比他更有才华的研究者、理论家、种族问题专家和哲学家聚集在他的身旁,协助他构建、制定和保护国家社会主义的思想遗产。

罗森堡的理论家地位,奠定在他是运动中幸存的"老战马"之一这个身份的基础上,这个说法既有字面意义,又有政治意义。罗森堡能生存,一部分原因是他忠于希特勒,但也是因为他从未对希特勒在党内的地位造成任何真正的威胁。罗森堡没有参与过现实政治，实际上他更像一个狂热的理想主义者。德国历史学家约阿希姆·费斯特（Joachim Fest）写道："罗森堡真的信奉国家社会主义，这是他的悲剧。"[5]

＊　＊　＊

1917年2月，24岁的阿尔弗雷德·罗森堡住在离莫斯科一小时路程的公寓大楼里，此前他已在日瓦尔（Reval），即今塔林（Talllin）的技术大学读了几年建筑学。1915年前线俄军开始威胁爱沙尼亚时，该校师生迅速疏散到沙皇俄国内陆。1917年临近毕业时，罗森堡成天阅读歌德、陀思妥耶夫斯基、巴尔扎克和印度哲学。这位认真、内省的学者似乎全然意识不到沙皇俄国社会的紧张局势，以及即将在全国各地爆发的暴力革命。"二月底传来了罢工和饥饿暴动的消息，然后有一天它——革命发生了。"[6]

一开始，革命氛围感染了罗森堡，他甚至去了莫斯科，和成千上万的人在"歇斯底里的快乐"中涌向街头。他在回忆录中描述了看到"腐败的"沙皇政权最终垮台的轻快感，但是当欢乐的庆祝被混乱、分裂和布尔什维克所取代时，他的情绪也变了。[7]1917年，即革命这一年夏季的某一天，他正坐在房间里学习，突然一个陌生人进来把一本书放在他的桌子上。因为该书是用俄语撰写而罗森堡能说流利的俄语，因此他看出这本书就是传闻中1897年犹太人召开的秘密会议的记录：《锡安长老会纪要》（*Protocols of the Elders of Zion*）。对罗森堡而言，这本书非常重要，它揭示了沙皇垮台的真实背景，革命不是俄国工农起来反抗压迫他们的沙皇，实际上是犹太人策划的全球阴谋的一部分。

19世纪有几场大屠杀针对的是沙皇俄国境内大量的犹太人。沙皇政权在公开场合谴责对犹太人的攻击，私底下对这些行径却是既鼓励又支持，孤注一掷地把它作为一种政治措施，企图利用反犹主义将处于分裂边缘的多文化、多民族国家统一起来。只要把憎恨的矛头引向犹太人，就有希望隐藏真正的问题。大屠杀的策动者往往是反犹太的民族主义团体，他们把犹太人视为"革命"因素。

在早期阶段，俄国的极右翼开始在宣传中利用"犹太人革命分子"，这种做法对国家社会主义有极大的影响。到19、20世纪之交，臭名昭著的沙皇秘密警察组织奥克瑞那（Okhrana）炮制了一份文件，在两次世界大战之间它广泛流传于德国，1917年青年罗森堡看到的正是这份文件。据说《锡安长老会纪要》是19世纪末一个秘密会议的记录，参加会议的是一群有影响的犹太人，俗称锡安长老，他们发誓要控制整个世界。他们会通过渗透和腐化，让其他人，包括资本家、自由主义者、共济会会员和共产主义者来帮助他们控制世界，自己则躲在看不见的地方。

对罗森堡而言，读到《锡安长老会纪要》是一生中决定性的时刻。他是人口占少数的统治阶级中的一员，自认为受到了革命的威胁。他在日瓦尔长大，是波罗的海沿岸的德国人，自中世纪以来德国人就通过条顿骑士团和汉萨同盟统治这一地区。德国资产阶级控制了城市，拥有土地的乡绅则把持着乡村，多年来一直控制着波罗的海封建阶级和斯拉夫农民。波罗的海的德国人认为自己拥有比其邻居们更高明的文化。正如流亡者群体常常会发生的那样，他们既珍爱祖国的形象，又将其浪漫化，把它称为"家园"。对罗森堡来说，德国是一个梦，一个幻想，一个由沉浸于席勒与歌德精神的、理想化的人民组成的社会。波罗的海德国人身份认同的核心就是魏玛古典主义。

罗森堡在种族多元的沙皇俄国的成长经历，在其后来的思考中发挥了决定性作用。雅利安人具有优越性的观念、犹太人-布尔什维克的阴谋、德国向东扩张的天赋权利，都是这一背景的产物。后来在其《二十世纪的神话》中，罗森堡提出，俄国应该感谢雅利安人侵者：维京人、汉萨同盟和波罗的海德国人。没有历史上的他们，俄国就会像 1917 年革命后一样四分五裂，陷入混乱和无政府状态。[8]

《锡安长老会纪要》验证了青年罗森堡早已接受的思想和错误的观念。作为德国高雅文化的忠实拥护者，罗森堡早就读过当时最有影响的著作之一：休斯顿·斯图尔特·张伯伦（Houston Stewart Chamberlain）的《十九世纪的基础》（*Die Grundlagen des neunzehnten Jahrhunderts*），后来他甚至想把它改编成国家社会主义版本。

张伯伦是一位英国文化哲学家，年轻时在日内瓦求学，深深痴迷于日耳曼文化。后定居于拜罗伊特（Bayreuth），并娶瓦格纳的继女伊娃为妻。他的这部代表作出版于 19 世纪末，分上下两册，约有 1,400 页。书中张伯伦参考了 19 世纪最重要的种族理论家，法国伯爵、外交家亚瑟·德·戈平瑙（Arthur de Gobineau）的历史哲学著作《人种不平等论》（*Essai sur l'inégalité des races humaines*），试图把德国文化理想主义和雅利安人种族神话相结合。戈平瑙就像卡尔·冯·林奈（Carl von Linnaeus）为植物王国做的那样，也企图把人分成不同人种。他相信历史的主要原动力不是经济，而是种族斗争。[9]

戈平瑙认为，不同人种之间的矛盾不可调和，对西方社会最大的威胁是人种的杂交——所以雅利安人的高贵血统被劣等种族冲淡了。在他看来，19 世纪对社会改革、民主、平等的要求都是这种衰退已近在眼前的迹象，从此人类将沦入野蛮的状态，无力创造高雅的文化。戈平瑙认为人类将很快沦落的末日观深深地影响了张伯伦，在半个世纪后他自己的著作中，他把犹太人作为这种衰变的原因。其实张伯伦的岳父瓦格纳早已在其小册子《音乐中的犹太性》（*Judentum in der Musik*）里提出这个观点，他说犹太人通过渗透到德国文化，已开始破坏根植于人民的真正的文化。[10] 在《十九世纪的基础》一书中，张伯伦试图把戈平瑙的种族理论和瓦格纳的反犹太主义熔为一炉，同时又让这些观点前进一步。在张伯伦的视野里，德国人和犹太人是相对立的两极，他们正在打一场善恶之间的历史性战役。高大、金发碧眼的德国人天生充满了诸如责任、自由和忠诚等理想，而犹太人代表了它们的反面，尤其是当他们企图破坏纯洁美丽的事物时。

罗森堡逐渐以张伯伦思想的继承人自居，他也能为"犹太人问题"提供更切实可行的解决方案。根据他自己的叙述，早在1916年夏天他和年轻的妻子希尔达在莫斯科郊外斯霍德尼亚（Skhodnya）赁房居住时，就已开始着手写《二十世纪的神话》。[11]

罗森堡和其他许多波罗的海沿岸的德国人一样，希望德国军队能把爱沙尼亚从布尔什维克手中解放出来。1918年2月，这个愿望实现了。但是当1918年11月德意志帝国土崩瓦解时，他们回归家园的希望旋生旋灭。当月，罗森堡决定离开故土，回到他认为的精神祖国德国。[12]月底离开之前，罗森堡在日瓦尔市政厅举行了第一次公开演讲，从演讲的主题可见其政治家的身份：犹太问题和犹太人与马克思主义之间的关系。

和其他许多波罗的海沿岸的移民一样，罗森堡也定居于慕尼黑，他的好几位朋友也早已在那里生活。慕尼黑的极右翼圈子为罗森堡的犹太人－布尔什维克阴谋论的滋生提供了良好的土壤。罗森堡想书写他在俄国的经历，不久他和剧作家兼记者迪特里希·埃卡特（Dietrich Eckart）取得联系，后者也算是慕尼黑极右翼圈子中的关键人物。据罗森堡说，他见到埃卡特后说的第一句话是："阁下是否需要反对耶路撒冷的战士？"[13]

不久，罗森堡加入了埃卡特的不知名政党德国工人党，成为最早的成员之一。也正是在埃卡特的家里，罗森堡第一次见到30岁的前下士阿道夫·希特勒。按照罗森堡的说法，他们谈到了布尔什维主义如何使国家退化，就像基督教对罗马帝国那样。两个人谁也没有公开承认受到了对方的影响，两个理论家成为朋友之后，始终都觉得难以互相认可。

很久以后，希特勒评论说，罗森堡是一位思维方式"非常细致"的波罗的海德国人，而另一方面罗森堡从来没有称赞过《我的奋斗》。[14]

1923年慕尼黑啤酒馆政变时,阿尔弗雷德·罗森堡(左)和阿道夫·希特勒(中)在一起。他们早在1919年就已相遇,据信罗森堡对运动的早期思想发展有很重要的影响。(陈雪霏译)

不过,1937年希特勒把新创立的德国国家艺术与科学奖授予罗森堡时,确实间接承认了罗森堡是纳粹意识形态的主要建筑师之一。这个奖是纳粹德国为了替代诺贝尔奖而设。1935年,关在德国某个集中营的卡尔·冯·奥西茨基(Carl von Ossietzky)荣获诺贝尔和平奖后,希特勒就禁止德国人接受任何诺贝尔奖。罗森堡被授予德国国家艺术与科学奖,是"因为他倾力协助,确立并巩固了科学、直观的国家社会主义世界图景"。[15]

罗森堡对纳粹意识形态发展的实际影响,一直是第二次世界大战以来历史学者们争论不休的话题。他们结合史学研究的趋向,用各种方式去认识他作为纳粹政权内人物的重要性。战后,他被视为整个意识形态后面的邪恶智囊。后来在1960年代,当史学研究摒弃人格本位的描述,试图找出致使纳粹横行的结构与社会机制时,他的作用降低了。到了21世纪,罗森堡再次受到关注,这与德国历史学家恩斯特·派珀

（Ernst Piper）详赡的论文兼传记《阿尔弗雷德·罗森堡：希特勒的首席理论家》（*Alfred Rosenberg: Hitlers Chefideologe*）有莫大关系。书中指出罗森堡具有起决定作用的重要性，因为他推广了反犹宣传，把阴谋论变成了"真相"，在德国确立了犹太人－布尔什维克确实有阴谋的观念。因为这些理由，派珀觉得完全可以说罗森堡是首席理论家，虽然其他历史学者经常质疑这一点。

长期以来，历史学者一直认为，希特勒到慕尼黑时无疑已经是个反犹太主义者和反马克思主义者。在现代研究中，重新评估这一点的时机已经成熟。自1990年代以来，越来越多的历史学者指出，慕尼黑的精神和革命氛围对希特勒有翻天覆地的影响，使他成为一个狂热的反犹太主义者。例如，历史学家福尔克尔·乌尔里希（Volker Ullrich）在其2013年的重要著作《阿道夫·希特勒：崛起的岁月》（*Adolf Hitler: Die Jahres des Aufstiegs*）中就持这一说法。根据这样的观点，更世故的罗森堡对他肯定有很大的影响。[16]

很有可能不是罗森堡就是埃卡特把《锡安长老会纪要》给了希特勒，它对希特勒的决定性作用不亚于几年前之于罗森堡。不久希特勒就在慕尼黑的某个啤酒馆发表了他第一个关于犹太人－布尔什维克阴谋的演讲。

当此之时，阴谋论具有爆炸性的威力。俄国革命和国际革命工人运动不只被右翼极端分子视为威胁，事实上革命使资产阶级脚下的土地都在晃动。通过把革命说成是犹太人的阴谋，而不是工人阶级在要求社会和经济变革，纳粹党在其小圈子外也赢得了正当性。

最后希特勒任命罗森堡为纳粹党报《民族观察报》的主编，他任此职一直到1937年。

罗森堡找到自己一生的使命后，就斗志昂扬地投身于慕尼黑的右翼圈子。1920年代，罗森堡撰写了大量杂文和书籍，大多围绕一个主题：犹太人。其中的《锡安长老会纪要与犹太世界政治》（*Die Protokolle der Weisen von Zion und die jüdische Weltpolitik*），是他对《锡安长老会纪要》的注释。罗森堡的这本书不是《纪要》的首个德语版，但它非常畅销，一年内重印了三次。两年后，希特勒在《我的奋斗》中以它为基础对犹太人大加挞伐。《纪要》早已被揭露纯属伪造，希特勒却把这种说法斥为犹太人的宣传："至于是哪个犹太人揭露了这些真相，毫不相干。最重要的是，它们毫无疑问揭示了犹太民族的本性。"[17]戈培尔本人相信所谓的《纪要》是伪造的，他在日记里表达了比较实事求是的态度。他相信"《纪要》中内在的真理，而不是以事实为依据的真相"，后来这个说法成了纳粹运动中的老生常谈。[18]

1930年出版的一本书，《二十世纪的神话》，比其他任何东西都能巩固罗森堡作为纳粹首席理论家的地位。正如几十年前张伯伦竭力做的那样，罗森堡也想创造他自己这个时代的哲学，但他还想解决一个问题。

国家社会主义缺乏真正的哲学基础，纳粹党没有在真正意义上拥有一个马克思似的人物，或可以安身立命的"神圣的文本"。无可否认，《我的奋斗》在纳粹德国的地位几乎可与《圣经》相匹敌，但是不像马克思和恩格斯，希特勒没有创造一个基础的或者永恒的哲学体系，在他死亡五十年或一百年后还能应用。希特勒喜欢说千年帝国，但在《我的奋斗》中他主要忙于日常事务：魏玛共和国、犹太人、《凡尔赛和约》、布尔什维克、向东扩张。这些是他可以在有生之年解决的政治挑战，但之后会发生什么？罗森堡想要填补这一真空。

《二十世纪的神话》没有《我的奋斗》中的那种政治火力，其措辞既精练又夸张，许多方面正如希特勒对作者罗森堡的评价：非常细致。该书的立论基石因为简单而近乎平庸乏味：善（雅利安人）恶（犹太人）之间永恒的战争。这场战争就像一条红色的分界线贯穿了西方历史。在这点上罗森堡没有和张伯伦分道扬镳，唯一关键的区别是罗森堡把种族神话变得有用于政治。

罗森堡想建立的与其说是一种新哲学的基础，不如说是新的宗教。

书中庄重的语言仿佛出自《旧约全书》，这是深思熟虑的策略。罗森堡想缔造一个预言，一个基于神秘主义框架的种族理论，他写道："今天一个新宗教诞生、觉醒了——它是关于血统的神话，并坚信捍卫血统即捍卫人的神性。"根据罗森堡的说法，"北欧血统"最终会胜利，取代"旧的圣礼"。[19]

罗森堡像张伯伦一样，认为每个种族都有自己的特性，对自由、荣耀和创造性的热爱以及真正的自觉意识只存在于"北欧人种"，其中最重要的是"英雄的意志"。只要树立这一观念，新德意志人就会产生。他们是英勇的人，通过血和大地相连——随时准备牺牲自己，英勇赴死。在雅利安人和犹太人这两个处于两极的种族之间，罗森堡又分出其他民族，如阿拉伯人、中国人、蒙古人、黑人和印度人，对每一个民族罗森堡都审视了他们的道德品质和创造性成就。不可否认，阿拉伯人创造了可爱的阿拉伯风，但"这不是真正的建筑，只是手工艺"。[20]如果其他种族出现了"北欧人的特点"，那是因为模仿或者混合了北欧人的血液。另一方面，犹太人根本没有创造高等文化的能力，因为"犹太人作为一个整体，缺乏产生高尚美德的灵魂"。[21]

血统神话不是个人主义信仰，因为雅利安人的血连着更高尚的集体的"种族灵魂"，把所有雅利安人连在一起的正是这种灵魂："一个种族内彼此相连的灵魂是衡量我们所有观念、意志和行动的标尺。"对罗森堡而言，个人主义像普世主义一样具有破坏性。"一个人就其自身而言微不足道，唯有其理智、灵魂和成千上万同一种族的人相结合，才成其为人。"罗森堡进一步声称哲学史忘了思考血统神话，因为它不能在理性的体系内表述。用理性、符合逻辑的方式理解"种族灵魂"是不可能的，因为"种族不可捉摸——它是内心的声音，是一种感情和意志。德国人必须清醒过来，倾听他们血液的声音"。在书的最后，罗森堡提出一个预言："当德国人再度觉醒的象征——卐字旗——成为帝国唯一正确的忠诚告白，神圣的时刻到了。"[22]

1930年，阿尔弗雷德·罗森堡的《二十世纪的神话》出版，该书和《我的奋斗》一样成为第三帝国最重要的思想著作。在书中，罗森堡试图为新的国家社会主义"伪宗教"信仰——血统神话打下基础。（陈雪霏译）

* * *

1934年，罗森堡就任纳粹党精神与意识形态发展和教育部门领导的一个月后，在柏林克罗尔歌剧院（Kroll Oper）发表演说，德国议会在国会大厦纵火案后就搬到了那里。整个德国的地方纳粹党领导人集中在一起听他讲话，罗森堡在讲台上说："如果我们满足于掌握国家大权，国家社会主义运动的目标就不会实现。在这片国土上，政治革命无疑已经完成，但是熔铸有智识、有灵魂之人，才刚刚起步。"[23]这正是罗森堡在《二十世纪的神话》中提出的目标，现在要付诸实施："这是我们这个世纪的伟大任务：在这一新的生命神话的基础上创造新的人类。"[24]

要实现这个精神的转变，最重要的工具是第三帝国的教育体制。宣传可以影响人，但是教育能从根本上改造人。从幼儿园到大学，各级传统学校体系的纳粹化，1933年后开始逐步实施。纳粹党逐渐把学校系统视为第三帝国意识形态改造的一个重要组成部分，但这是一个长期目标——是一种会形塑未来数代人的改造。

完全可想而知，纳粹会首先出台哪些措施。其中的一条是以师生为对象，"清除"学校中"犹太人的影响"。早在1933年4月25日，纳粹已通过法律限制公立学校中犹太学生的数量。这种清除的主要手段是拒绝犹太人的入学申请，不由分说地解雇犹太人教师。亲纳粹的学生联合会攻击大学里的犹太人教授，要求他们辞职，那些坚持工作的人也受到歧视和羞辱。此外柏林的学生联合会要求所有"犹太人的"研究成果只能用希伯来文发表，这个方法不仅是揭露犹太人所谓的渗透，同时也禁止了他们使用德语。[25] 甚至于那些有自由主义倾向的教师也成了这种知识大屠杀的目标。不仅犹太人和自由思想家被排挤出学校，而且纳粹党人也反对女性接受高等教育，他们认为这会使女性争取平等。在他们的世界观里，女人的作用主要是为新的"优等民族"生孩子。

1936年，犹太人教师被明令禁止在公立学校任教。到1938年，大学把所有犹太人拒之门外，甚至学生也不例外。最重要的大学把重要位置分给纳粹的和亲纳粹的理论家，其中许多人都混迹于罗森堡的圈子，包括恩斯特·克里克（Ernst Krieck）和阿尔弗雷德·博伊勒（Alfred Baeumler），他们俩是第三帝国最重要的纳粹教育家，也肩负着为德国的新教育体制奠定基础的任务。纳粹政权还赢得了著名哲学家海德格尔（Martin Heidegger）的支持，他于1933年加入了纳粹党，并被任命为弗莱堡大学校长。

首先开展的大规模的改革之一是学校系统的集权化，以前学校像德国的大多数事情一样由地方政府自行决定。为了让教育体制服务于纳粹主义，这是一项必要的措施。在第三帝国时期，德国空前绝后地统一——这是纳粹政权通过极权主义的种种努力创造"一个民族"的结果。

纳粹上台时，德国的学校和大学系统被认为属于世界一流，没有一个国家的学校能培养出比德国更多的诺贝尔奖得主。至1933年，德国赢得了33个诺贝尔奖，而美国只有8个。尼尔斯·玻尔（Niels Bohr）在哥廷根大学期间，该大学是世界上领先的理论物理中心。但是对纳粹党来说，问题是多到不成比例的诺贝尔奖授予了德国的犹太人，如爱因斯坦、古斯塔夫·赫兹（Gustav Hertz）、保尔·海塞（Paul Heyse）。

正如张伯伦和罗森堡根据遗传或种族在艺术、建筑上的能力，甚至一般的品格来区分人类，德国物理学家、纳粹党人、1905年诺贝尔物理学奖得主菲利普·莱纳德（Philipp Lenard），1930年代在一部四卷本的著作中提出，每个种族都有其独一无二的"物理学"和"科学"。他认为存在着"日本人的物理""阿拉伯人的物理""黑人的物理""英国人的物理"和"雅利安人的物理"——只有最后的才是唯一真正的物理。破坏性最大的是"犹太人的物理"："犹太人到处制造矛盾，想彻底摆脱现存的关系，可怜、天真的德国人完全不明所以。"[26] 无独有偶，文化领域也有一种观念，认为科学已经衰退，造成了"支离破碎的现实"。用教育部长伯恩哈德·鲁斯特（Bernhard Rust）的话说，这都是拜具有腐蚀性的犹太人所赐。[27] 换言之，相对论太令人困惑，不符合纳粹党的极权主义世界观，他们已下定决心让这个支离破碎的世界重新完整。果不其然，罗森堡赏识并保护了莱纳德。这些扭曲的观点带来的一个正面结果是纳粹放慢了原子能研究。很讽刺的是，爱因斯坦、玻尔、罗伯特·奥本海默（Robert Oppenheimer）等犹太裔科学家主要是在德国的大学开展研究，最后却为美国研制出了第一颗原子弹。

尽管德国学校体系具有国际公认的卓越性，但其纳粹化却几乎没有遭到国内的抵制，原因之一是学校师生大力支持纳粹党。一般认为，纳粹上台时多达三分之一的教师支持他们，远远高于其他行业。纳粹党长期以来视教师为社会的中坚力量，早在1929年他们就成立了纳粹教师联合会（Nationalsozialistischer Lehrerbund，简称 NSLB），旨在敦促教师群体坚持意识形态的正确方向。1933 年后，纳粹教师联合会是第三帝国唯一的教师联合会。

之后，在自上而下转变学校体系的价值及其哲学和教育学基础的过程中，纳粹教师联合会成为一个重要的工具。教科书重写，科目要更改，最重要的是，学生们被洗脑。

教师也要像军人一样向元首宣誓效忠。纳粹教师联合会由前自由军团士兵汉斯·谢姆（Hans Schemm）领导，并成立了培训营，送教师们去接受"再培训"。到 1937 年，这样的培训营已有 40 多个。据一位英国观察者说，营里使用的最重要的思想材料是《我的奋斗》和罗森堡的著作。学校课程里增加了新科目，如"种族卫生"。这样做的目的，如罗森堡所言，是让纳粹意识形态渗透到从历史到数学的每一门课程。

实际上教师成了他们自己教室里的"元首"，许多人甚至穿着纳粹党的制服去学校。在纳粹的统治下，教室成为极权主义国家的缩影。校园里到处都有希特勒像，学校的每一天以向希特勒行礼开始，以向希特勒行礼结束——在某些情况下也是每节课的开始。学校体系界定了第三帝国的教育，在这个体系中，不仅老师要监视学生，而且学生也监视老师，学生可以向希特勒青年团或盖世太保举报发表"非德国的"言论的老师。

在整个 1930 年代，虽然罗森堡没有亲自领导研究和教育系统的改革，但他无疑就像思想幽灵一样盘旋于整个过程。罗森堡命人写了一本手册，名为《意识形态的主题》，勾画出纳粹世界观的主要基础，以便为全德学校体系提供一本基本的手册。教育部长鲁斯特则确保德国的每一个学校图书馆都有一本《二十世纪的神话》。[28]

现行学校体系的纳粹化在第三帝国时期一直没有完成，但是我们应该把这种改革视为罗森堡等纳粹分子想象的极权主义乌托邦的胚胎。新人类只能诞生于那些丝毫未为昨日之堕落而污染的人当中，换言之，即儿童。

传统的学校体系不足以打造带领第三帝国走向未来的一代人，为了缔造全新的人类，必须建立一种新学校。为此，1930年代纳粹就为一些精英学校，即奥登斯堡学校（NS-Ordensburg）和阿道夫·希特勒学校奠定了基础。第一所阿道夫·希特勒学校在1937年4月20日希特勒生日当天揭幕。要想进入这些学校，学生们不仅必须接受严格的种族背景和体格的检查，也要表现出自己的领导能力。十二所阿道夫·希特勒学校的教员通常来自党卫队、冲锋队、盖世太保和纳粹的其他恐怖组织。

读完阿道夫·希特勒学校的青少年可以进入四所奥登斯堡学校，它们招收25—30岁之间的纳粹党信徒。被选中的学生要接受严格的思想和军事训练，包括通过跳伞等活动定期测试他们的勇气，也会到纳粹的国家机器实习。像党卫队一样，奥登斯堡学校也鼓励学生既要无情，又要有知识。"对我们而言，洛伊滕会战是一场品德的考验，正如《浮士德》或贝多芬的《英雄交响曲》。"罗森堡宣称。[29]

继阿道夫·希特勒学校和奥登斯堡学校之后的第三个也是最后一个阶段，是罗森堡规划的"德国国家社会主义工人党高等学校"，[30]背后的理念是这些年轻的毕业生会成为第三帝国未来的领导。他们接受的学校教育会把他们打造成一个思想上的"兄弟会"，或者是纳粹的骑士团，如果想这样说的话。纳粹认为必须创造一个"统治阶级"，这样才能维持意识形态于不坠，并保卫千年帝国。同时，这些学校也是控制当前领导层的一种方式。

一些纳粹党人已指出，当一个人想兼顾体能与智识时，问题就来了——毕竟后者经常占据上风。在当时的统治者阶层中，很少人的外表能成为典型的标本——希姆莱的下巴和他手下的党卫队就不一样。领导人的种族纯洁性也非常可疑，通常是个严格保守的秘密。归根结底，纳粹精英是一群病歪歪的家伙。戈林是个注射吗啡的胖子，戈培尔的脚畸形，希特勒有慢性胃病，晚年可能又得了帕金森病。纳粹领导层与其说是"因为共同的誓言而走到一起的兄弟",不如说是一群一有机会就会扑向对方的狼。希特勒创造了一种达尔文主义的领导文化,它在像第三帝国这样的极权体制中效果非常显著。在这种体制中,能让人爬到顶层的不是肌肉的力量或血统的纯粹,而是狡诈、诡计、恐怖活动、阿谀奉承、背信弃义、官场手腕和冷酷无情。纳粹分子迷失在他们的新人类雅利安人乌托邦的美梦里,已看不清在纳粹德国通向权力的途径绝非崇高与英勇。

* * *

直到1930年代末,罗森堡的黄金时期才来临。最初几年"罗森堡处"徒有其名,只有蒂尔加滕附近的一间小办公室和几名雇员,但是慢慢地罗森堡一步一步承担了越来越多的责任。作为负责思想工作的领导,罗森堡大有机会去干预一系列部门。只要他发现有部门疏忽了思想规训,就会带着教鞭出现。他还身兼《民族观察报》主编一职,很乐于在意识形态之战中利用这份报纸,致使其他的纳粹领导难以完全无视这个自命不凡的波罗的海德国人。

"罗森堡处"就像一个智囊团,负责监视思想动态、游说和研究。纳粹党设立了教会问题、视觉艺术、音乐、教育、戏剧、文学、古代历史、犹太人、共济会等部门。1934年成立的一个研究科学问题的特殊部门归博伊勒负责,他为一种全新的科学家奠定了基础。他在某次演讲中说:"科学不是平庸的智识的产物,而是一种创造,它诞生于英雄的智识深处。"[31] 依其说法,逻辑和理性都曾有益于科学,但现在只有这种英雄的智识才能推动科学。实际上,这是与罗森堡和自由军团作家们一致的老式"英雄主义"。

英雄的科学在其深处是政治性的,博伊勒通过比较新旧科学家阐明了这一点。传统的科学家被称作"理论人",其特点是被动、意识纯粹、思虑深沉,而新的"政治人"因为有活力、方向明确和乐于参与脱颖而出。

博伊勒认为，科学家不应该局限于对世界进行客观研究，而应该积极设法建设世界。他在这里描述的是一种新型的科学家，对政权俯首帖耳的工具——这对于为国家社会主义泛滥的神话、谎言和阴谋理论套上科学合理性的光环至关重要。[32]

1937年，希特勒批准了罗森堡的"德国国家社会主义工人党高等学校"计划。这个学校的胚胎已在"罗森堡处"孕育多年，1935年该处的公函中就提到过办学计划。正如未来领导的教育不能交给传统的学校体系，科学的未来也要用类似的方法培育。吉斯勒的草图和新学校的模型送到了希特勒面前，他亲自检查并批准了该计划，也正是希特勒决定这所学校应该建在基姆湖东岸。正如其他所有纳粹精英学校，它也要在纳粹党的直接控制之下。

从更宏大的视角看，高等学校首先是为了实现罗森堡毕生事业的目标：为国家社会主义创造哲学和科学的基础。罗森堡觉得他已找到运动的弱点，即便纳粹党致力于培养以后可以接班的统治阶级，也远不能保证运动的未来。罗森堡痛苦地意识到，最终是元首原则把第三帝国团结在一起，而不是国家社会主义自身。早在1934年的一次演讲中罗森堡就指出，希特勒不能永远领导运动，因此，他说"我们希望国家社会主义运动能确定体系，使这个国家长治久安"。[33]

人会成长、变化、死亡，但是思想不朽。最后，只有坚实的体系意识形态基础能保证千年帝国绵延不绝。纳粹党必须创建意识形态足够稳固的架构，即便岁月流逝——尤其是元首死亡，也能屹立不倒。罗森堡的愿景是，德国国家社会主义工人党高等学校，这个"国家社会主义最重要的研究、教育与教学中心"，能成为这所意识形态大教堂的基石。

6 抚慰以色列的苦难：
阿姆斯特丹

沃特·维瑟（Wout Visser）小心翼翼地把一个褐色小盒子放在桌上，然后打开盖子，取出一本边缘已磨损的淡褐色皮面书。

书的封面上印着一个长方形柜，内有树叶纹饰。从封面上看不出书的内容，它看上去就像一本小小的、上个世纪之初的书，不特别珍稀，二手书店里很多——除了一个明显的特征，即在靠近书左上角的地方有一个差不多半英寸大小的洞，能塞进一个指尖。我小心地翻开书，注意到那个洞不仅穿透了封面，而且穿过了扉页，损毁了作者的名字——葡萄牙籍犹太人塞缪尔·阿斯奎（Samuel Usque）。我举起书对着高高的窗户里透过来的光，发现那个洞穿过了书的最后一页，子弹的压力使纸张出现凹痕并破裂。这颗扭曲的子弹在书上留下了紫铜色痕迹，弹头卡在书的一侧，在过去的七十年里纹丝未动。

"这本书和图书馆的其他书一起被偷走，被纳粹带回了德国。我们确信子弹是在德国射出的。"维瑟说。他四十多岁，穿着背带裤，留着稀疏的山羊胡。维瑟是阿姆斯特丹大学图书馆特藏部的管理员和研究人员，图书馆坐落在一座三层的砖头楼房里，毗邻美丽的新格尔运河（Singel）。我们坐在整所大学最著名的馆藏之一，罗森塔尔特藏书库（Bibliotheca Rosenthaliana）*的阅览室里，那本"有子弹的书"，

---

* 罗森塔尔特藏是欧洲大陆关于犹太文化和历史的最大收藏。创建于 1880 年，目前约有 12 万件藏品，包括 1,000 件手稿和约 80 个档案等。——译者注

用维瑟的话说，正是属于该特藏馆。

在罗森塔尔藏品中，这本书享有神话般的地位，引起了许多关于究竟是谁开了这一枪的猜测。一项对子弹的法医学鉴定加深了问题的神秘性，因为它表明子弹不是由德国的来复枪射出，而是由英国制造的冲锋枪。不过追查此事可能发生在哪里还是有可能的，它就发生在法兰克福以北12英里左右的小镇洪根（Hungen）。

几个小时之前，我先乘坐一趟七小时的火车，从慕尼黑经法兰克福、科隆到阿姆斯特丹中央车站，最后到了罗森塔尔特藏图书馆。路上让我震惊的是，穿越德荷边境非常容易，这里没有天然的分界线，如丛林茂密、多山的阿登高地（Ardennes）和南部的阿尔卑斯山。相比之下，佛兰德低地简直是一马平川，希特勒和手下的将军对此了然于心。1939年战争爆发后，荷兰宣布中立。第一次世界大战中德军借道比利时时，荷兰没有卷入战争。事后德国人认为这是一个严重的军事和战略错误，因为德军遭到了比利时军队的激烈反抗，作战时间比预期的要长。希特勒不想重蹈覆辙。荷兰位于纳粹国防军进攻巴黎的路线上，这一点决定了1940年5月荷兰的命运，以及罗森塔尔图书馆和阿姆斯特丹更多著名图书馆的命运。

阿姆斯特丹的众多图书馆支撑起一种独特的文化，它产生于宗教、思想和经济的自由，这种自由自中世纪以来就是这座城市的标志。知识分子、自由思想家和加尔文教徒、浸信会教友、贵格会信徒、胡格诺派教徒都千方百计来到这座阿姆斯特尔河（Amstel）畔的自由之城。有两群难民尤其在阿姆斯特丹和那里的图书馆留下了他们的印记：德系犹太人和西班牙系犹太人[*]，前者逃离了东方的大屠杀，后者则被迫

---

[*] Ashkenazi Jews，德系犹太人，也译作"阿什肯纳兹犹太人"。历史上德系犹太人指居住在莱茵河流域和法兰西，而于11—13世纪历次十字军战争期间迁往波兰、立陶宛、俄国等斯拉夫国家的犹太人。现多泛指生活在中欧、北欧和东欧的犹太人，大部分和德国并无瓜葛。Sephardic Jews，西班牙系犹太人，又名"塞法迪犹太人"，原指中世纪至1490年代，被许多国家驱逐出境后定居于西班牙和葡萄牙的犹太人及其后裔。——译者注

离开了伊比利亚半岛。在 16 世纪，阿姆斯特丹是西欧少数几个能让犹太人相对自由地生活的地方之一，因此，这座城市又被誉为"西方的耶路撒冷"。

17 世纪荷兰崛起并成为国际强国，移民功不可没。阿姆斯特丹的商业生活尤其重要，是荷兰国力的根基。阿姆斯特丹成为经济革命的发源地，世界第一个跨国公司荷兰东印度公司，以及世界最早的现代股票交易所和国家银行之一就是在这里诞生。

因为这些新机构，17 世纪的荷兰在世界贸易，尤其是与亚洲的香料贸易中占据了主导地位。西班牙系犹太人在国际贸易中迅速崛起，得益于他们早已和拉美，以及不久后和亚洲建立的贸易网络。不过这也是禁止新来者进入的行会制度带来的结果，它使得许多西班牙系犹太人致力于发展新经济，很快事实证明这更加有利可图。[1] 这些犹太人在阿姆斯特丹建立了最大的财富王国，也建造了一些最重要的图书馆。

阿姆斯特丹的自由不仅惠及少数族裔，也有益于印刷业。自由和贸易使荷兰成为 17 世纪欧洲的知识中心，印刷机也使它成为新鲜、激动人心、危险的思想的传播中心。自由思想家、作家、哲学家和少数派宗教人士纷纷到阿姆斯特丹发表作品，如果是在欧洲的其他地方，他们可能会因此被逐出教会或遭受迫害。他们的著作在阿姆斯特丹付印，然后借世界最大的商船队之力传遍整个欧洲大陆。

荷兰政府如此宽容，主要不是出于理想主义，而是为了发展经济。只要有人愿意出钱，印什么几乎无人在意，而且对贸易帝国而言，出售思想是一桩有利可图的生意。除了自由思想家，阿姆斯特丹的印刷商也为极权主义统治者和宗教狂热分子服务。俄国的彼得大帝给了阿姆斯特丹一个印刷商 15 年的垄断权，让其印刷所有俄国的作品。正如其他许多欧洲的君主，彼得大帝也害怕危险的印刷商，所以想让他们和俄国保持安全的距离。17 世纪，阿姆斯特丹成为著名的"欧洲出版商"。[2]

17 世纪，犹太人玛拿西·本·以色列（Menasseh ben Israel）在

《抚慰以色列的苦难》(*Consolaçam Ás Tribulacoens de Israel*)，塞缪尔·阿斯奎著。这本被子弹损坏的神秘图书现藏于阿姆斯特丹罗森塔尔特藏图书馆。

荷兰创办了第一个希伯来语出版社后,阿姆斯特丹也成为犹太文学重地。17世纪初玛拿西的父母就因为宗教裁判所而逃离了葡萄牙,来到了荷兰。玛拿西远不只是一名印刷商,他还是一位作家、拉比和交游遍及海内外的外交官。1650年代,正是他说服奥利弗·克伦威尔(Oliver Cromwell),让英国重新接纳了犹太人——从13世纪末开始犹太人就被驱逐出英国。他也是哲学家斯宾诺莎的老师和伦勃朗(Rembrandt van Rijn)的朋友。玛拿西的出版社和其他出版社为欧洲各地的犹太人提供了便宜的书籍。[3]

"我们差不多收齐了17世纪玛拿西印刷的书,大概只缺一小部分,不过我们也有阿姆斯特丹其他一些犹太印刷商印行的书籍。世界上没有其他图书馆有这样的藏书。"维瑟一边说一边指指罗森塔尔图书馆阅览室内围绕着我们的书架。书架上是一批经过挑选的历史、宗教、哲学经典作品,但是我们能看到的只是图书馆的一部分,该馆收藏了大约10万册图书,以及几千册犹太人的杂志、手册、手稿和档案。最古老的是关于13世纪以来犹太节日、宗教事件和传说的手稿。珍品中有伊斯坦布尔印刷的第一本书,1493年的古版书——拉比雅各布·本·阿什(Jakob ben Asher)撰写的《四行》(*Arbaab Turim*),主题是14世纪的犹太律法,由1492年被驱逐后定居在奥斯曼帝国的西班牙系犹太人印刷。1500年以前印刷的书被认为是古版书,因为之后印刷的字母比较松散。许多古版书仅存一册或最多几册。一般认为1500年前印刷的希伯来文书籍约为150种,其中有34种现藏于罗森塔尔图书馆。藏品也包括12世纪阿拉伯哲学家阿威罗伊(Averroes)注释亚里士多德著作的手写稿。[4]

尽管这批藏品现在大多与荷兰犹太人的历史有关,但它最初来自德国。

"它的起源追溯至19世纪中叶的利泽·罗森塔尔(Leeser Rosenthal)。他是一位出生于波兰的拉比,为汉诺威的富人服务,这使得他有机会收集关于德国犹太人历史、宗教和犹太启蒙运动的书籍。"

维瑟告诉我。

犹太启蒙运动,或者说哈斯卡拉运动(Haskalah),是犹太人在法国启蒙运动激励下开展的思想运动。发起人为犹太裔德国人摩西·门德尔松(Moses Mendelssohn),他试图将犹太人的宗教虔诚与当时的哲学理性主义相融合。该运动鼓励犹太人学习新语言,从事科学、艺术领域的新职业,从而打破文化隔绝,融入欧洲社会。

1868年罗森塔尔去世后,因其子搬到了阿姆斯特丹,其藏书最后落脚于荷兰。

维瑟说:"罗森塔尔死后,他的家人想把藏书卖掉,但是没人想买。他们想交给德国总理俾斯麦,让书入藏柏林的帝国与皇家图书馆(Kaiserliche und Königliche Bibliothek),但被他拒绝了。"

罗森塔尔藏书此时被誉为欧洲最优秀的犹太人私人藏品之一,共有六千册藏书和一批手稿。1880年,罗森塔尔家决定将藏书捐赠给阿姆斯特丹大学,并出钱雇用一名图书管理员。他们一直这样做,直到第一次世界大战爆发前他们投资匈牙利铁路网失败。

到了阿姆斯特丹后,关于荷兰犹太人的文献也增补进来,这批藏品迅速增多。第二次世界大战爆发时,藏书已多了好几倍。"阿姆斯特丹的一些犹太私人藏家把他们的图书藏在罗森塔尔图书馆,希望能保存在那里。我们认为其中一些书还在图书馆,但却找不到。"维瑟对我说,几年前他奉命追踪这批消失了的图书。

图书馆馆长赫尔曼·德·拉·封丹·维韦(Herman de la Fontaine Verwey)和阿姆斯特丹的收藏家联系密切,他负责这批秘密收藏的图书。

"封丹·维韦写到过,有位收藏家'捐赠'了他的藏书。如果他还能回来,他会要拿回那些书,否则书就归图书馆。这只是一个例子,但我们一直没能找到这些合同,我相信战后它们被毁掉了,因为当时认为书的主人永远不会再回来。"

阿姆斯特丹约有八万犹太人,只有大约五分之一的人在大屠杀中幸免于难。

"战后封丹·维韦对这件事讳莫如深，我们一直不清楚有多少书留在这些藏品里，我不得不承认我的调查失败了。他把他的秘密带进了坟墓，现在它成了我馆黑暗历史的一部分。"维瑟说。

维瑟打开了罗森塔尔图书馆1940年以来的账簿。5月份纳粹入侵荷兰后，新书的编目工作又持续了6个月。1940年11月18日，有人把耶路撒冷希伯来大学的创办人之一，埃利泽·里格尔（Eliezer Rieger）的《巴勒斯坦的希伯来语教育》（*Hebrew Education in Palestine*）一书登记入账，买这本书花了2.65基尔德。这是最后一个条目，之后就只有一行行空线，在接下来的6年里没有登记新书。这一天，保安处关闭了罗森塔尔图书馆的阅览室，大多数图书馆雇员为犹太人，他们被当场解雇，事先毫不知情。馆长路易斯·赫希尔（Louis Hirschel）也惨遭解雇，他在给朋友的一封信中沮丧地说："这意味着罗森塔尔馆的辉煌历史暂时告终。"[5]

* * *

在皇帝运河（Keizersgracht）畔，距罗森塔尔特藏图书馆几百码的地方，矗立着一栋白色的三层石头楼房。从我找到的1930年代的黑白照片来看，这栋房子没有明显改变，现在楼里有个媒体和艺术学院。皇帝运河264号既不是运河边最古老，也不是最漂亮的房子，但它有一个很不同凡响的故事。

1930年代，这栋房子是档案和史学研究史上最重要的拯救行动中心之一。矛盾的是，几年后这里又用作规模最大的档案材料和书籍盗窃活动的据点之一。

1940年6月，就在荷兰投降的几周后，保安处的人来皇帝运河封了这栋白房子。做出这个决定不是出于巧合，因为国际社会史研究所（International Institute of Social History，简称IISG）就在这栋房子里。该研究所成立于1935年，创办人为荷兰第一位经济史教授，荷兰商学院（Nederlandsche Handelshogeschool）的尼古拉斯·波斯特姆斯（Nicolaas Wilhelmus Posthumus），其宗旨是收集或者更确切地说是抢救如左翼运动工会、社会主义政党的档案资料，此外也收集重要的私人藏品。

国际社会史研究所现在位于阿姆斯特丹东部港口的一个现代办公楼里，从远处看这栋楼就像是用再生纸板建成。我在门口遇到了研究所的研究人员赫伯·桑德斯（Huub Sanders），他解释说他是因为研究1970年代的左翼学生运动才到研究所。"我对马克思档案为什么会在阿姆斯特丹感兴趣。"桑德斯微笑着说。这个问题可以追溯到1930年代研究所的成立和热诚的创办人波斯特姆斯。"波斯特姆斯一直在寻找社会经济史的原始资料，早在第一次世界大战前他就开始收集经济领域的材料。"

研究所成为纳粹在荷劫掠活动的第一个牺牲品，这一点并不令人意外，因为波斯特姆斯成立研究所，就是对肆虐于欧洲的法西斯主义的直接回应。1930年代，大量苏联、德国和意大利难民涌入西欧，他们带来了很有价值的文件、档案和书籍。波斯特姆斯的设想是设立研究所，为涉及社会主义者、工会和工人运动的档案建立一个安全的港湾——法西斯主义者和布尔什维克都在无情地追踪这些档案。

"波斯特姆斯是做这项工作的不二人选。他本人是社会主义者，而且在政界和学术圈都有国际人脉关系，他的动机是抢救工人运动的历史遗产。"说着桑德斯和我一起走进工业电梯，下到研究所内部。这里，在数千英尺的深灰色架子上，放着世界上规模最大的社会史档案：从国际特赦组织、绿色和平组织到欧洲工会联合会等，总计4,000种不同的档案，此外还有无数的期刊。在一个架子上，一堆堆裹在褐色纸张里的是1932年以来的瑞典期刊《工人》（Arbetaren）。

这里还有一部分独一无二的宝贵藏品，是波斯特姆斯及其同仁在1930年代最后几年里设法收集到的文件。桑德斯把我带到一个罩着遮光帘的架子前，然后用力把帘子拉向一边，那些文件就排在玻璃后面的架子上。

桑德斯指着一些有点泛白，笔迹轻微向上倾斜，写得密密麻麻的纸张对我说："这就是《共产党宣言》的手稿。"我大吃一惊，问他这是否真是"唯一的一份"。

"我想只能有一份吧。"他笑着说道。

这部手稿经过多次修改补充后，字迹已几乎无法辨认，但我能认出卡尔·马克思的签名。还有一些能看出是手写的《资本论》、第一国际1864年的一份协议，以及列夫·托洛茨基（Leon Trotsky）的文件。

马克思与恩格斯档案包括五个多书架的材料、笔记、手稿和二人无所不谈的通信。德国社会民主党把这些档案收集起来，1933年把它们和该党档案一起偷运出纳粹德国。社会民主党人在德国的财产已被没收，他们急需钱，因此别无选择，只能卖掉档案。当时最热切的准买家是莫斯科的苏共中央马恩列研究院，换句话说即斯大林，他正在发疯般地搜集共产主义创始人的档案。

"他们打算出最高价，但谢天谢地，社会民主党觉得卖给斯大林很丢人，于是最后波斯特姆斯把它买了下来。"桑德斯说。

波斯特姆斯从德国社会民主党手中获得了第一国际的文件，还有社会民主党自己的档案。抢救欧洲社会主义历史遗产的工作成就非凡。无政府工团主义运动的档案在佛朗哥的军队攻陷加泰罗尼亚之前已被带出西班牙，一些社会主义者的档案也在奥地利被吞并后从纳粹党手中抢出。私人藏品也同样可观——研究所得到了无政府主义者米哈伊尔·巴枯宁（Mikhail Bakunin）和马克斯·耐特劳（Max Nettlau）的档案。而且，研究所也搜罗了俄国革命中流出的社会革命党和孟什维克的重要档案。

波斯特姆斯还在巴黎和牛津成立了分部。巴黎分部有托洛茨基之子列夫·谢多夫（Lev Sedov）捐赠的重要藏品，托洛茨基的文件。1936年，斯大林可怕的安全机构格勒乌（GRU）的特工闯进了位于米舍莱街（rue Michelet）的巴黎分部，偷走了许多最重要的托洛茨基文件。

显而易见，危险已不仅仅来自右翼。但是，这次盗窃和将要发生的相比只是小巫见大巫。纳粹政权不会没有注意到，研究所就在它的鼻子底下偷偷地搜集珍贵档案。桑德斯对我说："在德国的报告中，研究所被说成是'马克思主义与法西斯主义作战的知识中心'，所以他们要把魔掌伸向研究所的藏品。"

对纳粹来说，马恩档案就是圣杯。作为犹太人兼共产主义之父，马克思被认为是犹太复国主义者的世界阴谋背后的智囊之一。波斯特姆斯的研究所也在这个阴谋之内，因此在它被关闭后，一份报告说入侵荷兰阻止了"一个强大的全球性组织"的出现。[6]

1940 年的夏天，皇帝运河 264 号的白房子惨遭查封后，波斯特姆斯抢救欧洲工人运动史料的任务突然悲惨地画上了句号。波斯特姆斯不仅只能看着档案被人从他身边偷走，而且其教授职务也被解除。罗森堡刚成立不久的组织"帝国领导罗森堡特别任务小组"却搬进了白房子，把它变成了自己在荷洗劫活动的总部。"帝国领导"是罗森堡在纳粹党内的头衔，也是纳粹党排名第二的头衔。帝国领导构成了纳粹党内的第一梯队，他们只直接对希特勒负责。

罗森堡特别任务小组成立于 1940 年 6 月，是西线大捷的直接结果。战争的爆发使基姆湖边的高等学校建筑计划暂时搁浅，但是准备工作仍在继续，甚至随着战争的升级而加快了脚步。

以前"罗森堡处"的意识形态活动主要关注国内事务，但现在也发展到涉足国际事务。1939 年以前，纳粹一心对付内部的敌人，如德国的犹太人、社会主义者、共产主义者、自由主义者、共济会和天主教徒，现在这场意识形态战役已紧随纳粹国防军战无不胜的军队之后在欧洲各地打响。

纳粹党发动了两种战争：第一种是用常规手段，由军队在军事冲突中与敌人对决；第二种是针对意识形态敌对力量的战争。后者不是发生在战场的斗争，而是与失踪、恐怖、折磨、谋杀和驱逐有关的无声的战争，"前线的战士"是盖世太保、党卫队保安处和纳粹政权恐

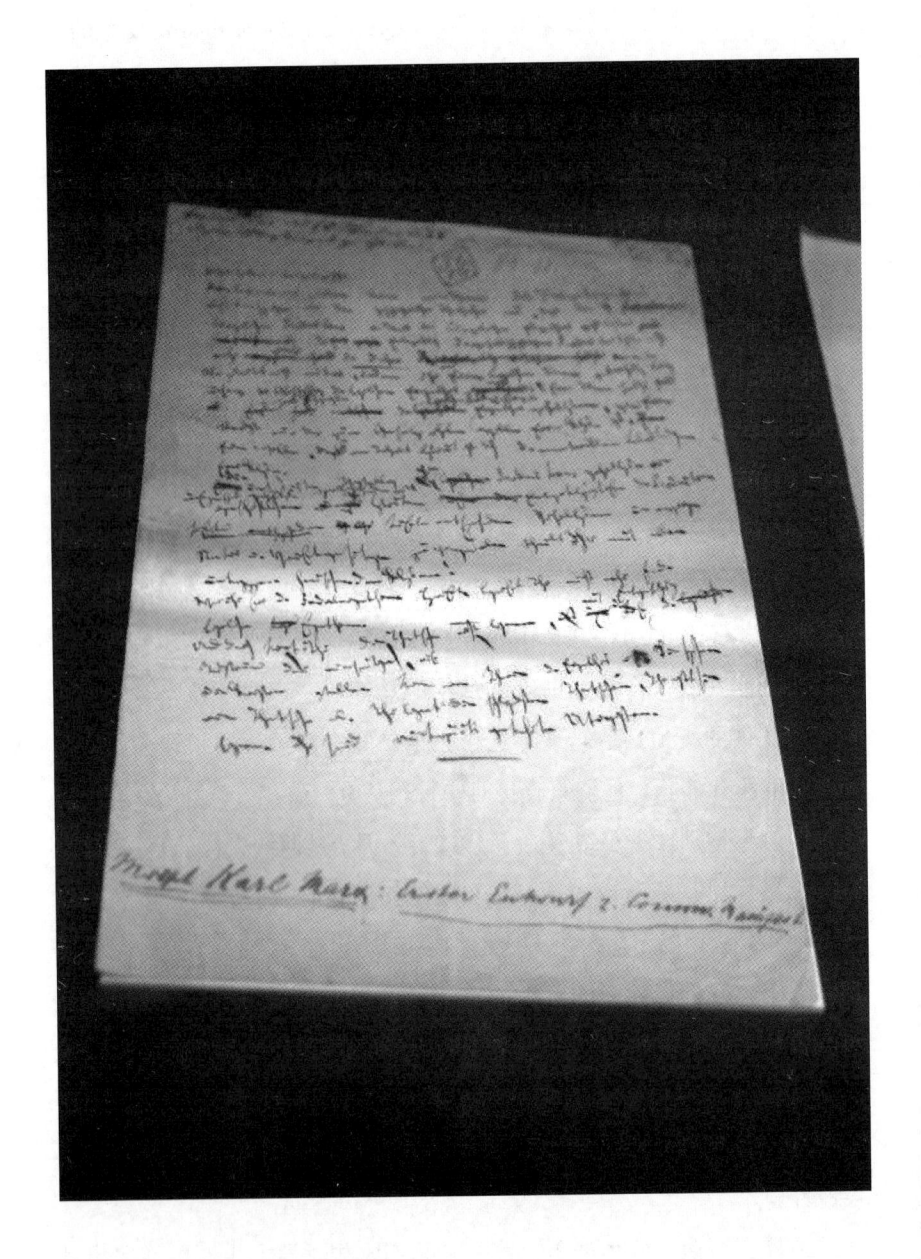

马克思、恩格斯《共产党宣言》的初稿。虽然纳粹在搜寻阿姆斯特丹的马恩档案,但当时仍有时间将其安全带到英国。

怖机器的其他组成部分。这是一场意在清算而不在征服的战争。在东线，最初是在波兰，后来是在苏联，纳粹首次将常规战争和意识形态战争全面结合，造成惨烈的后果。

打意识形态之战不仅仅靠使用恐怖手段，因为它也是关于思想、记忆与观念的战争，一场捍卫国家社会主义世界观并将其合法化的战争。可以说，在这场战争中，罗森堡特别人物小组调动了学术步兵。该组织一直不插手血腥、残忍的行动，那是党卫队的事，只有这些事都结束了它才介入。1940年夏该组织成立时，罗森堡早已为高等学校勾画出十几个他感兴趣的学术领域。对他而言，基姆湖畔的高等学校是一个抱负远大、崇高的计划在建筑上的体现。遍布德国的一系列研究机构都是高等学校大伞下的独立实体，通过它们，高等学校像章鱼一样把触手伸向第三帝国。罗森堡规划了至少十个独立的研究所，每一个都有特定的研究领域：

慕尼黑：印欧历史研究所
斯图加特：生物与种族学研究所
哈勒特：宗教学研究所
基尔：日耳曼研究所
汉堡：殖民地意识形态研究所
明斯特、格拉茨：德国民俗学研究所
布拉格：东方学研究所
罗姆赫尔德：凯尔特研究所
斯特拉斯堡：日耳曼主义与高卢主义研究所
法兰克福：犹太问题研究所

最后的犹太问题研究所是其中涉及范围最广，也是唯一在战时正式成立的研究机构。1941年3月，罗森堡在法兰克福成立了该研究所，同时召开了犹太人问题会议。摆在罗森堡特别任务小组面前的任务是攫取被占领区的档案和藏书,以备日后研究所之用。不过,罗森堡也计划为高等学校创办一个大规模的图书馆:高等学校中央图书馆(Zentralbibliothek der Hohen Schule)。1939年,罗森堡遴选了沃尔特·格罗特(Walter Grothe)为校长和图书馆馆长,负责搜罗藏书。格罗特是一位文献学家,早先在图书馆工作,该图书馆由罗斯柴尔德家族的法兰克福支系于19世纪末成立。

1931年,格罗特加入了纳粹党。此外,他还是一名受过纳粹党修辞训练的所谓"党的演说家"。在1941年10月的一份文件中,格罗特将高等学校中央图书馆的目的描述如下:"缔造首个伟大而科学的国家社会主义图书馆,一种全新的图书馆。"[7]1940年1月,希特勒指示战时高等学校的工作应如何开展:

"(高等学校的)建设将放在战后,但为了推进准备工作,我命令帝国领导罗森堡启动准备工作,尤其是要让研究和创办图书馆的工作继续下去。国内或党内任何与此有关的部门,均应鼎力支持。"

六个月后,罗森堡奉命在被占领区开展下述行动:首先,扣押、没收被冠以"无主的犹太人财产"之称的文化珍品。其次,搜查公共图书馆和档案馆中对德国有价值的材料。最后,找出并没收教会和共济会的文献材料。[8]

1940年夏,巴黎的罗森堡特别任务小组成立了西部被占领区的总部,名为"西部处"。同年又在西欧建立了劫掠活动网,许多当地的工作小组(Hauptarbeitsgruppen)被委以劫掠、挑选和没收材料的任务。每个小组负责各自的区域:法国、比利时、荷兰,下设一些以不同材料为目标的专门单位。如绘画艺术别动队(Sonderstab Bildende Kunst)以艺术为务,其他别动队则负责音乐、教会、考古和古代历史。音乐别动队(Sonderstab Musik)劫掠乐器、乐谱和音乐文献,仅在法国就偷走了大约8,000架钢琴。[9]罗森堡特别任务小组底下成立的第一个部门是高等学校图书馆别动队,为首的是高等学校中央图书馆馆长格罗特和罗森堡成立的法兰克福研究所所长威廉·格劳（Wilhelm Grau）。[10]罗森堡特别任务小组在西欧洗劫了一千多个大型图书馆。

在阿尔弗雷德·施密特－斯塔勒（Alfred Schmidt-Stähler）的率领下，罗森堡特别任务小组和十几名雇员在阿姆斯特丹的皇帝运河开展了一场大规模的行动。施密特－斯塔勒是一名强硬的党卫队二级突击中队长，爱用党卫队鼓励使用的北欧古文字"鲁纳"（Rune）文签署姓名首字母，并引以为豪。"罗森堡处"的内部也有党卫队在活动，这在第三帝国的权力结构中是又一个比较复杂的情况。虽然总的说来谁付他们薪水他们就效忠于谁，但是党卫队的人马在整个国家和党的机器内无处不在。

后来在1940年的秋天，罗森堡特别任务小组领命开始在法国劫掠艺术品，结果这成为该组织在战争期间规模最大的行动。不过，对罗森堡而言，偷盗艺术品不过是个插曲。该小组没收的艺术品大多被出售，或留给希特勒打算建在林茨（Linz）的元首博物馆；或交给戈林，成为他在卡琳宫（Carinhall）的私人藏品。希特勒把这个有油水的劫掠艺术品的活儿派给不同组织，这项任务经常但不总是落到罗森堡特别任务小组头上，一个原因是罗森堡对保存艺术品毫无计划或兴趣。

但一涉及书籍、档案和文件，情况就完全不同。罗森堡特别任务小组和罗森堡要与一长串的竞争对手，主要是党卫队和帝国中央安全局第七处进行恶斗。两大相互竞争的图书馆项目，采用了整个纳粹运动期间无休无止的内部斗争的各种手段，如诡计、谎言、阿谀奉承、拉帮结派、讨价还价，来一决胜负。但是在第三帝国不同组织和领导之间的竞争中常常也有力量问题，亦即先下手为强。党卫队拥有强大的兵力与警力，明显占据上风。罗森堡的组织没有自己的军队，但他通过广结战略联盟，最重要的是与戈林结盟，纾解了这种不平衡。当然这是一个奇特的联盟，因为戈林可能是纳粹党第一梯队领导人中最不在意意识形态的人。不过这个联盟确实符合他们的共同利益，罗森堡有了他需要的士兵和德国空军的运输力量，而戈林得到了大量艺术品，可以塞进其私人火车。

我们应该从这个角度来认识大规模、无孔不入的搜刮劫掠活动——其驱动力来自第三帝国内部残酷的生活。不过为了避免这种竞争陷入无政府状态，纳粹也不得不用规章制度加以控制。因为这个缘故，党卫队与"罗森堡处"结成了一个邪恶联盟，于"情报目标"有益的藏书和档案——也就是说，有助于保安处和盖世太保对付国家敌人的材料归希姆莱，而对意识形态研究有价值的图书和档案归罗森堡。简单地说，他们区分了"历史的"和"当代的"材料，不过在现实中事情永远不会如此简单。

最早发生的冲突之一是为了夺取皇帝运河246号国际社会史研究所的档案材料，这是一场激烈、持久的争夺战。海德里希想为帝国中央安全局抢到那里的档案，荷兰总督阿图尔·赛斯-因夸特（Arthur Seyss-Inquart）想把它们留在阿姆斯特丹，而纳粹工会运动的头子莱依则认为他的组织应该拥有这笔社会主义的遗产。[11] 国际社会史研究所档案实际在中央安全局的管辖权限之内，但因为希特勒最后支持了罗森堡，也因为罗森堡特别任务小组已将档案据为己有，最后罗森堡特别任务小组赢得了这场档案争夺战。罗森堡特别任务小组也是最早踏进研究所巴黎分部的纳粹组织，那里有一些俄国移民的最重要的藏品，巴黎陷落三天后分部就被查抄。但是尽管罗森堡特别任务小组在这场抢夺中先发制人，最终却未能控制这批档案，而是移交给了党卫队。

罗森堡特别任务小组粗粗估算了国际社会史研究所的档案和图书后，确定这是在荷兰没收藏品最多的一次。仅研究所的图书馆就有10万多册书，档案室还有至少180个架子的材料。它直到1943年才把所有东西装进900个大货箱，然后用火车和货船运到德国。但是，罗森堡特别任务小组没有找到非常重要的档案资料：马克思和恩格斯的文件。

"1938年，西方几个国家签订《慕尼黑协定》，把捷克斯洛伐克给了希特勒后，波斯特姆斯就相信战争不可避免，所以他把马恩档案运到了研究所的牛津分部。不得不说，他很有先见之明。"桑德斯坐在办公室里说。

研究所的工作人员也还有时间销毁最不能见人的材料，如和德国政治犯的通信。波斯特姆斯被党卫队问话，但因为他不是活跃于政治领域，而是学术，所以他设法躲过了一劫。研究所的损失没有让波斯特姆斯停下脚步，相反他立即重新开始收集。

"非常难以置信，他竟然想方设法成立了一个新的研究所，开始收集关于战争的资料，尽管当时依然战火纷飞。不管情况如何，始终坚持收集，这就是他的天性。这个研究所在1945年5月荷兰解放的三天后正式成立，现在叫作'战争、大屠杀和种族灭绝研究所'（Instituut voor Oorlogs-, Holocaust en Genocidestudies）。但是，荷兰解放后，波斯特姆斯回到皇帝运河264号时，这里已所剩无几。所有的一切都被偷走了，研究所空空如也，纳粹分子连家具都不放过。"

* * *

距伦勃朗博物馆不远的地方矗立着葡萄牙犹太会堂（Portugees-lsraëlietische Synagoge），这是一幢始建于17世纪末的大型砖砌建筑物。这所犹太会堂被誉为全世界最美的会堂之一，系为纪念西班牙系犹太人来到阿姆斯特丹而建。我在会堂外面见到了一位七十多岁的老人弗里茨·霍格伍德（Frits J. Hoogewoud），他说话时就像指挥家那样挥舞着双手。霍格伍德现已退休，但以前是罗森塔尔特藏图书馆馆长，一生致力于弄清阿姆斯特丹犹太人图书馆的分布和战时它们命运的变化。

会堂被一圈低矮的砖头建筑围住，它差不多就是会堂的围墙。我跟着霍格伍德到会堂外的一所房子里，那里是著名的生命之树图书馆（Ets Haim）的所在地——我此行正是为了看看它。这个依然开放的世界最古老的犹太图书馆，自17世纪以来一直是阿姆斯特丹西班牙系犹太人的文化和知识中心。

霍格伍德介绍："这所图书馆已有近400年的历史，一开始它是为逃出西班牙和葡萄牙的犹太人开办的学校。"图书馆的三个大房间灯光昏暗，从地板到天花板排着一本本金黄色、酒红色或钴蓝色的书。透过两个八角形的天窗能看见图书馆的上层楼面，沿一段漂亮的旋转木楼梯而上便能到那里。

　　"图书馆完全是独一无二的，这幢房子专门为图书馆而建，它能让自然光照射进来。图书馆里如果有明火当然会很危险。"霍格伍德指着天窗对我说。

　　真正使得生命之树图书馆独一无二的，是它反映了许多初到阿姆斯特丹的西班牙系犹太人面临的生存危机。"许多西班牙系犹太人已经改信基督教，这时又突然来到一个能让他们信仰原宗教的地方，这可不是一件容易的事。他们要重新认识自己的身份，办法是读书、写作、辩论。我们到底是谁？犹太信仰比基督教更真实吗？这家图书馆就是那种思索的产物。"我们在图书馆阅览室坐下后，霍格伍德向我解释道。

　　西班牙系犹太人的身份形成于历史上真正的黄金时代之一。西班牙和葡萄牙的犹太人把独特的教育文化带到了他们的新家园，许多年来这种教育文化在欧洲都堪称最为优秀。

　　8世纪初，北非穆斯林征服了阿拉伯人称之为"安达卢斯"（Al-Andalus）的伊比利亚半岛，开启了近五百年之久的伊斯兰高等文化时期，在艺术、天文、哲学、文学和诗歌等领域均获得非凡成就——这些与来自东方的一项发明有莫大关系。早在公元前200年的汉代，中国人就发明了造纸术，但把它传入欧洲的却是穆斯林。[12]纸的传播推动了穆斯林的翻译运动，古典时期许多学科的著作被抄写并译成阿拉伯文。哈里发帝国资助了许多翻译工作，派遣饱学之士到世界各地收集手稿。这一运动的中心是巴格达的智慧宫——它就像是伊斯兰世界的亚历山大图书馆——成千上万来自罗马、希腊、中国、波斯、印度的文本被翻译、抄写、评述。大量翻译工作由叙利亚的基督徒和犹太人完成，他们精通希腊语、拉丁语和阿拉伯语。

科尔多瓦（Córdoba）成为这场运动的另一个中心。伊比利亚半岛的倭马亚王朝和统治巴格达的阿拔斯王朝不仅在军事上角力，而且也在文化上竞争。10世纪，科尔多瓦拥有世界最大的图书馆之一——倭马亚图书馆，据说其藏书量达40万册左右。在信奉基督教的欧洲，无物可与之匹敌，再过几百年之后纸才被广泛使用。

安达卢斯时期也是犹太文化的黄金时代。正如巴格达的情况，许多译者是犹太学生和学者。犹太人群体在穆斯林治下享有高度自治，犹太知识分子致力于研究哲学、医学、数学、诗歌和宗教。伊斯兰世界之所以存在着诸多犹太知识分子、翻译家和学者，原因在于犹太人独一无二的学术文化。它建立在关于犹太人应该如何阐释《摩西五经》（*Torah*），并按其教导生活的知识、宗教和哲学话语上，即便在当时也已有一千多年历史。

在安达卢斯，许多博学的犹太人担任了朝廷高官。但是，即便他们比在基督教世界欧洲享有更多的自由，依然难逃迫害。公元1000年后，安达卢斯标志性的"政治稳定"开始崩塌，西班牙系犹太人也开始越来越不安全。1066年，格拉纳达（Granada）的犹太人被穆斯林屠杀殆尽后，西班牙系犹太人惶惶不安。1492年，信仰基督教的西班牙人攻陷穆斯林在格拉纳达的最后一个据点后，巨大的灾难落在了犹太人身上。基督徒征服者给了城里的犹太人三个选择：皈依天主教，这样他们可以留下；或者流亡到西班牙；第三个选择，如果他们既不改宗又不移民，那就只有死路一条。大多数犹太人决定东迁，在威尼斯、贝尔格莱德和塞萨洛尼基重建家园。其他许多人，包括后来被逐出葡萄牙的葡萄牙籍犹太人，则向西迁徙。[13]

但是，也有成千上万的西班牙系犹太人决定改宗，以便留在当地。尽管他们做出了让步，但"马拉诺"（Marrano）——又名"犹太改宗者"（converso）——始终被人排斥。16世纪的宗教裁判所无情地追捕马拉诺，数千名改宗者惨遭折磨，甚至烧死。最终大多数马拉诺走投无路，只能出逃，但他们发现流亡途中有更多的屈辱和孤立等着他们，因为犹太人社区常常也不接纳他们。

许多遭到两面夹击的犹太改宗者决定定居荷兰，因为那里他们得到的理解比其他地方多。罗森塔尔特藏图书馆那本有弹孔的书就是以这样一些人为主题。作者塞缪尔·阿斯奎是葡萄牙籍的犹太改宗者，其书《抚慰以色列的苦难》写于1553年，它告诉犹太改宗者如何用宗教自救。它讲述了犹太民族漫长的苦难，以及从研究《摩西五经》和先知中寻得的安慰。阿斯奎提出，马拉诺只有通过公开回归和信奉犹太人的信仰，才能从痛苦中解脱。大多数去了阿姆斯特丹的犹太人正是那样做了，但也保留了某些独特的文化。

"西班牙系犹太人带到这里的，是曾经发生在西班牙的犹太人、阿拉伯人和基督徒之间的文化融合，甚至还有古典文化。我们能从这里的手稿上那些漂亮的插图中看到这种影响。非常丰富的花卉图案，它们受到了伊斯兰艺术的影响，在很大程度是那个文化的产物。显然他们不仅想继续生活，而且也想牢记他们失去的土地。"生命之树的图书管理员海德·沃克（Heide Warncke）说，他也和我们一起待在阅览室里。

该图书馆成立于1616年，现在约有3万册图书和600多份手稿，最古老的手稿可追溯至1282年。馆藏品涵盖了一系列主题：诗歌、语法、书法、哲学、神秘主义、宗教。霍格伍德告诉我："图书馆反映了四百多年的时间里阿姆斯特丹西班牙系犹太人社区的发展。这里你能看到社会经历的精神、宗教和文化变迁。"

改宗的西班牙系犹太人在犹太社会形成他们自己的社区和文化身份。他们一直是少数群体，即便在犹太人当中也是如此。但是几个世纪过去后，正如1492年被逐出西班牙时那样，迫害也来到了"西方的耶路撒冷"。

"事实上，1940年德军占领荷兰后，一开始什么也没发生。生活像以前一样，文化活动照样举办，人们还是写书、讨论、演戏。因为我们有后见之明，所以很难理解这一点，但他们习惯了生活中的自由与包容,以至于不能想象有一天它们竟会被剥夺。"沃克说。

"事情逐渐发生了。犹太人被一步步地和其他人隔开,就像纳粹在德国做的那样。"霍格伍德突然插话道。

罗森堡特别任务小组没有急于没收犹太人的图书馆,只在1941年8月开展过一次行动,重点是犹太人最重要的藏品。第一年,罗森堡特别任务小组主要盯住国际社会史研究所、教会、共济会等政敌。1941年,当纳粹的犹太人政策变得强硬时,犹太人的藏品自然也成为注目的焦点。从这年年初开始,荷兰的犹太人被迫登记。到2月份,也开始押送他们到布痕瓦尔德集中营。8月,党卫队保安处关闭了许多犹太人图书馆,包括生命之树图书馆和罗森塔尔图书馆,它们的阅览室之前早已不对普通公众开放。属于阿姆斯特丹德系犹太人的价值不凡的图书馆"犹太学院"(Bet Hamidrash)也被关闭。只有党卫队和罗森堡特别任务小组的成员才能出入这些图书馆,不过他们不知道,一些最珍贵的图书早已被藏了起来。

6个月前,葡萄牙圣会已经选出最珍贵的艺术品,送到阿姆斯特丹国立博物馆建在海边沙丘底下的地堡里。他们也把生命之树图书馆的书和手稿装了五大箱,包括8部希伯来文古版书、17—18世纪的60份手稿和150多幅印刷品插画,放在阿姆斯特丹史佩街(Spuistraat)卡斯联合银行的(Kas-Associatie)的金库里。[14] 采取这些预防措施不是因为担心被抢劫,这时他们很可能并不认为它会发生,而是害怕图书馆会毁于轰炸。

封丹·维韦抢救罗森塔尔图书馆的行动,显然更清醒地意识到了岌岌可危的形势。图书馆前馆长赫希尔秘密地拟了一份清单,列出了需要抢救的最珍贵的文献。他们二人一起潜入被封的大楼,偷出大约60份手稿、20部左右古版书、斯宾诺莎17世纪作的一幅画,等等,把它们藏在地下室里。[15] 他们还把图书馆目录藏了起来,这样罗森堡特别任务小组就查不出丢失了什么。

罗森堡特别任务小组迫不及待地要将手伸向生命之树和罗森塔尔

特藏图书馆,这一点能从其荷兰总部发来的周报中看出。就在同一个月,这些图书馆被查封:

> 以前人们不知道的材料,可能可以从这里的克伦威尔时期的文献,以及1688年的所谓光荣革命和莫荷同盟的文献中找到。尤其是,关于克伦威尔与犹太人的关系——也许甚至是犹太人对英国设立特工部门的影响,会由此得出新的结论。[16]

该报告证明了意识形态问题才是罗森堡特别任务小组大肆劫掠的动机。图书馆和档案馆被偷主要不是因为它们是"犹太人的财产",而是因为纳粹相信它们能提供材料,证明犹太人对整个世界有阴谋。纳粹分子对犹太人和英国的关系感兴趣,有其非常特别的背景。希特勒和罗森堡都很钦佩大英帝国,认为一小撮人竟能统治有数亿人口的印度,这非常神奇。罗森堡直到最后一刻都在试图让纳粹德国和英国签署反布尔什维克协定,甚至希特勒也有同样的思路。和英国开战,且英国绝不媾和,纳粹党人把这种结果部分地归罪于"犹太人的影响"。由于玛拿西的外交活动,克伦威尔允许犹太人重返英国,这件事被视为证明了犹太人确实具备此种影响力。

"他们把英国和犹太人的关系当作真正的敌人,这种看法非常可笑。但我认为重要的是我们要认识他们如何思考问题,纳粹就是这样把他们的所作所为合法化。归根到底,他们想证明纳粹主义是对的,这就是他们做事的逻辑。"霍格伍德解释。

1942年,一个名叫约翰尼斯·坡尔(Johannes Pohl)的人来到生命之树图书馆和罗森塔尔图书馆。前一年,罗森堡任命他为法兰克福犹太问题研究所犹太部的负责人。坡尔原为天主教神父,但已改信国家社会主义。1920年代末,他是一名大有前途的《圣经》学者,其博士论文研究的是希伯来先知以西结(Ezekiel)。1930年代早期,他在耶路撒冷生活多年,钻研圣经考古学。

1934年坡尔回到德国后，为了结婚放弃了神职。与此同时，他开始在反犹刊物如《先锋报》（Der Stürmer）上发表文章。奇怪的是，在从事研究的那些年里，他从未表达过任何反犹思想。这似乎表明他或者是一个机会主义者，或者已形成个人的反犹主义，直到纳粹当权时才敢说出。坡尔还特别警告人们提防《塔木德》的危险，还以此为题写过反犹太的书。[17]

坡尔鼓吹"没有犹太人的犹太人研究"——这一点使他得以跻身罗森堡的圈子和法兰克福的研究所，后来他成为罗森堡特别任务小组在法兰克福最重要的偷书贼。

1942年坡尔视察过之后，决定将生命之树和罗森塔尔图书馆的图书移到法兰克福研究所。1941年秋天，罗森堡特别任务小组和帝国中央安全局也开始洗劫荷兰的犹太私人藏家，被抢的比较著名的私人收藏中有以撒·利奥·塞利格曼（Isaac Leo Seeligmann）的藏书。他是死于1940年的历史学家、目录学家、犹太复国主义者西格蒙德·塞利格曼（Sigmund Seeligmann）的儿子。以撒继承了欧洲最好的犹太私人藏书之一，他自己则是一名圣经学者和犹太历史教师，沿着父亲的足迹收藏了自己的大量图书。父子二人的私人藏书加起来共有2万—2.5万册。[18]

帝国中央安全局攫取以撒的藏书，很可能是因为其父为著名的犹太复国主义者。罗森堡特别任务小组没收的另一批珍贵的犹太人藏书原属银行家保罗·梅（Paul May）所有，他和妻子在荷兰向纳粹德国投降的当天就吞氰化钠自杀了。

1942年，罗森堡特别任务小组和犹太移民中央办公室（Zentralstelle für jüdische Auswanderung）联手开展"M行动"*，后者的职责是把荷兰的犹太人押送到集中营。作为行动的一部分，被驱逐的犹太人家

---

* M-Aktion，M为德语Möbel（家具）的缩写，意即"家具行动"。在此次行动中，纳粹将法国、比利时、荷兰等西部占领区内已经逃走或正要启程的犹太人家里的所有家居用品搜刮一空。——译者注

纳粹研究员约翰尼斯·坡尔曾在法兰克福的阿尔弗雷德·罗森堡犹太问题研究所工作。坡尔的任务是领导对全欧洲图书馆的抢劫行动。（陈雪霏译）

里的家居用品被洗劫一空，供德国士兵和东部占领者之用。

施密特－斯塔勒在一份报告中说，罗森堡特别任务小组在荷兰成功地发起了 29,000 次突袭。[19] 大多数情况下，犹太人家里的家具和其他物品被搜刮殆尽，装到火车、轮船上，运到德国或东欧。他们也清洗了荷兰犹太人代代相传的文艺作品，连最小的书架或床头柜上放着的书都不放过。据估计，罗森堡特别任务小组攫夺的书籍在 70 万至 80 万册之间，其中一些书分给了荷兰的学校或交给了当地的纳粹，[20] 其他书被出售或运到德国。

直到 1943 年年中，罗森堡特别任务小组才最终把生命之树图书馆的书籍装好。更糟的是，因为图书馆工作人员忘了藏好，该小组发现了转移到银行金库的文献清单。圣会秘书被反扣双臂，由罗森堡特别任务小组和保安处人员强行带到银行，他们没收了那里的大多数图书和手稿。8 月，该图书馆的 170 箱书装到了开往法兰克福的火车上。

因为罗森塔尔图书馆引起了又一场争端，所以直到一年后那里的藏书才离开阿姆斯特丹。馆藏图书属于阿姆斯特丹大学，因此是公众的，而不是犹太人的财产。甚至亲德的阿姆斯特丹市市长也介入此事，想抢救这批藏书，把它留在荷兰。封丹·维韦趁各方大打口水仗之机将早先藏在地下室的文件偷偷运走。1943 年秋，阿姆斯特丹大学开始把其他珍贵藏品疏散到哈勒姆（Haarlem）郊外赞德沃特（Zandvoort）旁沙丘底下的地堡里。封丹·维韦偷偷地将罗森塔尔图书馆的手稿混进这些藏品，带到了安全的地方。[21] 但是，虽然有过抗议，还是没有人能阻挡罗森堡特别任务小组将魔掌伸向罗森塔尔特藏图书馆。"涉及犹太人的东西时，财产法没有任何意义。"最后罗森堡这样回答阿姆斯特丹市市长。1944 年 6 月，该图书馆的书籍装在 143 个箱子里，搬上了东去的火车。

大规模驱逐荷兰犹太人的行动始于 1942 年年中。大多数人被送往韦斯特博克（Westerbork）的中转集中营，1944 年 9 月以前，几乎每个礼拜四都有一趟货运列车开往东部。68 趟列车载着 54,930 个人驶向奥斯维辛，还有 19 趟列车载着 34,313 个人驶向索比堡（Sobibór），大多数人一到达就被杀害。[22] 其他火车运的人要少得多，它们驶向的是卑尔根-贝尔森集中营和特莱西恩施塔特（Theresienstadt）集中营。两年的时间里，荷兰四分之三的犹太人被害。在西班牙系犹太人中，大约只有 800 人死里逃生。

罗森塔尔图书馆馆长赫希尔和以撒也在被驱逐者之列，他们和家人一起被送到了韦斯特博克。据一位去关押赫希尔的营房探望过他的同事说，他直到最后都在致力于整理一份书目，它将会是一部荷兰犹太人史的基础："在黑暗的、被不幸与苦难包围的营房里，没有其他文献可用，他把涉及范围很广的书目写在一张张小纸片上。"[23] 赫希尔和妻子及四个孩子被驱赶到波兰，1943 年 11 月其妻死于索比堡。赫希尔活到了 1944 年 3 月，他很可能被选为奴工，所以才能多活几个月。[24] 以撒比较"幸运"——他被列入"挑选出来"送到纳粹"模范营"，即特莱西恩施塔特的犹太人名单之内。因为一个惊人的巧合，战争结束前以撒和他的藏书重逢了。

7 挖掘共济会的秘密:
海牙

"要理解炼金术,你必须先问自己这个问题:什么是黄金?它是你要寻找的那种金属,还是别的东西?炼金术是寻找某个生命的伟大奥秘,即永生的奥秘。"

贾克·皮彭布罗克(Jac Piepenbrock)用探究的眼神看着我,似乎是想确信我听懂了他说的炼金术最根本的真髓。我不确定我是不是真懂了,但我还是点头作为回答。

"但永生到底是什么意思?它究竟是指在人世长生不老还是灵魂升华,成为永恒之光?炼金术是寻找生命最深层的意义。"皮彭布罗克继续说。他是一名共济会会员,个子不高,长着一头细细的银白色头发。他的双臂托着一本巨大的书,大到两个人才能翻动。皮彭布罗克打开 8 英寸厚的书时,他的同事西奥·沃尔特(Theo Walter)小心地翻动近乎褐色的书页,每一页或每两页上都画满了古怪而可怕的木版画:盘绕在人身上的蛇群;骷髅满地、群鸟盘旋的田地;互相吞噬的龙;一群手执棍棒和长矛,殴打一名俯卧倒地者的暴徒;披挂着弓箭的鸽子;星星、天使、星球以及以前我从未见过的符号。这本名为《奇妙化学大全》(*Bibliotheca chemica curiosa*)的书问世于 1702 年,是一部炼金术文献选集。这本神奇的书和我们所在的房间形成了鲜明的对比——这里缺氧,没有窗户,狭小如洞穴。沃尔特和皮彭布罗克把暗灰色金属架推来推去,让你觉得你到了一个放着被遗忘的审计报告的档案室。但是假如你忽略乏善可陈的环境，那么这个房间拥有欧洲最珍贵的藏品之一，即一些关于共济会、炼金术、魔法、远古之谜、教堂建立者、圣殿骑士团的图书。

共济会"荷兰大东方"会所（Grootoosten der Nederlanden）成立于1756年，位于海牙市中心一扇毫不起眼的深绿色大门内。几十年前，它就像欧洲其他许多共济会会所一样，也开始公开曾经秘不示人的活动。现在这里是一个文化中心，即共济会文化中心，里面有一间阅览室和共济会博物馆。它共收藏了25,000多件与共济会有关的珍贵手工艺品：古老的徽章、艺术品、绘画作品和蚀刻版画。但它最著名的收藏是"克洛斯藏书"——世界最古老的共济会藏书之一。它发端于德国医生、历史学家和共济会成员格奥尔格·克洛斯（Georg Kloss），19世纪初他收集了这些东西。"克洛斯是一位狂热的收藏家，收集关于共济会的书和手稿，以及对共济会会所有利的其他东西。他设法收集了欧洲最好的相关藏品。"管理藏品的皮彭布罗克对我说。克洛斯

海牙克洛斯图书馆里的共济会会员向我展示其著名馆藏中的一本书：插图版《奇妙化学大全》。

死后，荷兰的腓特烈王子购买了他的藏品并捐赠给了自己任总会长的共济会会所。克洛斯的藏品包括 7,000 本书和 2,000 份手稿。

除了克洛斯的藏品，这里还有关于共济会 250 年历史的各种档案，以及大约 80 个已不复存在的荷兰共济会会所的材料，如今它们摆满了约 800 码长的架子。"克洛斯收集书和手稿是为了寻找共济会的起源，它的礼仪最早怎样产生，最早什么时候形成文字，怎样发展演变，哪些才是共济会真正的礼仪。"该会所的图书馆管理员沃尔特如是说。

纳粹对共济会非常感兴趣，但第三帝国对共济会的攻击却很少有人研究。德国纳粹上台后，德国的共济会成为最早受到打击的组织之一。但与此同时，除了少数例外，纳粹对共济会的迫害不像对犹太人和政敌那样系统或残忍。纳粹对共济会的反对主要是针对其精神，是意识形态问题，而不是犹太人、吉卜赛人和斯拉夫人引起的种族问题。换句话说，纳粹党把共济会当作一个现象，欲除之而后快，除去真正的共济会会员则在其次。

早期戈林宣布过："国家社会主义德国没有共济会立足之地。"[1] 起初纳粹政权想方设法解散共济会会所或让他们放弃信仰，去追求其他东西。现在或者曾经是共济会会员的人，不准加入纳粹党。共济会会员还被骚扰或抵制，在公共领域工作的会员也常常被解雇。不过，许多人后来又重新开始了职业生涯。

在当时的德国，共济会活动范围广泛，有 8 万多名会员，许多会员在德国有或曾经有很高的社会地位。早在 1933 年，一些较大的共济会就改名为"腓特烈大帝国家基督教会"或"德国基督教友好会"之类，以顺应形势。[2] 纳粹政权要求共济会停止使用"共济会"一词，断绝一切国际关系，不吸收非雅利安会员，公开秘密活动，取消与《旧约》有关的礼仪，唯有这样才能继续活动。

1935 年，共济会完全被禁，并被贴上了"国家敌人"的标签。随后德国的共济会组织被解散，财产充公。希姆莱对共济会非常感兴趣，指示党卫队保安处和盖世太保没收共济会的图书和档案，它们后来成了帝国中央安全局第七处神秘学藏品的基础。[3]

也是在1930年代，纳粹政府把一些被没收的共济会会所变成举办展览的博物馆，开展了许多活动来诋毁共济会。例如，1937年纳粹组织了恶名远扬的"堕落艺术展"，展出了"堕落"的现代艺术。纳粹还在宣传中不时提及"羞辱展览"的概念。除了涉及艺术的"羞辱展览"，纳粹也组织了以爵士乐和犹太文化为主题的类似活动。1942年的"苏维埃天堂展"特别受欢迎，它展出了入侵苏联后带回来的物品。展览设在一个状似亭子的大帐篷里，占地面积达9,000平方码，其目的是曝光布尔什维克统治下苏联的贫困与悲惨。根据报告，大约有130万名德国人参观了展览。[4]"羞辱展览"不仅是为了嘲笑、羞辱那些展出对象，同时也是一种预防措施。在关于共济会的展览里，纳粹试图让德国人民走进这些神秘会社的房间，从而揭露它们的秘密，其想法是展示共济会暗地里如何热衷于有悖常理的、非德国的犹太仪式，而这些会对德国造成真正的威胁。展览特别强调仪式用品，如人的头盖骨、骨头、希伯来文献和其他"东方的"东西。展览中还有一个哗众取宠的焦点，即据说共济会举行的秘密歃血仪式。最大的一个博物馆开在开姆尼斯（Chemnitz）一个被没收的共济会会所里，据报告曾有100万德国人前去参观。

其实共济会从未对国家社会主义造成任何政治威胁，大多数共济会完全不关心政治。但是在纳粹天启一般的世界观中，共济会在犹太人的世界阴谋中发挥特殊的作用，它们几个世纪以来一直密谋颠覆德国。

1935年纳粹党党报《民族观察报》刊登共济会解散的消息时，一个令人惊愕的指控横空出世：是共济会发起了第一次世界大战。这份报纸说，共济会策划了1914年刺杀奥匈帝国皇储斐迪南（Franz Ferdinand）的萨拉热窝事件。[5]此后共济会密谋迫使德国参战，并让它必败无疑。

在两次世界大战之间，这样的阴谋论在德国极右翼圈子中很有市场。德国的埃里希·鲁登道夫（Erich Ludendorff）将军在第一次世界大战的最后几年里发挥了决定性作用，他是最直言不讳地抨击共济会的人之一。在战争的最后一年，即1918年，德国集结了最后的储备军准备决一死战，鲁登道夫负责策划并指挥德国西线的攻势，是全德国最有权势的人。战事的失利和协约国的反攻，不仅让德国的防线崩溃，而且也让鲁登道夫本人精神崩溃。1918年秋，鲁登道夫想通过斡旋签署停战协定而无果，德皇解除了他的指挥权。

同年11月，德国爆发了革命。鲁登道夫用伪造的护照逃到了瑞典，在瑞典地主、骑手朗纳尔·奥尔森（Ragnar Olson）位于海斯勒霍尔姆（Hässleholm）的乡村庄园里等待革命结束。在崩溃、痛苦、流亡和对屈辱的《凡尔赛和约》的失望中，鲁登道夫撰写了战争回忆录。该书于1919年出版后，成了"背后捅刀说"的来源之一，而这种说法对于国家社会主义者的命运至关重要。鲁登道夫无法接受自己的失败，反而提出是后方的社会民主党人、社会主义者和共济会会员导致了德国的失败。如果没有他们在军队的背后"捅了一刀"，德国本该获胜。

鲁登道夫沉沦在阴森灰暗的阴谋论中，没有因回忆录的出版而自拔，并被渐渐吸引到慕尼黑的右翼激进分子圈子和纳粹党中。在1923年纳粹党企图夺权的啤酒馆暴动中，鲁登道夫和希特勒并肩作战，企图推翻政府。但和希特勒不同的是，鲁登道夫逃脱了牢狱之灾。

1920年代，鲁登道夫开始视共济会为全球阴谋的根源。1927年，他出版了《揭露秘密，消灭共济会》（*Vernichtung der Freimaurerei durch Enthüllung ihrer Geheimnisse*）一书，进一步发展了他的阴谋论。虽然根据宣传，鲁登道夫是该书唯一的作者，但实际上他是和妻子玛蒂尔德（Mathilde）合写了此书，她可能更狂热地反对共济会。后来她出版了自己的小册子《莫扎特的生活与暴亡》（*Mozarts Leben und gewaltsamer Tod*），声称莫扎特死于其共济会兄弟之手，因为他违背了守口如瓶的共济会誓言。她还说马丁·路德和席勒也是为共济会所害。[6]

鲁登道夫夫妇深信共济会拥有超自然的力量，因此会威胁到整个德国及其人民。他们也相信自己已经找到证据，能证实战时共济会通过国际网络把德国的军事秘密泄露给了德国的敌人。[7] 在其回忆录里，鲁登道夫推测，共济会受大英帝国的控制。

《揭露秘密，消灭共济会》一书还从"幕后"揪出了另一个并不完全出乎意料的人物：犹太人。实际上，整个共济会运动都是由犹太人创造和控制的。按照鲁登道夫的说法，共济会的讳莫如深就是为了掩盖犹太人的影响。共济会就是鲁登道夫夫妇所谓的"人造犹太人"，他们的意思是，虽然共济会会员不是真正的犹太人，但是会所充当了犹太人利益的代理。鲁登道夫夫妇还相信犹太人和耶稣会士签署了秘密协定，要联合控制世界经济。[8]

该书没有获得鲁登道夫渴望的那种好评。大多数报纸对其观点不屑一顾，认为它们近乎古怪，甚至有点可怜。《不来梅日报》的评论影射这位老将军已经"心理不稳定"。[9]

但是右翼圈子非常赏识鲁登道夫的观点，在他们的圈子里，阴谋论早已根深蒂固。犹太人共济会阴谋论差不多和共济会自身一样古老。根据流行的传说，中世纪时自由职业的教堂工匠行会最早成立了共济会。事实是否如此至今尚未充分证明，但是共济会运动确实奠定在这一传说的基础上。共济会最早形成于18世纪初，当时科学革命和启蒙运动促使人们对存在问题、神秘主义和精神，还有各种社团产生了兴趣。公开质疑教会的权威性依然是危险的，因此17、18世纪关注宗教、精神和哲学的社团纷纷成立，在社团里，大家关起门后可以讨论、分享具有潜在危险的思想。

1717年，英国共济总会（Grand Lodge of England）成立，通常认为它是第一个共济会总会。接着共济会传播到法国，后来又传遍整个欧洲大陆。共济会力图通过探究哲学与宗教传布理论和精神知识，当时再度复苏的对神秘学、魔法和降神会的兴趣也影响了各种宗教团体。但是共济会不仅仅是进行精神对话的俱乐部，它们在很大程度上是仅接纳社会精英的会社，妇女和社会地位较低的人都被排除在外。

保密性、各种仪式、一些秘不示人的元素、许多杰出人物的入会，这些因素从一开始就使关于共济会的各种谣言和阴谋论到处流传。1730 年代末，教皇克莱门特十二世（Clement XII）首先正式谴责共济会是在反对天主教信仰。最初这种批评在很大程度上是基于宗教的理由，但是法国大革命后，政治因素开始显山露水。在大家纷纷寻找政治混乱的替罪羊时，共济会和巴伐利亚光明会（Illuminati）被诬陷为阴谋者和始作俑者。进入 19 世纪后，（自由主义）民族主义者也开始发出批评。因为许多共济会具有国际性，这一现象被民族主义者认为是对民族团结的威胁。

共济会和犹太人之间所谓的关系非常奇特，因为许多共济会，尤其是那些信仰基督教的共济会并不接受犹太人入会。[10] 一些人文主义气息比较浓厚的共济会直到 1850 年代才开始吸收犹太人。据称 1933 年德国共有 8 万个共济会，估计只有 3,000 个左右有犹太背景。[11]

19 世纪，在极右翼和保守派的圈子中出现了一个观点，大致是：犹太人为了他们自己的目的渗透进共济会并控制了其思想。许多共济会支持启蒙运动的理想，如平等、相信未来，结果被认为是为犹太人的解放扫清道路，为"犹太人的利益"服务。人们相信，共济会和犹太人密谋推翻教会和君主制，以便为犹太人争取平等权利。

大约在 19、20 世纪之交，每一个名副其实的阴谋里都有共济会的影子。在法国，据说共济会卷入了德雷福斯事件：以伪造的证据为依据，犹太裔法国人、炮兵部队军官阿尔弗雷德·德雷福斯（Alfred Dreyfus）被指控犯有间谍罪。在俄国，人们认为共济会也有份于《锡安长老会议纪要》，是犹太人接管整个世界的工具。而在英国，共济会被指控与开膛手杰克有关。

奥地利政治家弗里德里希·维希尔（Friedrich Wichtl）写于 1919 年的一本书具有独特的地位：《世界的共济会，世界革命，世界的共和国：第一次世界大战始末调查录》。[12] 正是此人造出了"人造犹太人"这个词，并提出证据，证明 1914 年是一群共济会会员和犹太人密谋杀害了奥匈帝国王储。

鲁登道夫夫妇和维希尔得到了罗森堡的接受与支持，他本人在 1922 年也出版了一本书：《共济会、犹太人、耶稣会与德国天主教的罪行》。在《二十世纪的神话》中，罗森堡指控共济会传播"宽容、人道的原则，例如犹太人或土耳其人享有和基督徒相同的权利"。在罗森堡的种族神话的世界里，这是一种可怕的思想。他声称，是共济会"领导了 19 世纪的民主革命"。正是这种共济会支持的人道主义导致了民主，以及种族和道德的沦落，使"每一个犹太人、黑鬼或白黑混血儿成为欧洲国家享有平等权利的公民"。[13]

希姆莱确信共济会采用歃血仪式，巴伐利亚政治警察的一份报告比较详细地描述了其方式："申请人自己割破大拇指，把血滴进圣杯，然后先和酒混合，再混进其他兄弟（从他们第一次举行仪式开始）的血。接着申请人将酒和所有共济会会员，包括犹太人的血一饮而尽。只有这样，犹太人才算大功告成。"[14]

与此同时，在党卫队内部弥漫着对共济会的古怪的迷恋。希姆莱不仅把共济会当作国家的敌人，也视它们为知识和灵感的源泉。因此众所周知，1930 年代从德国共济会攫取的大批文献最后归中央安全局图书馆所有。希姆莱对共济会的仪式、秘密和象征主义非常感兴趣，他想在党卫队内部重新创造部分相同的仪式和社团。

在 20 世纪，首先取缔共济会的不是纳粹党，两次世界大战期间大多数新兴的极权政权也攻击共济会。意大利的墨索里尼谴责共济会会员是法西斯主义的敌人，随后取缔了共济会。苏联和佛朗哥治下的西班牙也是如此。在纳粹德国，海德里希在中央安全局成立了特别的共济会部，招聘来为德国共济会会员进行登记的人员当中就有阿道夫·艾希曼（Adolf Eichmann）。德国有多少共济会会员惨遭纳粹迫害已难以估计，因为许多会员也因为其他政治活动被拘捕并送往集中营。

共济会是用来反对内外敌人的重要宣传工具，德国的宣传经常说丘吉尔和罗斯福均为共济会会员。当德国陆军元帅保卢斯（Friedrich

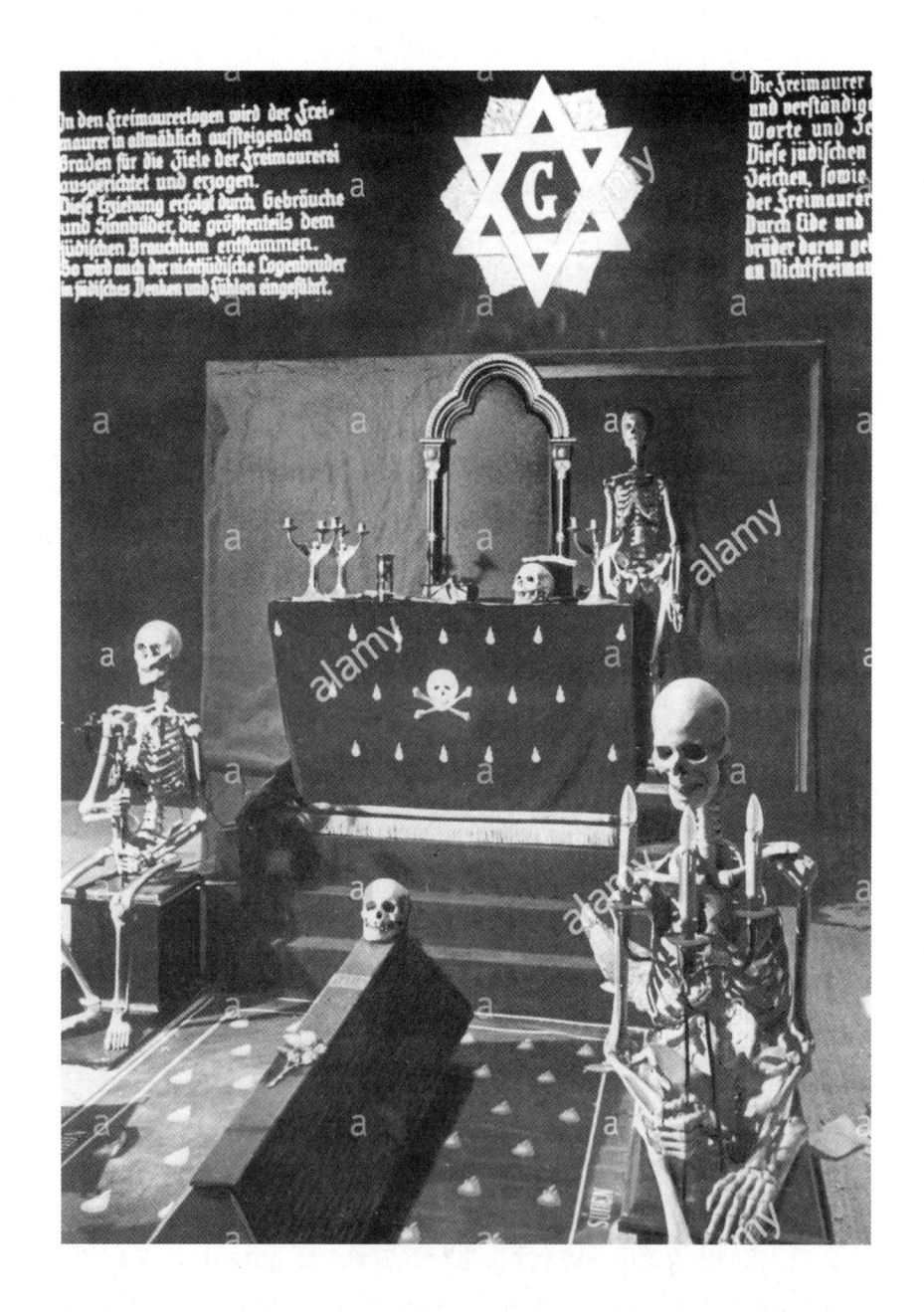

在第三帝国时期，举办了几次反共济会展览，突出展示了共济会的"秘密"和"变态"。欧洲各地有数百家会所将被洗劫一空。（陈雪霏译）

Paulus）违抗希特勒的命令在斯大林格勒投降时，德国就在宣传中污指他是"军衔最高的共济会会员"。[15] 但是，纳粹党没有同样响亮地指出歌德、莫扎特和腓特烈大帝也是共济会会员。[16]

* * *

1940年夏，阿姆斯特丹的罗森堡特别任务小组查清了阿姆斯特丹共济会会所的分布和关系。在他们完整的清单上，有31个共济会会所和10个"人权社"（Le Droit Humain）会所，人权社是一个男女皆收的共济会组织。此外还有35个地方性的"怪人"（Odd Fellows）社和15个扶轮（Rotary）社。9月初，罗森堡特别任务小组发动了一系列联合突击搜查行动，以海牙的大东方共济会为首要目标。除了著名的藏书，该会所是许多地方性会所的总会，计有4,000多名会员。"1940年9月4日，所有会员被叫到会所，并要求他们将会员徽章带来。拒绝照做的人家里遭到搜查。"皮彭布罗克告诉我。会员们登记完后，会所就被查封了。大多数会员获释回家，但是总会长赫尔曼努斯·范·汤格伦（Hermannus van Tongeren）被捕并送到了萨克森豪森（Sachsenhausen）集中营，最终死在那里。

共济会的财产全部被没收，包括房子、徽章和藏书。和德国一样，共济会会所最后成为不同纳粹组织的办公室、仓库或调度中心。[17]

德国还输出了"羞辱展览"的概念，试图让被占领区的人民站到占领者这边，一起反对犹太人、共济会和布尔什维克。巴黎于1940年6月举办了一个反共济会的展览，一年后布鲁塞尔也举办了类似的展览。

罗森堡特别任务小组在法国时比在荷兰更早着手准备洗劫共济会。就在军事行动还在进行时，罗森堡已派人去法国事先考察。1940年6月18日，其中一位特使埃伯特（George Ebert）教授汇报说，他已占领法国最大的共济会会所，即位于巴黎卡代街（rue Cadet）的法兰西大东方共济会（Grand Orient de France）。[18]

一如荷兰的共济会，法国和比利时的共济会也被洗劫一空。丹麦、挪威、波兰、奥地利、希腊和巴尔干半岛各国的共济会也惨遭清洗。

罗森堡特别任务小组和帝国中央安全局之间因为共济会藏书和档案的归属问题爆发了激烈的冲突。安全局往往享有优先权，因此罗森堡特别任务小组不得不把许多他们已经没收的共济会文献移交给安全局。从安全的角度看，有必要掌握共济会的会员登记情况、通信和其他材料，从而理清共济会的国际网络。但同样显而易见的是，党卫队对曾经是共济会财产的"神秘文献"也很感兴趣。帝国中央安全局已聚敛了大量藏品，它们都是抢自德国的共济会——在纳粹上台之前他们的成员人数已是世界第二。[19]从德国共济会会所攫取的书籍和档案材料数量惊人，大多数流入柏林帝国中央安全局第七处底下搜集帝国仇敌作品的图书馆。

帝国中央安全局已从德国的藏品中找到足够的材料，来满足党卫队对阴谋论的幻想和对神秘学的兴趣。有一批这样的档案是从哥达（Gotha）的共济会"恩斯特罗盘"（Ernst zum Kompass）会所抢来的"瑞典书箱"（Schwedenkiste），是18世纪末光明会拥有的一批文件和信函。这个笼罩在各种传说之下的秘密社团由德国哲学家亚当·韦斯豪普特（Adam Weishaupt）成立，旨在让知识分子和决策者在启蒙运动的基本价值观上达成共识，推动他们循序渐进地进行理性的社会改革。光明会不遗余力地吸收这些人入会，认为光明会是一个发展精英人士的组织，在这个组织中，一个忠诚的干部群体为了人类更加美好而整合其崇高的理想。

1785年，巴伐利亚公国明令禁止光明会活动，若干成员被捕入狱。然而，尽管光明会如昙花一现，很快它就被到处流传的阴谋论包围，而且人们认为它已转入地下。

苏格兰哲学家、阴谋论者约翰·罗比逊（John Robison）在其《阴谋的证据》（*Proofs of a Conspiracy*）一书中，指控光明会渗透进欧洲大陆的共济会，并发动了法国大革命。1780 年，光明会怂恿共济会与其合作，这被视为光明会伪装成共济会会社从事颠覆活动的证据。"瑞典书箱"包含了光明会活跃时期的文件，包括会员的信息。会员萨克森－哥达－阿尔腾堡公爵恩斯特二世（Ernst II von Sachsen-Gotha-Altenburg）觉得文件的内容很敏感，因此把它们送到了瑞典友人处。瑞典皇室保证，斯德哥尔摩不会公开这些文件。光明会会员名单上赫然有歌德。"瑞典书箱"一直保存在瑞典，直到 1883 年被送回德国，归共济会"恩斯特罗盘"会所所有，而 1930 年代又落入盖世太保之手。

在欧洲大陆，很少有共济会的藏书能在广度和深度上与克洛斯图书馆媲美。对于想研究共济会起源的人而言，它是世界最重要的图书馆之一。该图书馆也收藏了共济会会员们研究过的材料，如自然史、生物学、哲学、各种文化史及其起源的书籍——17—18 世纪关于原住民及其仪式与宗教的著作。除这些之外，还有古希腊悲剧。这所图书馆对共济会会员的活动至关重要，通过诸如此类的材料，他们对自己会有新的认识。"这是净化之路。"克洛斯图书馆管理员沃尔特说。

除了关于魔法、通神学、占星术、炼金术、仪式、音乐、歌曲和象征主义的图书，克洛斯图书馆还拥有世界最多的反共济会文献。不过该图书馆的价值不仅在于书面文献，它还收藏了丰富的插画、蚀刻版画和演示如何举行秘密仪式的图画。

在克洛斯图书馆的珍品中，有五册苏格兰人詹姆斯·安德森（James Anderson）写于 18 世纪初、版本最古老的《共济会宪章》（*The Constitutions of the Free-Masons*），它是英国共济会体系形成的基础。藏品中另一部神化程度更高的文献是《科隆宪章》（*Cologne Charter*），据说它作于 1535 年。这份用拉丁文撰写的文献证明了在 16 世纪时共济会已经到处活动。传言 17 世纪中叶在阿姆斯特丹一个暂停活动的会所里发现了这份文献，当时它藏在锁了三把锁、分别贴了三张封条的柜子里。克洛斯是偶然发现这份文献的第一人,也是能揭穿这种说法很可能属于捏造的人之一。

纳粹同样感兴趣的还有从已不复存在的会所掠夺的大量档案材料,它们原为"荷兰大东方"所有,其中许多是东印度公司的资料。该会所还有一些资料具有相当的价值,即记录了自18世纪以来荷兰某共济会每一名会员情况的目录卡片。[20]

1940年的劫掠之后,罗森堡特别任务小组的荷兰部向上级汇报说,行动大获成功,没收了几十万册图书和其他资料。[21]此外还有艺术品和仪式用品,包括会长的金锤,它是在荷兰大东方会所发现的。罗森堡特别任务小组估计它价值3,000马克。

至于最重要的战利品是什么,这一点是毫无疑问的:"要想了解拥有许多珍品的克洛斯图书馆的价值,我们只需记住,1939年美国共济会曾出价500万美元购买荷兰大东方会所的藏书。"罗森堡特别任务小组在一份报告中这样写道。[22]不过,被强调的不仅仅是经济价值,实际上,据说被窃取的图书还有"不同寻常的科学价值":"我们可以毫不犹豫地说,高等学校图书馆现在不费吹灰之力就能提供数量惊人的珍品,让这所图书馆在犹太人和共济会问题的研究上占据领先地位。"[23]但是罗森堡特别任务小组并不仅仅利用那些藏书本身:"他们还从那里搬光了足以容纳3万册图书的铁架。"

8 列宁工作过的地方：
巴黎

让-克劳德·库珀敏茨（Jean-Claude Kuperminc）用手指掠过一个个书名，一边在书架之间缓慢地移动身体，一边对着自己默念书名，直至找到他想要的书。他抽出一本米白色布面精装书，天花板上的灯散发着奶黄色的微光，使书名也难以辨认。朝向内庭的墙壁上挂着厚厚的遮光窗帘，库珀敏茨拉开窗帘，举起书，让阳光照在书脊上，这才看出原来书名是《犹太民族世界史》（*Weltgeschichte des jüdischen Volkes*），作者是犹太裔俄国历史学家、激进分子西蒙·杜布诺夫（Simon Dubnov）。1941年，他在里加被党卫队杀害。书脊底部贴着一张小标签，上面写着"B. z. Erf. d. Jud. Frankfurt a. Main"*。一张扉页上盖着一枚文字相同的蓝色橡皮图章，不过这次是全称：法兰克福犹太问题研究所图书馆。这是我第一次看到罗森堡的法兰克福研究所的图章，甚至研究所图书馆的目录编号都保存完好："42/1941"。它用削尖的铅笔一挥而就，字迹潦草却完全可以辨认。

库珀敏茨把书放回去时，我看到了书架上排列的图书书脊上有研究所的其他标签。有些书差不多还是新书，另一些有不同程度的破损。许多书自第二次世界大战以来一直留在这里，几乎无人问津。

"我们有成千上万本带着纳粹标记的书。"库珀敏茨用结结巴巴、

---

* 即 Bibliothek zur Erforschung der Judenfrage Frankfurt am Main，法兰克福犹太问题研究所图书馆。——译者注

法国口音很重的英语告诉我。

调查完海牙的共济会后，我离开海牙乘快车南下巴黎。就在法国的首都，罗森堡特别任务小组和帝国中央安全局发动了西欧规模最大的偷书行动。前者掠夺艺术品行动的总部设在巴黎市中心被强占的国立网球场现代美术馆（Jeu de Paume），数以万计的艺术品送到这里，分类、编目，然后运回德国。一些最肆无忌惮的藏书和档案窃取活动就发生在这里。受害者之一是"全球犹太人联盟"（Alliance Israélite Universelle），它位于蒙马特南部，巴黎布鲁耶尔街（rue la Bruyère）45 号。我和库珀敏茨正是在此见面，他是该组织的图书馆、档案馆馆长，身材矮小、头发稀疏，年约 55 岁。他追查战争期间藏书的下落已有多年。

全球犹太人联盟在一定程度上是所谓"大马士革事件"的产物——1849 年，大马士革的一名修道士失踪。一时流言四起，说是犹太人谋害了他，用他的血进行祭祀，结果导致了一场犹太人大屠杀。城里的犹太会堂遭到暴民的攻击，许多犹太人被捕入狱，遭到惨无人道的虐待，包括拔牙。这些事件引起了国际瞩目，一个犹太代表团被派往大马士革进行谈判。

"这是一个重要事件，因为这是犹太人第一次采取国际行动帮助中东的犹太人。也正是在此基础上产生了成立联盟的想法，以便保障、巩固各地犹太少数族群的权利。联盟的创建人都深受法国大革命的影响，都是已成为法国正式公民的第一、第二代犹太移民，享有和法国公民同等的权利。成立该组织是为了宣扬这些理想。"库珀敏茨解释道。

联盟帮助犹太人逃脱沙俄的大屠杀，移居法国和美国。不过，它最重要的工作是为犹太儿童建立国际学校体系。到 20 世纪初，它已在北非、中东和东欧开办了大约 100 所学校，学生总计 24,000 名。学校的教育在很大程度上立基于创始人的启蒙理想：法国文学、语言和文明。当时犹太复国运动方兴未艾，为在巴勒斯坦建立犹太人的国家而努力，但是，联盟态度鲜明地和它保持距离。

"联盟致力于让犹太人融入其所在国。在法国，我们称之为'重生'——以现代西方文化为基础，加上犹太知识和文化，重新建立认同。"库珀敏茨向我解释。出于教育上的雄心壮志，一所图书馆诞生了。"他们想搜罗世界上所有不同的犹太文化和犹太历史知识。"藏品中一些最珍贵的手稿来自开罗，它们是 9 世纪犹太人的撰述。还有一些是 12 世纪犹太哲学家迈蒙尼德（Maimonides）的手稿。但是这所图书馆最著名的是其现代藏书、期刊、小册子和报纸，包括德国上起 18 世纪、下讫 20 世纪差不多所有关于犹太问题的书籍与文章，其中还有反犹太出版物。同时，联盟也收集关于 1890 年代臭名昭著的德雷福斯事件的记录。

"1930 年代，它是欧洲最重要的犹太图书馆之一，或许是全世界最重要的。它购买、收集了所有涉及犹太人主题的出版物，无论是研究或主题。"

为了容纳日益庞大的藏品，1930 年代末联盟在布鲁耶尔街建了一座图书馆。我们此刻所在的图书馆高达八层，是一栋实用主义风格的高楼，坐落在巴黎一幢宏伟建筑的内院里。低矮的天花板，一层层狭窄得几乎能让人患上幽闭恐惧症的楼梯，让人觉得这是图书的多层停车场。这栋楼于 1937 年竣工，不久后就成了联盟的图书馆，收纳着 5 万册图书，以及大量的档案和期刊。

但是新图书馆的寿命并不长，书架上很快就被占领巴黎的德军塞满了完全不同类型的图书。

1940 年 6 月，库尔特·冯·贝尔男爵（Baron Kurt von Behr）和德军一起抵达巴黎，他主持罗森堡特别任务小组的西部处，负责小组在西欧的行动。起初该处的办公室设在海军准将旅馆，但是后来移到了耶拿大道（avenue d'Iéna）的一座宅邸里，那里原为犹太银行世家京茨堡（Gunzburg）家所有，但被纳粹没收。[1]

冯·贝尔出身贵族，第一次世界大战中成为战俘后学会了法语。此人活脱脱就是讽刺画里的普鲁士贵族老爷——据见过他的人说，他经常穿着紧身外套，脚蹬闪闪发亮的靴子，戴着单片眼镜。[2]

全球犹太人联盟事先已采取预防措施，抢救藏品，但是正像其他许多图书馆、组织和收藏家，它也错误地判断了真正的威胁隐匿于何处。联盟在地下室里建了一个掩体，以免最珍贵的藏品毁于炸弹袭击，但它挡不住掠夺者的魔掌。就在1940年6月巴黎陷落之前，联盟破釜沉舟，把手稿和档案装到卡车上，试图运往波尔多，但卡车最终未能到达目的地。

"没有人知道卡车出了什么事，但是从我们设法掌握的蛛丝马迹来判断，似乎是德军追上了那辆卡车。"

1940年夏天罗森堡特别任务小组占据布鲁耶尔街45号的办公室时，发现相当大一部分法国最重要的犹太藏品原封不动地放在书架上。正如在阿姆斯特丹的国际社会史研究所，罗森堡特别任务小组也强占了该组织的办公场所。到了1940年8月，布鲁耶尔街的藏书已经装进货箱，准备运回德国。大多数藏书送到了法兰克福的犹太问题研究所。随着罗森堡特别任务小组开始把全球犹太人联盟图书馆当作书库，空荡荡的书架上很快就摆满了其他抢劫而来的书籍。

洗劫了七周后，到1940年9月，罗森堡在一份报告里不无满意地说，巴黎已有数量可观的战利品落到他们手中。除了其他东西，罗森堡特别任务小组也没收了法国罗斯柴尔德家族成员的许多珍贵藏书。[3] 他们从罗斯柴尔德家族著名的巴黎银行掠走了更为珍贵的物品，一百多年来这家银行是世界最大的银行之一。数量惊人的银行档案装满了760多个货箱，从纳粹的角度看，它们是"研究"犹太人世界资本主义网络的无价之宝。除了罗斯柴尔德家族，纳粹也攫取了著名犹太知识分子如莱昂·布鲁姆（Léon Blum）、乔治·曼德尔（Georges Mandel）、路易丝·魏斯（Louise Weiss）、伊达·鲁宾斯坦（Ida Rubinstein）的藏书。藏书中有一些是有普鲁斯特（Marcel Proust）、达利（Salvador Dalí）、纪德（André Gide）、马尔罗（André Malraux）、瓦莱里（Paul Valéry）、兰多芙斯卡（Wanda

Landowska)等的个人赠言的初版书,具有重大的历史和文化价值。[4]

纳粹从巴黎的法国拉比学校(École Rabbinique)偷走了1万册书,包括一套非常珍贵的《塔木德》,从犹太社团联合会(Fédération des Sociétés Juives)也抢走了4,000册书。犹太会堂和犹太人书商也被劫掠——例如,图书经销商利普舒兹书店库存的2万册书全部都被掠走。

只有一小部分藏书逃脱了纳粹魔掌。例如,东欧的犹太移民成立的小型意第绪语图书馆麦登图书馆(Bibliothèque Medem),盖世太保没有找到藏书的地下室。但这并不能给人多少安慰,因为该图书馆大约只有3,000册图书。[5]

纳粹在法国的劫掠很猖獗,据估计,罗森堡特别任务小组抢劫了723个较大的图书馆,计170多万册图书。[6]该小组发动"M行动",洗劫了已逃亡或被驱逐出境的犹太人住所后,这些数字又急剧上升。仅在巴黎一地,就有29,000座公寓被全面清洗,所有的一切都被塞进火车运到东方。[7]

有条不紊地清除欧洲的犹太人,并抹去他们存在的痕迹,这种行径有极其恶毒之处。犹太人留下的所有私人物品,如信件、相册和笔记本,都被没收、乱扔、烧毁或送到造纸厂化作纸浆。犹太人的家被清空后,新主人鸠占鹊巢,仿佛曾经住在那里的犹太人——他们的生活、记忆和所思所想从未存在过。

目前还不清楚"M行动"攫夺了多少私人藏书室和图书,但肯定不下百万。行动的规模非常大,以致不得不设立三个处理站,由奴工对这些被没收的财物进行分类、修补和装载。其中一个处理站设在巴黎第十三区的一个仓库内,德国人称之为"奥斯特利茨仓库"(Lager Austerlitz),但是犯人们却把它叫作"奥斯特利茨百货公司",暗讽奢侈品店老佛爷百货公司(Galeries Lafayette)。[8]处理被没收财物的工作一直持续到1944年8月盟军逼近巴黎的那一刻。

根据指示,纳粹德国吞并的阿尔萨斯-洛林(Alsace-Lorraine)也进行了文艺大清理。纳粹在这里掠夺了所有的法语文献,企图将该

地区"德国化",清除法国文化与语言。⁹

虽然罗森堡特别任务小组占有了在法国掠夺的绝大部分不义之财,但是帝国中央安全局也没有空手而归。罗森堡特别任务小组从积极参与政治的犹太组织掠夺的许多藏书和档案,后来移交给了帝国中央安全局,其中包括联盟的某些档案。到1941年3月26日犹太问题研究所正式开幕并召开会议时,巴黎的许多藏书早已运抵法兰克福。

在开幕式演说中,罗森堡吹嘘研究所拥有全世界最精良的犹太问题藏书:"本图书馆是犹太问题研究所的一部分,今日正式开放。它包含了大量在犹太人历史上,以及对欧洲的政治发展意义重大的文献。目前它是全世界最大的犹太问题图书馆,今后将目标明确地扩充它的藏书。"¹⁰

盖有"全球犹太人联盟"印章的图书,是一小部分尚有时间登记入册的图书。劫掠的图书源源不断地涌入,工作人员根本无法应付。

巴黎"全球犹太人联盟"图书馆的一册藏书,书脊上罗森堡所设"犹太问题研究所"的标签犹存。大战期间该图书馆惨遭洗劫,藏书被运往法兰克福,为研究所窃据。

截至 1943 年，已有 50 万册图书运到法兰克福。[11]

历史学家菲利普·弗里德曼（Philip Friedman）认为，对纳粹而言，掠夺那些积极投身于高等教育、研究或其他智性活动的犹太图书馆和机构，是件很重要的事情。因此纳粹的劫掠行动有双重原因，一是夺走犹太人的文化根基与学问，一是丰富纳粹的意识形态研究。从这个角度看，全球犹太人联盟必然是纳粹的主要目标。

* * *

出租车司机突然停了下来，指着一条小街。我犹豫不决，那条街看着不像是有一个著名图书馆的样子。交通尾气熏渍过的阳台破裂不堪，似乎随时都会坍塌。我从一封信里获得了地址，所以此刻我站在城市的另一头，拉丁区的南部。街上的建筑令我联想到低收入家庭的住宅区，但同时它们又是浑圆的，具有新艺术的风格。后来我才知道，这些房子建于战后，是为了给无家可归的巴黎人遮风挡雨。

草草记在纸条上的地址把我带到了一幢公寓楼前，这里的大门毫无特色，有几个行人刚刚经过。花了几分钟时间查看别人给我的一长串名字后，我发现在米索斯（Missoux）家和肖弗尔（Chauvell）家之间，有一张歪斜的小条子上写着"俄国屠格涅夫图书馆"（Bibliothèque Russe Tourguéniev）。我在罗森堡特别任务小组发自巴黎的报告中看到过这个名称，但我不确定它是否依然存在，直到我看到历史学家格瑞姆斯泰德（Patricia Kennedy Grimsted）写的一篇长文，谈到其悲惨而神奇的命运。

在公寓一楼，我遇到了海伦娜·卡普兰（Hélène Kaplan），一位上了年纪的女性，她头发乌黑、双唇红润，走路时挂着一支拐杖。卡普兰是图书管理员兼运营该图书馆的协会会长。

过了一会儿，我的双眼才适应面前的昏暗，几缕阳光穿透图书馆狭小、封闭的窗户照射进来。公寓里自然塞满了书，从地板一直堆到天花板。书架之间是泛黄的俄国作家半身像、旧皮箱、垃圾袋和坏掉的阅读灯,有个角落里躺着一个俄罗斯布娃娃和木雕的东正教教堂模型。许许多多书架上放不下的书或者堆在地板上,或者放在桌子上,压得桌子都下陷了几分。

"我们有特殊的地板,你知道,书都很重。"卡普兰边说边用拐杖戳了地毯好几下。

俄国屠格涅夫图书馆属于战时不幸遭劫的另一种特殊的图书馆:流亡者图书馆。数百年来巴黎吸引了无数政治和知识难民:艺术家、作家和其他设法来到这座城市的人,他们都在寻找思想自由、言论自由的地方。无政府主义者、共产主义者、持不同政见者、流亡的贵族、君主、独裁者都在不同时期以巴黎为家。

19世纪,巴黎接纳了一拨自东而来的政治移民。一些最早的移民是波兰人,1830年华沙"十一月起义"后被迫逃离波兰。起义的目的是重建自由的波兰,它自1795年以来已不复存在。定居巴黎的人当中有波兰王子、政治家查尔托雷斯基(Adam Czartoryski),在拿破仑时代,他是驻沙皇俄国的外交大臣,但是1830年他参加了起义,并被推选为首任波兰总统。1831年起义被镇压后,6,000多名官员、政治家和知识分子被迫逃离波兰,这一事件被称作"大移民"。查尔托雷斯基在塞纳河畔兰伯特旅馆的寓所成了波兰移民聚集的场所,他们在那里再次呼吁缔造独立的波兰。1838年,波兰图书馆成立,很快就成为流亡巴黎的波兰人,包括肖邦、乔治·桑、克拉辛斯基(Zygmunt Krasiński)和浪漫的波兰诗人密茨凯维奇(Adam Mickiewicz)等名人多姿多彩的文化活动的中心。该图书馆成了波兰境外最大的波兰文化自治机构,以及波兰争取独立的重要象征。

波兰人不是唯一来自沙皇俄国的流亡族群。19世纪,又有一批来自俄国的政治与知识难民在巴黎安顿下来。早在1825年"十二月党人起义"之后,一大批俄国作家被沙皇流放。1820年代末政治更为动荡不安时,更多人流亡海外。沙皇政权严厉的审查制度致使巴黎出现了一个独立的文坛和出版环境。[12] 不久以后，俄国屠格涅夫图书馆变成了这种活动的核心。它成立于 1875 年，由俄国革命党人杰尔曼·洛帕廷（German Lopatin）在其同胞、作家屠格涅夫的协助下创立，当时屠格涅夫就住在巴黎。

"洛帕廷不仅想创办一个图书馆，而且想为革命青年建造一个聚会场所。这是一家俄国图书馆，但它又完全在俄国之外。这座图书馆直到今天仍持这样的想法。"卡普兰带我走进一间小阅览室，那里有一堵长长的墙，光秃秃的，只有一个屠格涅夫半身像。

洛帕廷是最早受马克思和恩格斯影响的俄国革命党人之一。早先，他曾被沙皇政权投入监狱，并被流放到西伯利亚的斯塔夫罗波尔（Stavropol），但他想方设法逃到了法国，并加入了第一国际。

该图书馆的基本馆藏由屠格涅夫提供，他捐赠了一些自己的书，并在巴黎组织了一场白天的文会募钱募书。1883 年屠格涅夫逝世后，图书馆被冠以屠格涅夫之名，它常举办阅读会、音乐会、展览、革命党人的圣诞舞会，等等。

"它成为欧洲最大的俄国图书馆之一。其他城市也有俄国图书馆，但都难以为继，它是现有这些图书馆中最大最古老的一个。这个图书馆很独特，因为俄国从未给过它任何资助，它是靠了俄国不同流亡团体的支持才发展壮大的——经常是靠人们捐书和在图书馆做义工。"

图书馆和弥漫其中的革命氛围哺育了一代又一代的俄国革命者。第一次世界大战前曾有一个俄国人在该图书馆工作，名叫弗拉基米尔·伊里奇·乌里扬诺夫（Vladimir Ilyich Ulyanov），他就是后来的列宁。1905 年革命失败后，布尔什维克决定将他们的活动阵地转移到巴黎。1908 年，列宁满心不情愿地来到巴黎，他恨这个城市，称它为"肮脏的洞穴"。[13]

屠格涅夫图书馆成为流亡巴黎的布尔什维克的重要聚会场所。它的地位如此重要，事实上，1910 年，列宁甚至亲自确保俄国社会民主党的藏书和档案转移到屠格涅夫图书馆。

"没有哪个政治团体能在这个图书馆一家独大,相反,这里百花齐放:布尔什维克、孟什维克、社会革命党人和无政府主义者,无一不有。他们是政敌,但是他们会在图书馆里见面、辩论。图书馆超越了他们的思想歧异,俄国文化才是一切的核心。"卡普兰告诉我。

俄国革命对屠格涅夫图书馆产生了负面影响,因为巴黎的革命者都走了,赶回去参加起义,但这些俄国流亡者不久就为革命后数量更庞大的新俄国流亡者群体所取代。当时有成千上万的俄国人涌入巴黎,其中最引人瞩目的是白俄罗斯人,他们背景不一,有贵族、资产阶级、反革命分子、知识分子、军人和牧师,他们只有在反对共产党时才团结一致。但巴黎也有社会主义者,其中许多人就是以前的俄国流亡者——社会主义者、共产主义者和社会民主党人,他们参加了革命,但布尔什维克掌权后又被迫流亡。

卡普兰的父亲韦内迪克特·马杰科廷(Venedikt Mjakotin)就是其中一员。"我的父亲是俄国历史学家和社会主义者,布尔什维克掌权之前已经开始革命。他拒绝加入布尔什维克党,但他很幸运,内战后列宁允许一小部分有功于革命的知识分子离开俄国,人数不足两百,而且下不为例。"卡普兰说。她就出生在父母避难的布拉格。"显然,他差不多被完全从苏维埃政权的历史中抹去了。"

两次世界大战期间,以屠格涅夫图书馆为中心形成了一个俄国流亡知识分子的新圈子,许多人是在苏联失宠的作家、记者和艺术家。这是图书馆的全盛时期——当时巴黎成了俄国流亡者群体的首都。以屠格涅夫图书馆为中心的圈子里有一些作家,如奥索金(Mikhail Osorgin)、阿尔达诺夫(Mark Aldanov)和蒲宁(Ivan Bunin),蒲宁于1933年成为首位荣获诺贝尔文学奖的俄国作家(他也是经营屠格涅夫图书馆的基金会主席)。

有了这拨新移民,图书馆的藏品成倍增长。20世纪初,该馆已有3,500册图书,到1925年激增至5万册,十年后藏书又多了一倍。不久,屠格涅夫图书馆已绝对是首屈一指的俄国图书馆之一。随着图书馆声誉日隆，它也获得了更多支持。1930年代，巴黎市允许屠格涅夫图书馆从巴黎圣宠谷街（rue du Val-de-Grâce）上一个不起眼的地方，搬到了位于比舍里街（rue de la Bûcherie）的宏伟的科尔伯特饭店（Hôtel Colbert）。[14]

"在这里你能看到所有俄国禁止的书，它成了著名的流亡文学图书馆。"卡普兰解释。

除了俄国流亡文学，该图书馆也拥有伏尔泰、拉罗什富科（Françoise de La Rochefoucauld）和俄国作家卡拉姆津（Nikolay Karamzin）的初版图书，以及具有重要历史价值的著作，例如1550年的《伊凡四世法典》，该法典上有历史学家和政治家塔季谢夫（Vasily Tatishchev）的评论。藏品中还有俄国流亡作家的私人档案和文件，以及蒲宁、列宁等人留下注释或签名的书籍。在两次世界大战之间的岁月里，巴黎又出现了另一个流亡者图书馆：彼得留拉图书馆。西蒙·彼得留拉（Symon Petljura）是乌克兰记者、作家和政客，1917年曾参与成立了昙花一现的乌克兰人民共和国，试图让乌克兰摆脱俄国和革命的阴影。但是彼得留拉的共和国也因极其血腥地残害犹太人而臭名昭著，直到第二次世界大战期间纳粹党人也展开对犹太人的大肆杀戮。在乌克兰人民共和国存在的短短时间里，据说发动了1,300多次屠杀，使数万犹太人丧命。[15] 苏联红军占领乌克兰后，彼得留拉被迫逃亡，1924年定居巴黎的拉丁区，继续领导流亡政府。因为有俄国屠格涅夫图书馆和波兰图书馆作为榜样，彼得留拉也计划成立一个乌克兰公共图书馆，但是该项目尚未正式启动，彼得留拉就被另一名流亡者，俄国犹太裔诗人肖洛姆·施瓦茨巴德（Sholom Schwartzbard）暗杀。[16]

彼得留拉遇刺后，一家图书馆为纪念他而成立了，即1929年开幕的"乌克兰彼得留拉图书馆"（Bibliothèque Ukrainienne Symon Petljura）。它坐落在奥弗涅拉图尔街（rue de la Tour d'Auvergne）上的一栋公寓里，收藏了彼得留拉的私人藏书，还有乌克兰政府及其首脑的重要档案。1939年大战爆发时，该图书馆的藏书已达1.5万册，而屠格涅夫图书馆已有 10 万册，波兰图书馆有 13.6 万册。

　　流亡者图书馆在这些少数族群中扮演了非常重要的角色，它们成了这些失去了语言和文化的流亡者的文学家园。它们不仅维系失去的文化于不坠，在更大的程度上它们还是这些人的集会场所，使他们的语言和民族认同长存，并发扬光大。在此意义上，这些图书馆至关重要。与此同时，它们的存在也是一种抵抗运动。对波兰人而言，波兰图书馆是抢救波兰文化的一种方式，因为波兰文化深受德国化和俄国化进程的重压——尤其是在波兰语区，波兰语言和文化都遭受迫害、牺牲和贬抑。

　　这些图书馆也象征着另一种书面历史，它们指向另一个俄国，另一个波兰，并保存了原本或许会遗失的故事。在这些流亡者的图书馆里，俄国、波兰和乌克兰文学得以继续发展，被人阅读、讨论和批评。对那些不仅失去祖国也失去读者的诗人、作家和记者来说，这一点尤为重要。但是，一场浩劫正等着巴黎这些生气勃勃的流亡者群体，它来自于一个敌人，这个敌人不仅想扼杀和审查俄国、波兰、乌克兰文化，而且想铲除并彻底消灭它们。

* * *

　　1940 年一个秋日的早晨，俄国流亡作家尼娜·贝蓓洛娃（Nina Berberova）从巴黎郊外的乡村小屋出发，骑自行车到巴黎市中心。1922 年，她和诗人、评论家弗拉迪斯拉夫·乔达塞维基（Vladislav Chodasevitj）一起移民巴黎。在那里，他们和一群贫穷却有才华的年轻流亡作家交往，如纳博科夫（Vladimir Nabokov）、茨维塔耶娃（Marina Tsvetajeva），等等。贝蓓洛娃在流亡中发表了她的处女作，后来因短篇小说而成名，那些故事描述了两次大战间隙流寓巴黎的俄国移民的生活。

　　她经常骑自行车出去买牛奶、土豆和图书。大约一个月前，她从屠格涅夫图书馆借了一本俄译本哲学书，作者是叔本华。流亡者们也把该图书馆叫作"屠格涅夫卡",那天她正想去还书。

> 科尔伯特饭店位于巴黎圣母院附近的一条小街,我走进去时,时钟显示还不到早上十点。整个院子摆满了粗糙的木箱,长如棺木——三十几个木箱或竖立或平放,全部空空如也。我轻叩看门人的窗户,她认识我,我问她能不能把书留到下午四点再还。她用暴躁的神情看看我:"他们在这里。"
> 我立即上楼。所有房门洞开,楼梯平台上有两个箱子,还有两个在大厅里。图书被装进箱子,动作又快,效率又高,而且还带着某种节奏。我很震惊,但我还是用糟糕的德语问发生了什么事,尽管事实已非常清楚。有人礼貌地回答这些书要运走。但是运到哪里,为什么,无人作答。[17]

贝蓓洛娃立刻骑车到瓦西里·马克拉科夫(Vasily Maklakov)家中,他是俄国老牌政治家、民主党人和外交家。1917年布尔什维克党夺权时,他正好在巴黎任俄国驻法大使。马克拉科夫在俄国大使馆任职达七年之久,直到法国不得不承认苏联,把他逐出大使馆。

经过内部以及与历史学家、图书馆委员会主席迪米特里·奥迪内茨(Dimitri Odinets)协商后,他们一致认为唯一能抢救图书馆的方法是向他们的二号敌人斯大林求助。奥迪内茨匆匆赶到苏联大使馆,试图阻止这场劫掠。

> 大使馆的人员带着他走进一个又一个房间。他问他是否能见一见首席秘书、首席领事或大使本人,他向一个又一个人解释,但甚至没有一个人亮出过自己的身份。他一而再,再而三地向人解释来大使馆的原因:拯救俄国图书馆。
> "它是屠格涅夫建立的,"他解释说,"他是《父与子》《罗亭》的作者,当时就住在巴黎。"但他们的眼神依然茫

然。他接着说:"必须赶快行动,赶在书被运走之前……"使馆工作人员只是耸耸肩说:"这对我们来说有什么重要的?不就是移民写的戏剧作品!"

"突然,"奥迪内茨告诉我,"我的脑子里冒出了一个主意。我对他们解释,列宁曾经在这家图书馆工作,馆里有些书的空白处有他的批注,他还捐赠了一些书给图书馆,甚至他坐过的椅子还在那里!"他坦承,他的想象力从未发挥得如此淋漓尽致。"人们开始在我身边跑来跑去,行动了起来。他们又叫来其他人,我只能重述刚刚关于列宁的话。"

最后他这样结束故事:"他们又带我出入许多房间,不停地开门、关门。有人允诺我一定会干预,但我不怎么信他。打个电话就能改变这件事!那晚我和一些朋友待在布伦(Boulogne),第二天我到达科尔伯特饭店时,一切都结束了。箱子不见了,所有门被封条封上了。最大的俄国流亡者图书馆已不复存在。"[18]

贝蓓洛娃一直留着那本叔本华的著作。另一位流亡者,历史学家尼古莱·科诺林(Nikolai Knorring)也目睹了这场抢劫。从木箱上的数字来判断,他估计有900箱书和档案材料被掠走,但是其他的消息来源表明数目要小一些。[19] 根据科诺林的说法,罗森堡特别任务小组也偷盗油画、半身像和肖像画。不过也有一些东西被图书管理员马里加·科特嘉里夫司卡加(Marija Kotljarevskaja)想方设法抢救了下来,如无政府主义者克鲁泡特金和哲学家巴枯宁之间的通信等,逃过了一劫。

卡普兰打开桌子上某一册战前的图书馆目录,它们也幸而未被纳粹劫夺,实际上几年前才在科尔伯特饭店地下室一个老旧的纸板箱里被找到。这些目录证实战前该图书馆的藏书涵盖面很广,不仅有丰富的文学作品,还有从地理、经济到法律等的各类书籍。

与贝蓓洛娃所述相似的故事也发生在波兰图书馆,它距科尔伯特饭店仅数步之遥,坐落在塞纳河中圣路易岛上一栋17世纪的房屋内。该图书馆刚庆祝成立一百周年不久,当时共有藏书13.6万册,此外还有1.2万幅画、1,000份手稿、2,800张古地图、1,700个波兰硬币和大奖章,以及大量存档的照片。[20] 这是无比珍贵的收藏,是在整整一个世纪的流亡岁月里费尽千辛万苦收集的,它代表了自由的波兰文化。

藏品中还有古腾堡印刷的"佩尔普林圣经",它是1939年波兰爆发战争后被抢救出来的。古腾堡印刷的《圣经》,堪称文学中的达·芬奇画作。古腾堡《圣经》分两册,由古腾堡印刷于15世纪中叶,被誉为欧洲印刷书籍中第一个意义重大的版本,目前已知完整无缺的共有20部。虽然自从1970年代以来没有古腾堡《圣经》能在市场上出售,但是其市场价值现在估计超过3,500万美元。所谓的"佩尔普林圣经"因为有个独特的印记而闻名,据说它是因为印刷工人掉下一块铅字造成的。* 这部《圣经》镶嵌黄金,并用红色山羊皮装帧。它也是依然保留着15世纪的原始装订的9部古腾堡《圣经》之一。[21] 1939年第二次世界大战爆发时,它被收藏在佩尔普林的一家图书馆里。佩尔普林是波兰西部地区的一个小镇,不久就被残酷地德国化,并入第三帝国。纳粹党视古腾堡《圣经》为德国国宝,它们必须回到德国。因此,波兰唯一的古腾堡《圣经》,即"佩尔普林圣经",成为众人垂涎的战利品。佩尔普林神学院的安东尼·利特克神父(Antoni Liedtke)痛苦地意识到这一点,于是找当地制作马鞍的人做了一个内藏暗格的皮箱,把合计重约90磅的两册《圣经》藏在里面。1939年10月波兰投降时,这部《圣经》被偷偷地装到载满了谷物的货船,驶向法国和波兰图书馆。运送的货物里还夹带了一些从华沙国家图书馆抢救出来的珍贵

---

* 在该书第46页左边的页边空白处能看到一块大小为25×7毫米的墨迹,它很可能是排字工人工作时,手里的铅字掉下来一块造成的。这是一个印刷过程中无意留下的弥足珍贵的细节,书籍史专家可以借此推断并复原古腾堡印刷时所用的铅字。——译者注

图书管理员卡普兰展示归还给俄国屠格涅夫图书馆的藏书之一。这是一个独特的流亡者图书馆,列宁曾在此工作。第二次世界大战期间,该馆遭到洗劫,图书流散。

图书。[22]

波兰图书馆的员工收到来自波兰的报告后,对一旦波兰沦陷会发生什么已有心理准备。1940年5月德军占领法国北部的亚眠后,这部《圣经》再次被送走。6月初,一辆装满经过挑选的波兰文学遗产的卡车驶向南方,"佩尔普林圣经"也在车中。然后这些书被转移到波兰的一艘小轮船上,德军进攻小镇的几小时前,它已拔锚起航,穿越了挤满德国潜水艇的英吉利海峡。《圣经》终于平安无事。[23]

然而,波兰图书馆的藏书太多,难以全部抢救,因此只能疏散最重要的物品,如绘画作品、地图,米茨凯维奇的手稿则被藏在法国不同的图书馆里。但是尽管付出了上述努力,图书馆的大部分藏品仍留在圣路易岛,巴黎沦陷两天之后就被德国的秘密警察搜到了。[24]

两个月后的8月25日,罗森堡特别任务小组巴黎办公室的工作人员来了。据事件目击者、图书馆馆长、历史学家弗朗齐歇克·普莱斯基(Franciszek Pulaski)描述,在罗森堡办公室三名人员的监督下,大约40个法国工人把藏品装到贝蓓洛娃在屠格涅夫图书馆看到过的那种木箱子里。每个箱子里的东西都仔细登记在案,最后总计装满了780个箱子,其中766个箱子装图书、报纸和其他印刷品。[25]

1940年10月,这些东西被运到巴黎北部的拉沙佩勒(La Chapelle),装上了去往德国的火车。这一次罗森堡特别任务小组不得不和另一个组织,即"柏林-达勒姆出版办公室"(Publikationsstelle Berlin-Dahlem)分赃,它是专门从事东方研究的普鲁士国家档案馆底下的一个部门。[26]1933年之前该部门已经存在,但是它现在的目的是推动德国向东扩张。波兰图书馆的大多数藏书都流入柏林-达勒姆图书馆。

强盗们也没有放过乌克兰彼得留拉图书馆。1941年1月,该图书馆的图书和档案资料在三天之内就被一扫而空,打包运到布鲁耶尔街的分拣中心,那里曾经是全球犹太人联盟的总部。

纳粹一开始是打算把彼得留拉图书馆的藏书送到柏林的帝国中央

安全局，但是对藏书进行评估后，发现它们与情报工作无关，于是把这些书移交给了罗森堡特别任务小组。罗森堡把这些书留在了在他的领导下成立于柏林的新图书馆——东方图书馆（Ostbücherei）。它是一个隶属于"罗森堡处"的研究型图书馆，一般来说收集与布尔什维主义、俄国和东欧有关的材料。屠格涅夫图书馆的藏书最后也成为东方图书馆的一部分。这些来自"西方"的流亡者藏书成为该馆馆藏的基础，而在入侵苏联后，馆藏又开始成倍增长。[27]

历史学家格瑞姆斯泰德认为，纳粹侵占巴黎的流亡者图书馆是在为入侵苏联做准备，早在1940年侵略工作已秘密进行。这些图书馆被看作能为即将发动的战争提供宝贵的情报。[28]

* * *

卡普兰起身，拄着拐杖走到一个灰色的金属橱柜前，打开柜子的磨砂玻璃门，伸手用指尖在里面的书脊上滑动。一见之下，我惊诧不已，那些书竟破烂不堪。一些书脊已经开裂，装订松散，线头散落在外。有些书的状况非常糟糕，仅仅因为相互挤在书架上，所以没有散架。这些书既不古老，也不珍贵，但它们度过了艰难的岁月——它们是书中的流亡者，其中一些战前和难民一起从俄国来到巴黎，不久回到东方，六十多年后又返回巴黎的家。

至于卡普兰，她是在第二次世界大战后的第三次俄国移民浪潮中来到巴黎的，当时她家离开了即将陷落在铁幕之中的东欧。直到1980年代末，在苏共进行"新思维"改革之后，她才得以重返故国。那时她已为屠格涅夫图书馆做事，十五年前退休后，更是成为图书馆的守护人。

"战争结束后，什么也没有留下。所有的一切都被偷走，因此人家不允许我们留在科尔伯特饭店，我的意思是没有书需要保存。但是随后我们慢慢开始重新收集图书，到1950年代末就在这栋市政府建的公寓里开办了这座图书馆。"卡普兰告诉我。

屠格涅夫图书馆的馆藏一直未能恢复到战前的水平，但它一复建就承担起一个与祖国相关，却又独立或对立的文学天地的角色。冷战期间，该图书馆再次收藏被苏联列入黑名单的俄国作家的作品。如今，这家图书馆与俄罗斯毫无关系，只仰赖巴黎市每年微薄的拨款存活。

"这笔钱足够付房租、购买少量图书，但我们图书馆一直很穷，在这儿上班的人常常白干。这是文化的一部分。我想今后我们能生存下去，毕竟大多数时候我们都挺过来了。"卡普兰用她那带着俄国口音的法语，含笑对我说道。

她走回到灰色的金属橱柜前。架子上的破书看上去不多，但它们对卡普兰而言具有特殊的价值。这些书，准确地说有112本，是原屠格涅夫图书馆消失的10万册图书中唯一归还的一批书。她抽出一本浅灰色的书，翻到扉页，看得出这本书原先为黑色。我看不懂斯拉夫语的书名，但图书馆的印章上有法文和圣宠谷大街旧址。

"有谣言说德国人窃据这所图书馆是为了把它送给斯大林，作为表达友情的礼物，那时德国和苏联还是盟友。但事实根本不是这样。罗森堡对这家图书馆的兴趣非常浓厚，毕竟他会说俄语，而且在莫斯科读过书，所以他们要夺取它。"

9 消失的图书馆：
罗马

书目中心（Centro Bibliografico）空气清凉，我跟着图书管理员吉赛尔·莱维（Gisèle Lèvy）下楼，来到一个四面为白色水泥墙的房间。莱维是个性格开朗的女性，顶着一头蓬松的卷发。我甚至还没有步入房间，就已经闻到老图书馆独特的气息：干燥的皮革、牛皮纸、墨水散发的气息。书架上是一本本厚实的深褐色皮革封面精装书，令我联想起盘曲交结的老树干。泛黄的羊皮纸带夹杂于书籍之间，犹如古老的白桦树。一些书似乎已历经一个世纪的崩坏——书脊的装订慢慢脱落，线头像干巴巴的带子一样露在外面，皮革层层开裂、破碎。每一本书的破损都不一样。同一时期印刷的书籍也有不同的损毁，有些书破得可怜巴巴，而有一些书旧得古色古香。

书目中心在罗马台伯河西岸一幢 18 世纪的房子内，离西斯托桥（Ponte Sisto）不远，是"意大利犹太人社区联盟"（Unione delle Comunità Ebraiche Italiane）的文化中心。要进入中心，我必须先通过一道道上锁的门，这些门差不多起了防盗门的作用。对此我已司空见惯，此次旅行中，我造访的每一个犹太人中心、会堂、图书馆和博物馆都有类似的安防系统：监控摄像头、闸门、狐疑的眼神与盘问。例行的安全措施有时有点儿像机场的那一套，有金属探测器、X 光扫描机，检查随身携带的包，有时甚至搜身。欧洲的犹太机构俨然已成堡垒。这一点让人不愉快地想起历史的连续性。罗马的犹太区就在离此处不远的台伯河对岸。它始建于 16 世纪，当时占地面积很小，不足 7 英亩。四周高墙环绕，罗马的犹太人就住在里面。他们只准白天外出，但天色一黑，在犹太区的大门上锁之前必须回去。这项规定实施了 300 多年，直到 19 世纪末才取消。莱维站在书目中心的地下室，想从书架上找一本书。

"找到了。"她说。

她拿出的不是一本醒目的大书，而是和她的手掌一样大小的羊皮纸书。她小心翼翼地打开书，书页发出轻微的窸窣声。书的中间缺了整整一章，似乎被咬了一大口。"很可能是被老鼠吃掉的，老鼠喜欢咬书。我每次去老图书馆都会看到老鼠四处逃窜，于是我也逃窜。"莱维大笑着说。

"这是一本《塔纳赫》，犹太人的'圣经'，1680 年在阿姆斯特丹印刷。对这本书我们了解不多，只知道它属于一个叫作芬奇（Finzi）的家庭，他们曾经住在佛罗伦斯。"说着莱维让我看书的内封面，上面用墨水写着"Finzi"和"Firenze"*。

这本老鼠咬过的小书有点神秘。十年前它出现在法兰克福城外的小镇洪根，之后回到罗马。战争结束后，这本书落到了洪根镇唯一的犹太人幸存者耶利米亚·奥本海姆（Jeremias Oppenheim）手中。2005 年，在汉诺威一个关于被掠财产的会议上，该书被交给一名意大利代表。至于它如何到奥本海姆手中，至今不得而知。

"你看这儿的印章。"莱维一边说，一边让我看书脊上一枚华丽的小印章，它已经褪色泛黄，并写着意大利语的"意大利拉比学院图书馆"（Biblioteca del Collegio Rabbinico Italiano）。

犹太圣会把他们的文字和文学遗产保存在书目中心。最珍贵的藏品来自于意大利拉比学院图书馆，它属于 1829 年成立的一个拉比学院。[1] 该学院是意大利最古老的拉比学院之一，现在仍在招生，尽管学生已不如以前多。

---

* 佛罗伦萨的意大利文名称。——译者注

"学生屈指可数。他们白天去上普通学校，放学后或者周末才来这里。"拉比学院图书馆收藏了自16世纪以来的大量犹太作品，包括著名的犹太裔意大利印刷商如桑西诺（Soncino）、德加拉（De Gara）、布拉加丁（Bragadin）、邦伯格（Bomberg）、温德拉敏（Vendramin）等出版的书籍。除此之外也有犹太文化中心如阿姆斯特丹、法兰克福、塞萨洛尼基和维尔纽斯（Vilnius）等地其他出版商出版的犹太书籍。莱维让我看一个书架上一套厚实的十卷本《塔木德》，时光已经让淡褐色的皮革封面斑驳如大理石。"这是非常珍稀的版本，来自巴塞尔（Basel），1580年印刷。"她告诉我。

书目中心的历史藏书有8,500册，其中一些来自意大利各地的小型犹太圣会。19世纪意大利统一，犹太人可以自由迁往威尼斯、佛罗伦萨或罗马等城市时，这些圣会消失了。莱维又带我看了好几个摆放这类书籍的书架，这些书来自比萨、锡耶纳（Sienna）和皮蒂利亚诺（Pitigliano）。后者是托斯卡纳（Tuscany）的一个小镇，曾经因为繁华的犹太人社区而有"小耶路撒冷"之称。

书目中心的藏书诉说着意大利犹太人的故事，这个故事不仅写在书页上，也留在外部世界的痕迹里。

莱维又从书架上抽出一本庞大的皮面书，翻开前扉页，上面密密麻麻的尽是墨水写的字词句、符号和涂鸦。虽然只是随手写写画画，却非常美丽——一层层的文字与标记。

"过去纸张很少，所以他们用书记笔记。这些名字中有一些是书的主人。书也当作日记本来用，你看这儿写着'吾儿上周成婚'。"莱维指着另一处潦草的字迹，说："这儿写着'吾孙今日受割礼'。"

在这本出版于1745年的书上，有比萨一个西班牙系犹太人家庭数代人留下的笔记。

"这本书是在阿姆斯特丹印刷的，意大利的西班牙系犹太人经常从那里买书。"

20世纪初，意大利拉比学院图书馆坐落于台伯河对岸朗格特维尔

老鼠咬噬过的小书《塔纳赫》,又称犹太人的"圣经"。21世纪初,该书重返罗马。尽管一再追查意大利犹太人社区图书馆的宝贵藏书,但依然不见其踪影。

大街（Lungotevere）一个犹太会堂的楼上，这座大会堂的巴比伦－叙利亚建筑风格在城市风光中很醒目。它是19世纪末为了纪念犹太区而建，是罗马的犹太人赢得自由的象征。不过在这座会堂里还有另一所图书馆，和拉比学院图书馆相比，它的历史更悠久，藏品更珍贵——它就是"犹太人社区图书馆"（Biblioteca della Comunità Israelitica），为罗马的犹太圣会所有，但在第二次世界大战期间消失得无影无踪。该馆藏书中包含了欧洲最古老的犹太圣会的文学、宗教和文化遗产，此外也有关于中世纪罗马犹太人精神生活与宗教生活的手稿——还有一大批古版书，包括西班牙系犹太人从西班牙购买的珍本图书。[2]

这是一个带有罗马犹太人文化印记的图书馆。和世界大多数犹太人不一样，罗马的犹太人既不属于西班牙系犹太人，也不是中欧和东欧的德系犹太人。一般认为，早在公元前161年，首批犹太人就来到罗马，他们是奉马加比起义领导人犹大·马加比（Judas Maccabeus）之命，来请求罗马支持他们反抗塞琉古帝国（Seleucid Empire）。在基督诞生之前，设有若干会堂的犹太人社区已经成形。

首批到罗马的犹太人中，有一些是在古典时期被当作奴隶带到这里的。该市的提图斯凯旋门上描绘了公元70年耶路撒冷和圣殿被毁之后战利品被带回来的情景。（陈雪霏译）

后来，罗马帝国的野心直指东地中海，占领了犹地亚（Judea），将其纳入帝国版图。在之后的数百年间，犹太人多次奋起反抗，但都悲惨收场。罗马统治者残酷镇压起义，毫无人性可言。

许多没有战死沙场的犹太人沦为奴隶，也有许多人选择离开饱受战争蹂躏的犹地亚，迁徙到罗马帝国的其他地区，或者流亡到东边的波斯。不久，留在犹地亚的犹太人就成了少数族裔，耶路撒冷被彻底铲平，在原址上新建起异教徒的罗马城市"爱利亚加比多连"（Aelia Capitolina），所有犹太人禁止入内。在犹太历史上，长达两千年的犹太人大流散被认为始于对犹太人的驱逐。但是学术研究表明，他们的流散是个漫长得多、也复杂得多的过程。犹地亚处于欧、亚、非之间的战略位置，致使数千年来该地区不断遭受埃及、亚述、巴比伦、波斯、希腊、罗马、阿拉伯和土耳其军队的侵略。在这个满目战争疮痍的地区，居民们的迁徙、流散历时已久。[3]

早期的罗马犹太人社区发展壮大起来。其他圣会也在意大利各地涌现，成员多为获得自由的奴隶。在中世纪鼎盛时期，尤其是通过与在西班牙的西班牙系犹太人接触，意大利的犹太人发展了丰富的文学艺术。犹太裔阿拉伯思想家的译著也对基督教文化产生了巨大的影响，其中最重要的人物之一为迈蒙尼德，他常被尊为中世纪影响最深远的哲学家。迈蒙尼德竭力证明亚里士多德的哲学能与犹太人的信仰相契合，其观点深深地影响了神学家托马斯·阿奎那（Thomas Aquinas），他也试图把亚里士多德的哲学体系和基督教信仰相融合。[4]

与此同时，在中世纪全盛时期，天主教会逐渐形成了压制、反对犹太人的政策。在其中起主导作用的是教皇英诺森三世（Innocent III），他是最有权势、最有影响力的教皇之一，曾发动第四次十字军东征，并在欧洲残酷地迫害"异教徒"。1215年，他召开了中世纪最重要的教会会议之一，第四次拉特兰会议，修订教会法。会议决议，犹太人不得担任公职，因为他们有罪于基督，因此不适合代表基督徒做决定。犹太人还必须穿迥异于基督徒的服装。后来的一次会议又规定，犹太人必须在胸前佩戴一块半个手掌宽的布徽记。700年后，纳粹强迫犹太人佩戴黄色六芒星，其源头实在于1215年教皇英诺森三世颁布的法令。[5]

英诺森三世的继任者们，包括其侄教皇格列高利九世（Gregory IX），执行相同的路线。1234年，格列高利九世主张"永恒奴役犹太人"，严禁犹太人从事任何政治活动，让他们成为政治上的奴隶，直到审判日来临。他的主张从原则上剥夺了犹太人发挥社会影响的一切机会，直到19世纪。格列高利九世正式设立了宗教裁判所，主要是为了打压卡特里派*等教派，当然也包括犹太人。[6]

16世纪，成千上万来自西班牙、葡萄牙的西班牙系犹太人到意大利和梵蒂冈寻求庇护。因为当时的教皇比较宽容，一开始他们被欣然接纳。许多流亡者是翻译家、诗人和教师——包括历史学家阿斯奎，阿姆斯特丹那本留有弹孔的书的作者。教皇利奥十世（Leo X）允许意大利的犹太人印刷《塔木德》，但罗马的犹太人社区不过暂缓一口气而已。到16世纪中叶，天主教会掀起了反宗教改革运动，试图捍卫真正的信仰，反对异端的新教。精神防卫战催生了不容异己的宗教氛围，它也剑指犹太教。

犹太文化首先遭到攻击。在16世纪初的意大利，犹太文化已盛极一时，有不少犹太图书出版商。就在1553年的犹太新年，即9月9日这一天，教皇下令没收并烧毁所有版本的《塔木德》和相关书籍。在一份教皇诏书中，《塔木德》被指亵渎了基督教信仰。宗教裁判所还在罗马的鲜花广场（Campo de'Fiori），把从罗马犹太人家庭没收的书籍和著作堆成一大堆，付之一炬。费拉拉（Ferrara）、佛罗伦萨、威尼斯等犹太人印刷业中心也发生了焚书事件，数千种版本的《塔木德》被火苗吞噬。数百年之内，罗马没有再印刷出版希伯来文书籍。[7]

---

* Catharism，又译作纯洁派或纯净派，是中世纪流传于欧洲地中海沿岸各国的基督教"异端"教派之一。——译者注

犹太文献遭到了宗教裁判所审查制度的刁难，在书目中心的地下室还能看到由此留下的遗影。莱维拿出一本书给我看，里面的一些内容已被宗教裁判所删掉。"例如，如果书里说'我们的上帝是唯一的上帝'，这句话会被删掉。任何可能被认为批评天主教会的话都不能写。宗教裁判所的检查员自己不一定懂希伯来语，但他们让被迫改信天主教的拉比来检查，因此很多时候是'犹太人'审查其他犹太人。真让人悲哀。"莱维对我解释。

图书馆里的其他书也留有遭受钳制的痕迹。莱维拿出一本羊皮纸装订的书，书页外缘的红色已几不可辨，但我立刻注意到的是白色封面上两行手写的文字。

"意大利发生过非常多的大屠杀，尤其是在中世纪，当时许多犹太会堂被洗劫、焚烧。这时的羊皮纸非常昂贵，因此犹太人写在羊皮纸上的著作被盗卖给教会，教会又用来书写或装订。"莱维解释。这种做法相当恶劣，因为他们经常用《摩西五经》经卷。"《摩西五经》是神圣的，犹太人永远不会把它丢掉。如果书破了，也会恭恭敬敬地把书埋起来。因此，犹太人一遭到迫害，当务之急就是抢救他们的《摩西五经》，这几乎就像抢救生命一样重要。"

据莱维介绍，在博洛尼亚（Bologna）、帕尔马（Parma）、费拉拉、拉文那（Ravenna）一带的老图书馆，还能看到用羊皮纸装订的书籍上依然留有鲜明的希伯来文书写的痕迹。"这些书对我们而言非常宝贵，因为一张张再利用的羊皮纸保存了遗失的文化碎片。有时你会发现有些书用的是同一来源的羊皮纸，你就会开始收集这些纸，想找出它们的源头，又是谁写下那些文字。"摆在我们面前的羊皮纸上的文字既有希伯来文，也有西班牙系犹太人使用的方言"拉迪诺语"（Ladino）。"经常能看到西班牙系犹太人这样书写，希伯来文在风格上和阿拉伯语非常接近。"莱维边说边用手指划过那些文句。

1553年的焚书事件发生仅两年之后，又一场灾难降落到罗马的犹太人身上。教皇保禄四世（Paul IV）颁布了名为"鉴于如此荒谬"*的诏书，剥夺了犹太人的权利。按照保禄四世的说法，让犹太人——他们因自身的罪孽被判"永受奴役"——与基督徒混居杂处，并享有相同的权利是"荒谬"的，必须让犹太人知道，他们"因其所作所为沦为奴隶"。[8]

犹太人被剥夺了拥有财产的权利，而且只能从事不需要技能的工作，如收破烂、开当铺、卖鱼。犹太男人要戴黄色的尖顶帽子，女性必须披上黄色披肩。犹太人不得聚餐、娱乐，也不得以任何方式与基督徒来往。在安息日，也就是每周六，犹太人必须去教堂听天主教徒布道，其目的是鼓励犹太人改宗。

"鉴于如此荒谬"诏书在罗马划定了犹太区**，地方就在屋大维娅门廊（Portico di Ottavia）和台伯河岸之间，那里经常洪水泛滥。卫生问题和空间的狭小使此地瘟疫频发，1656年黑死病暴发时，大约四分之一的犹太居民惨死。[9] 每天入夜后就从外面上锁的罗马犹太区，实际就是一个大监狱。

随着拿破仑挺进意大利，意大利的犹太人才开始踏上解放之路。法国大革命期间，犹太人有史以来首次被赋予公民的平等权利。拿破仑在整个欧洲大陆推行"激进的政策"，取缔犹太区，取消所有限制，并给予犹太教和基督教同等的地位。他甚至要求教皇放弃一切世俗权力。

但是这些自由随拿破仑而来，又随他而去。教皇庇护七世（Pius VII）一复位就把城里的犹太人锁在犹太区，并且恢复了宗教裁判所。

---

* Cum nimis absurdum，相当于英文 Since it is absurd。——译者注
** Ghetto，也译为"隔都"。据学者介绍，在"隔都"被发明并强制推广之前，各地的犹太区有许多种不同的称呼，在法国南部称为"犹太采石场"（Juiverie），在德国则被称为"犹太胡同"（Judengasse）或"犹太城"（Judenstadt），葡萄牙为"犹太街"（Judiaria），普罗旺斯为"犹太城"（Carriera），等等。详见艾仁贵：《犹太"隔都"起源考》，《史林》2011（05）。——译者注

不过，随着 19 世纪自由、社会和民主运动的发展，时代没有站到教皇国这一边。中世纪的犹太区制度、种种限制以及奴隶制在欧洲各地土崩瓦解。在 1848 年的革命中，欧洲的许多犹太人重新获得权益。即便是意大利的城邦也取消了对犹太人的限制，废除了犹太人区。教皇国抵制时代的发展，直到最后一刻。1870 年，意大利军队攻入罗马城，教皇国灭亡，自由降临。事实上，在纳粹重新设立犹太区，并把中世纪的种种限制再度强加于犹太人之前，罗马的犹太区是欧洲最后的"隔都"。

19 世纪晚期，犹太区的围墙和附近大多数破旧的区域一起被拆除。不过，一个文学宝库从被拆的犹太区抢救了出来，几百年来它竟然躲过了宗教裁判所的查抄和烈焰焚烧的灾难。

从犹太区的会堂、学校和住宅收集了一批堪称无价之宝的犹太著作、手稿和书籍，它们为犹太人社区图书馆奠定了基础。[10] 这个独一无二的图书馆见证了罗马犹太人的血泪史。意大利的犹太人不仅是欧洲最古老的犹太社区的文化继承人，他们还在隔绝中发展出自己的方言，一种几乎自成一格的语言：源于中世纪的犹太－罗马语（Giudeo-Romanesco），即拉迪诺语。[11]

除了犹太裔研究人员以赛亚·桑恩（Isaiah Sonne）曾于 1934 年为其中一小部分比较珍贵的文本编制过目录，犹太人社区图书馆从未做过完整的书目。不过，第二次世界大战爆发之前，该馆的藏书已近 7,000 册，包括其他任何地方都没有的手稿和书籍。也有古版书和 16 世纪意大利印刷出版的书籍，其中有一套珍本，21 卷本《塔木德》，由曾被教皇查禁的桑西诺出版社出版。[12] 还有其他著名犹太印刷商如邦伯格、布拉加丁出版的图书，以及中世纪犹太诗人、拉比和医生列蒂（Moses Rieti）的手稿——他是 15 世纪教皇庇护二世的私人医生。除 14 世纪的医学和天文学手稿以外，另有西班牙系犹太人从西班牙购买的图书，包括一部 1494 年葡萄牙印刷的古版书。

犹太人社区图书馆是犹太人在罗马生存两千年留下来的文学遗迹，

这份遗产,不仅诉说着罗马城里犹太人的历史,也讲述着基督教的发端。正如罗伯特·卡茨(Robert Katz)在其著作《黑色安息日》(*Black Sabbath*)中所述:"在已知的材料中,有基督诞生前、恺撒、诸皇和早期教皇时期的孤本图书与手稿,还有中世纪的版画、最早的印刷机印刷的书籍,以及世世代代传承下来的文献与文件。"[13]

* * *

达里奥·泰德斯基(Dario Tedeschi)把手窝在耳朵后,用一副询问的表情看着我。我又试了一次,一个音节一个音节慢慢地说。他垂头丧气地摇了摇头。他穿着一件浆洗得笔挺的白衬衫,两只袖子卷到了肘部。通过窗户,能看到罗马城的大学建筑物。我们坐在泰德斯基的律师事务所办公室,这里宽敞明亮、家具不多。我不确定年近八十的泰德斯基是听不见我说话,或只是听不懂我说的英语。大概二者都有一点吧。最后他递给我一支钢笔,于是这场访谈变得有点古怪,我把问题写在纸片上,他先细看几分钟,然后开始回答。

"犹太人社区图书馆有无比重要、珍贵的书籍。我们认为它是意大利最重要的犹太图书馆,也许甚至冠绝世界。"泰德斯基说,同时把《1943年罗马犹太人社区失窃书目遗产恢复委员会活动报告》放在桌上,该书是意大利政府调查犹太人失窃财产的结果。正如1990年代末的许多欧洲国家,意大利也成立了一个公共委员会调查第二次世界大战期间意大利犹太人被劫掠的财产。泰德斯基是该委员会的委员,也是敦促大家特别关注犹太人社区图书馆的消失的人之一。"我个人对这件事很感兴趣,因为我自己就是罗马的犹太人,我的祖父母都死于大屠杀。不仅罗马的犹太圣会对这个图书馆有兴趣,整个意大利都是如此。"泰德斯基说。

在那以前,人们对该图书馆藏书的失踪几乎一无所知。虽然战后尝试过寻找,但都一无所获。迟至2002年,在犹太圣会施压后,成立了一个特别委员会，负责寻找犹太人社区图书馆藏书。该馆被认为"对整个意大利的文化遗产具有不可估量的价值"。[14]

泰德斯基时任意大利犹太人社区联盟主席，被推选来领导调查。调查委员会的成员包括历史学家、档案学家和公务员，经过若干年的调查，他们发现了藏书神秘失踪的许多新线索。

"我们找到了一些文件，证实是罗森堡特别任务小组偷走了藏书。但奇怪的是，他们显然偷了两个而不是一个图书馆，他们也洗劫了意大利拉比学院图书馆，但为什么只归还了一个图书馆的藏品？这是我们想回答的问题。"泰德斯基告诉我。

在罗马犹太人的漫漫长史中，书籍被劫夺以及背后的因素是又一场悲剧。1922年墨索里尼和他的国家纳粹党上台时，表面并没有迹象表明他们持反犹太立场。恰恰相反，墨索里尼政权获得了许多意大利犹太人的支持，甚至党内一些最高级的领导人就是犹太人，如财政部长基多·荣格（Guido Jung）。[15]但是在法西斯运动中也有浓厚的种族思想。直到1930年代末希特勒和墨索里尼结盟，组成轴心国，意大利才开始公开反犹。1938年，法西斯分子效仿《纽伦堡法》制定了种族法，禁止犹太人担任公职、与"非犹太人"通婚，等等。[16]

1940年意大利参战后，对犹太人的迫害变本加厉。纳粹德国对意大利施加压力，要求他们解决"犹太人问题"，甚至提出愿意亲自动手——只要意大利法西斯分子把意大利的犹太人塞进火车，送到北方。

虽然反犹主义甚嚣尘上，但是意大利普通公众中的许多团体、军队，甚至一些法西斯党人，却厌恶德国的种族政治。尽管面对德国的压力，但是意大利军队拒绝参与种族大屠杀。1941—1943年间，成千上万名犹太人在南斯拉夫、希腊和法国东南部的意大利占领区寻得庇护，那里暂时比在德国领土更安全。意大利政府还把四千名犹太人疏散到意大利南部，他们在当地安然度过了烽火岁月。

1943年7月墨索里尼的倒台决定了意大利犹太人的命运。同月，盟军在西西里岛登陆，意大利人对其领袖的信心以及作战的欲望消磨殆尽。9月份意大利向盟国投降后,对意大利久已心存疑虑的纳粹德国立即发动进攻。墨索里尼获释后再度执政,但他不过是占领者的傀儡而已。[17] 德国的入侵彻底改变了43,000名犹太人的处境,他们在德国占领者的管辖之下走向死亡。

1943年9月底,新近被任命为罗马秘密警察头子的赫伯特·卡普勒（Herbert Kappler）把罗马的犹太领袖集中在一起,向他们保证,只要他们在6小时之内凑齐55公斤黄金作为赎金,就不会驱逐生活在罗马城的12,000名犹太人。数千名犹太人涌至犹太会堂,献出他们的耳环、婚戒、项链和其他金器。犹太人在期限内把索取的黄金上交给了位于维亚塔索（Via Tasso）街的党卫队司令部,但实际上这样的敲诈勒索不过是一个骗局,驱逐令早已秘密送达。[18]

交完赎金的第二天,大约二十名党卫队员突然袭击位于朗格特维尔的犹太会堂,仔细搜查了会堂的财产,没收了它的档案和其他东西,包括一本写有罗马城犹太人姓名和住址的登记册。几天后,两名罗森堡特别任务小组的人员到犹太会堂检查意大利拉比学院图书馆和犹太人社区图书馆。[19] 之前罗森堡特别任务小组已成立一个名为"意大利特遣队"（Sonderkommando Italien）的特别小组,负责在意大利的行动。来到犹太会堂的人当中有法兰克福犹太问题研究所犹太部的坡尔,去年正是这个坡尔对生命之树图书馆和阿姆斯特丹的罗森塔尔图书馆做了评估。[20] 数日之后更多罗森堡特别任务小组的成员来到会堂,开始对藏品进行估价。

后来有位事件的目击者,犹太裔记者、文学评论家贾科莫·德贝内德特（Giacomo Debenedetti）描述那几日发生的事情如下:

> 一个德国军官仔细检查藏书,仿佛它们是精美的刺绣品。他爱抚着莎草纸和古版书,翻动手稿和珍本书籍。他对书籍的呵护与关注程度和它们的价值成正比。这些著作大多已字迹模糊,但他一打开书本就目不转睛,双眼圆睁,闪闪发亮,

就像一个熟谙某个主题的读者，知道如何寻找想看的段落，或几行有启发性的句子。在他优雅的双手中，这些古老的书籍似乎在诉说，它们正在经受一场不流血的折磨。[21]

会堂的干事罗西娜·索拉妮（Rosina Sorani）是另一名目击者。检查完两批藏书后，这名之前抚摸过古版书的军官告诉索拉妮，他们要没收所有藏书，几日之内把它们运走。她在日记里写道，他还威胁她说"一切都要保持原样，否则，我要付出生命的代价"。[22]

犹太圣会想要拯救这家图书馆，绝望中他们向意大利的法西斯党求助，但无济于事。新的法西斯政权披着德国的外衣，其反犹一派已进入领导层。

1943年10月13日晨，两辆早已停在罗马城电车轨道上的德国大电车驶向台伯河畔的犹太会堂。索拉妮和她的同事们冒着生命危险，迅速地把一些最贵重的物品藏了起来，与宗教有关的金银手工艺品藏到了墙里，而一些特别珍贵的手稿偷偷地运到了附近的凡里斯丽安娜图书馆（Biblioteca Vallicelliana）。第二天一大早，罗森堡特别任务小组的人和一群工人来了，他们用一整天的时间装满了两辆货车，之后销声匿迹。数月后的1943年12月，它们再次回来运走剩下的东西，主要是意大利拉比学院图书馆的藏品。

幸运的是，德国人没有找到藏起来的物品，但罗马的犹太人也没有时间为此庆幸或者为失去藏书而悲伤。在党卫队一级突击大队长卡普勒的命令之下，其他的电车已经抵达。就在第一次从犹太会堂掠书的两天之后，即10月16日安息日的清晨，卡普勒的手下突袭了罗马的数百个犹太家庭。一千多人被监禁，大多数为妇孺。他们被带到离梵蒂冈和圣彼得大教堂仅几个街区之遥的军事学院，周末也关在那里。一名孕妇不得不在学院外的院子里生孩子，因为看守们拒绝送她去医院。周一这些犯人就被装上货运列车，运到奥斯维辛-比克瑙集中营，最后仅有一小部分人活了下来。[23]

罗马书目中心收藏的一本 1745 年的书，上有比萨一个西班牙系犹太人家庭数代人留下的注记。

教皇庇护十二世对这样的迫害不闻不问,也没有提出正式的抗议。教皇在德国占领期间的角色依然是个有争议的问题,但是极有可能他不敢拿自己和轴心国的关系去冒险,因为这可能会破坏梵蒂冈的中立。[24]

不过,纳粹遭到了意大利社会其他人士的抵制。罗马的警察拒绝参与搜查犹太人,罗马的众多平民百姓打开家门收留逃亡的犹太人。因为神父、修女个人施以援手,许多犹太人也在修道院、教堂和其他天主教机构找到了避难所。尽管纳粹奖赏那些告发犹太人藏身之处的人,但卡普勒的部队只抓住了另外800名犹太人。数千犹太人躲藏在罗马,直到1944年6月罗马解放。

1947年3月,拉比学院图书馆的藏书用火车从德国运回,正如当初用火车运走。在2005年那本被老鼠咬噬过的犹太"圣经"归还之前,人们一直以为所有藏书已于1947年物归原主。泰德斯基及其委员会在工作过程中不得不重新评估的也是这样的猜想。"这事完全出乎我们的意料,"泰德斯基告诉我,"但它也证明战后并不是所有东西都已归还。我们知道的是,拉比学院图书馆的藏书被送到了法兰克福,战后就是在那里找到了它们。但是在从罗马到德国的途中,犹太人社区图书馆的书籍又去了别的地方。"

拉比学院图书馆的藏书被送到了坡尔负责的法兰克福犹太问题研究所犹太文学部。问题来了,为什么犹太圣会的图书没有送到同一个地方?泰德斯基的委员会花了七年时间试图找出答案,但即使他们查遍了几大洲的档案馆、图书馆和藏书,这批藏书的命运依然被裹在浓重的历史迷雾中。

在此过程中,他们找到了一部分过去遗失的东西,例如,他们在耶路撒冷国家图书馆发现了桑恩于1934年编制的藏书目录。"我联络了在耶路撒冷国家图书馆工作的一位朋友。某天他寄来一张照片,上面是他在图书馆里找到的一本书。它看上去像一本期刊,像是用意大利语记录了一些书的整理工作。我认出了他的笔迹。朋友又寄来更多的照片，这时我才醒悟原来那是一本图书目录。"莱维说。她也参与寻找这批藏书。还有两部盖有图书馆印戳的手稿是在纽约的犹太神学院找到的，该学院在 1960 年代购买了手稿，但已解释不清如何购得。有传闻说在其他藏书里也见到过该图书馆的印章，但一直未得到证实。

2009 年，委员会递交了最后的报告，结论是 1943 年 10 月、12 月从犹太会堂劫掠的书籍很有可能走了不同的路线。12 月的火车抵达法兰克福研究所时，10 月份装载犹太人社区图书馆藏书的火车有可能继续驶往柏林。但这些结论都只是猜测，涉及罗森堡特别任务小组意大利行动的函件已毁于 1943 年 11 月的柏林空袭。不过，如果泰德斯基的委员会是正确的，那么它能解释这批藏书为何会消失。运往法兰克福和运往柏林的图书，命运完全不同。

10 民族的碎片：
塞萨洛尼基

一场激烈的暴雨把砖头染成深红色。罗马皇帝伽列里乌斯（Galerius）的宫殿遗址占据了希腊港口城市塞萨洛尼基的一整个街区。如今，这片罗马废墟已成为一座优美的户外博物馆。建于公元300年的宫殿坼裂洞开，一眼可见皇帝的浴室和御花园。在直径为30码的空旷的国王宝座厅，至今仍有美丽的大理石地板。整个宫殿群中保存最好的是几乎完好无损的圆形建筑，它由砖头砌成，墙壁厚达19英尺，挺过了两千年的战争、风雨和地震。

起初该大厅是异教徒的圣庙，但是后来君士坦丁大帝把它变成了全世界最早的教堂之一。一千年后，奥斯曼人又把圆形建筑改成清真寺，16世纪兴建的尖塔迄今依然耸立。圆形建筑见证了塞萨洛尼基充满了文化与宗教多样性的漫长历史：这是一个欧亚交界处的港口城市，带有不同统治者如希腊人、罗马人、拜占庭人和土耳其人的印记。他们用纪念碑和废墟烙印于塞萨洛尼基。但是另有一个文化却几乎无迹可寻，虽然从16世纪开始它统治这个城市长达四百年之久。

这个被抹去的文化，如今已很难找到它留下的痕迹。旅游指南中没有关于它们的线索或细节，但是如果你知道去哪儿看，它们就在那里。离辉煌的伽列里乌斯宫殿废墟不远的地方有一幢不引人注目的建筑，广场的角落里有一个肮脏、灰头土脸的助动车车库，它的墙壁和屋顶满是涂鸦。就在车库的后面，有一堵黑色石板砌成的墙，高仅及膝。墙体上嵌着一块大理石,尽管已被风蚀,污迹斑斑,但仍能看出上面的树叶浮雕。距其不远的另一边有另一块大理石,看起来似乎曾为科林斯式圆柱的底部。我在矮墙伸向大街的那一头发现了一块更有故事的石头——一块 8 英寸高的大理石碑,还能依稀辨认出镌刻在石碑的字母不是拉丁文,而是希伯来文。这块石碑来自一座被砸碎的犹太人墓碑,是直到最近还存在的一个族群的残片。很有可能是在 1942 年 12 月某个寒冷的早晨,500 名希腊工人带着木槌、铁杆和炸药赶到离此处不远,在城市东墙外的古老的犹太人墓园,打碎了这块墓碑。[1]

通常认为塞萨洛尼基的犹太人墓园是欧洲规模最大的,占地面积达 86 英亩,差不多有 50 万个墓穴,年代最久远的可追溯至 15 世纪。塞萨洛尼基的希腊政客们长期以来一直想把这座墓园搬走,因为他们觉得它阻碍了塞萨洛尼基的发展,但是遭到了犹太人的反对。1941 年德军占领塞萨洛尼基后,希腊当局和纳粹采取了联合行动。经过几周系统的破坏后,诚如当时一位目击者所述,"巨大的墓园里散落着碎石瓦砾,活像一个惨遭轰炸或毁于火山爆发的城市"。[2]

美国驻伊斯坦布尔领事伯顿·贝瑞(Burton Berry)在报告中写道:"毁坏墓园的行动很仓促,以致没有几个犹太人能找到家人或亲属的遗骸,埋葬不久的尸骨被扔出去喂狗。"[3] 而据另一名目击者说:"情景令人震惊。人们在坟墓间跑来跑去,乞求破坏者放过他们亲人的遗骸,含泪收拾骸骨。"[4]

数十万块破碎的墓石和墓碑成了一个大理石采石场,接下来的若干年里建筑材料都来自那里。纳粹最早打这种病态的主意,他们用墓石造了一个游泳池。但是大多数石头的使用者是希腊人自己,他们用其修房屋、造厕所、建校园,甚至在港口造了一个帆船俱乐部。塞萨洛尼基剧院前的广场是用犹太人的墓石铺设的,甚至希腊正教会也想从这场大破坏中占点便宜:塞萨洛尼基城内外的 17 座教堂都曾向当局请求使用犹太人墓园的大理石。[5]

塞萨洛尼基被毁坏的犹太人墓园的墓碑残片。战争期间,该墓园被夷为平地,石头成为建筑材料,因此它成为该城被抹去的犹太人社区所剩无几的遗物之一。

如今，在塞萨洛尼基到处可见来自被毁墓园的破石块。大多数情况下这些石块的历史已随雨打风吹去，被磨灭或经刀砍斧削，但有时——如这堵岩墙，隐藏在破败助动车车库后面一个散发屎尿臭味的小巷子里——人们也不想掩盖它们的来源。这堵墙不是造于战时，而是1960年代，当时还有来自犹太人墓园的石头可用。

这些散落的断石残碑是塞萨洛尼基西班牙系犹太人的遗物，他们是数世纪来东地中海最大最富裕的犹太人社群。塞萨洛尼基曾名萨洛尼卡（Saloníki），曾是犹太人的知识中心，因拉比、学校、报纸和印刷商而名噪一时。但这座城市不限于此，实际上它还是世界上唯一一座犹太居民不是少数族裔的城市。

在此次旅程中，我第一次没有去参观图书馆，因为压根没有一家图书馆可去。经过抢劫、破坏、大屠杀，塞萨洛尼基留给后人的已经不多。1942年，城中生活着大约5万名犹太人，但只有几千人逃过一死。[6]

现在的塞萨洛尼基是一座彻头彻尾的希腊城市，不过城中仍有一些塞萨洛尼基西班牙系犹太人。直到后来几年它才试图再现城市里几乎被遗忘的犹太历史。21世纪初，塞萨洛尼基成立了犹太博物馆，以纪念这段失去的文化记忆。这是一个非常小的博物馆，建在古老的犹太区某条修复的街道上，馆舍就是一栋美丽的19、20世纪之交的房屋。博物馆一楼有一个房间，窗户朝向街道上的橘子树，里面坐着的就是博物馆馆长艾瑞卡·佩拉西亚·泽茉尔（Erika Perahia Zemour）。我看到她时，她正烦躁不安，因为她刚发现新建的犹太人墓园纪念碑上有一处错误的铭文。

"我真是气坏了！我们花了七十多年的时间才建好这座纪念碑，这样人们就会知道以前这里是什么。结果居然出错了，真难以置信！牌子上说是德国人摧毁了墓园，把那里的石头当建筑材料用，完全错了。是希腊人捣毁了墓地，用掉了大多数石材。这里的人都这么认为。"泽茉尔用双眼盯着我看，同时吸了一口鲜红的电子香烟。

博物馆的工作人员收集了一些遗失的物品，如未遭破坏的墓石、照片、用于仪式的手工艺品，以及一些躲过了大屠杀的图书，不过藏品并不丰富。在塞萨洛尼基，被抢劫的东西大多永远不会再回来。

"塞萨洛尼基是东地中海一带犹太人的学习与传播中心，奥斯曼帝国最早的一些印刷厂就是由西班牙系犹太人开设在这里，甚至帝国最早印行的报纸也在这里诞生。"泽茉尔告诉我。塞萨洛尼基有别于其他大型犹太人聚居区的地方是，这里的犹太人能自行管理自己的事务，其自由度独一无二。"西班牙系犹太人逃离西班牙后，这里是欧洲唯一真正欢迎他们的地方。欧洲其他地方的犹太人为了躲避迫害，也来到这里。他们是这里的主体族群，所以会有安全感。这里没有犹太区，没有种种限制，塞萨洛尼基的犹太人可以投身于他们选择的任何行业。这一点让这座城市与众不同。"泽茉尔对我说。

塞萨洛尼基开始成为著名的"犹太之母"，最早提出这个词的是马拉诺犹太人阿斯奎，16世纪时，他把塞萨洛尼基形容为犹太人的天堂，而欧洲其他地方是"我的人间地狱"。[7]

在古代，这里早有一个犹太人聚落，就连《新约》中使徒保罗所作的《哥林多前书》也提及塞萨洛尼基，书中他想劝城中的犹太人改宗，结果引发了一场暴乱。

1453年奥斯曼土耳其人攻陷君士坦丁堡后，苏丹穆罕默德二世强迫数千人迁往在君士坦丁堡的废墟上建立的新都城伊斯坦布尔，塞萨洛尼基的人口急剧减少。根据奥斯曼帝国的登记簿，1478年塞萨洛尼基连一个犹太人都没有。[8]然而1492年西班牙系犹太人被逐出西班牙时，苏丹对他们表示欢迎，认为这些受过良好教育的犹太人会为发展迅速的奥斯曼帝国带来财富。许多犹太翻译家、医生和银行家在朝廷供职，奥斯曼帝国的宽容益处多多，在当时已为人们公认。1550年代，法国地理学家尼古拉斯·德·尼古莱（Nicolas de Nicolay）造访伊斯坦布尔，写道：

[犹太人]教会了土耳其人各种各样的发明、手艺、武器，

如制造火炮、火绳枪、火药、炮弹和其他武器，这些对基督教世界非常不利。他们还装配那些国家前所未见的印刷机，把美妙的字母印成希腊语、拉丁语、意大利语、西班牙语和希伯来语等不同语言的各种轻巧的书籍，这对他们来说易如反掌。[9]

1492年，第一批西班牙系犹太人从马略卡岛（Majorca）来到塞萨洛尼基，不久其他人也从大陆、普罗旺斯、意大利和葡萄牙接踵而至。到1519年，成千上万的人来到此地时，犹太人已占多数。至16世纪初，塞萨洛尼基已有25座犹太会堂。[10] 西班牙系犹太人的影响如此之大，塞萨洛尼基甚至可以称作是西班牙系犹太人在希腊海岸的殖民地，他们的语言和文化在此地保存完好。

但是，即便犹太人在奥斯曼帝国比在基督教欧洲自由得多，他们也从未能和穆斯林平起平坐。奥斯曼帝国很少介入境内许多少数族裔的宗教问题。正如其他宗教团体，犹太人也被允许拥有自己的法庭。在塞萨洛尼基，一群有影响、有地位的拉比负责管理市民社会。拉比们裁决一切事宜，从财产的归属到通奸问题，他们会以复杂而无所不包的犹太律法书为依据，找出解决法律和道德纠纷的办法。一批批完整的图书馆藏书从西班牙进口，塞萨洛尼基的拉比们从阿姆斯特丹、威尼斯、克拉科夫、维尔纽斯等欧洲的犹太教育中心收集著述、手稿和书籍。1513年，塞萨洛尼基创办了第一家印刷厂，印制拉迪诺文和希伯来文图书。[11] 16世纪初，第一所研究《塔木德》的官办学校"塔木德塔拉犹太小学"成立，不久就享誉整个犹太世界。学校很快发展成一个大型的教育机构，拥有两百名教师，数千名学生，一个藏书丰富的图书馆和自己的印刷厂。

在塞萨洛尼基这座知识的温床，荟萃了犹太人的哲学、古典文学、阿拉伯的科学与意大利文艺复兴时期的人文主义。他们高水准的教育使塞萨洛尼基的拉比在整个欧洲大受欢迎。

该城的西班牙系犹太人社区是由15世纪后期从西班牙受驱逐来的犹太人建造的。直到第二次世界大战前夕，他们一直致力于保留该群体独特的文化和语言。（陈雪霏译）

塞萨洛尼基是东地中海最重要的港口之一，经济繁荣是其文化昌盛的先决条件。这座城市的黄金时代出现在16世纪，然后在接下来的数世纪里，它因为新贸易路线的出现、社群的宗教分化和奥斯曼帝国的逐渐瓦解，走向了衰落。不过，它依然是个文化熔炉，其核心是西班牙系犹太人的文化。在长达数世纪的时间里，塞萨洛尼基是世界最大的犹太城市。19世纪该城复兴，在奥斯曼帝国率先发展工业。但是，此时首当其冲的与其说是其宗教或文化身份，毋宁说是政治身份。西班牙系犹太人对于自由、身份和自治的强烈意识使他们有别于其他族群，并导致了19、20世纪之交政治的蓬勃发展，出现了强有力的工会，日报、政治组织和各种协会也不断壮大。许多犹太裔工人投身于社会主义或工团主义运动，犹太复国主义也在塞萨洛尼基吸引了众多追随者，第二次世界大战爆发前，塞萨洛尼基已有大约二十个犹太复国主义组织。

以色列开国元勋大卫·本-古里安（David Ben-Gurion）和其他许多人一样，年轻时也来塞萨洛尼基求学。作为一名东欧犹太人，本-古里安对在塞萨洛尼基看到的一切惊叹不已：那里的文化迥异于他所成长的环境。在塞萨洛尼基，犹太人不需要在同化和孤立之间做出选择，也可以自由地做他们喜欢的事情。在这儿，"犹太人能从事各种职业"，他在一封信中写道，接着又说："（它是）一个犹太人的城市，但它和世界上其他任何城市不同，甚至不同于以色列之地。"[12] 这对本-古里安是一个起决定作用的深刻见解。在塞萨洛尼基，他看到了犹太自由民的能力。对他而言，塞萨洛尼基的犹太人正是"新犹太人"的象征，犹太复国运动就是想塑造这样的犹太人。

泽茉尔把三份发黄的报纸摊在桌子上，其中一份为希伯来文，一份是法语，还有一份是拉迪诺语。它们都是塞萨洛尼基当地的报纸，证明了在上个世纪之初，塞萨洛尼基的政治生活处于火热状态。塞萨洛尼基的报纸比奥斯曼帝国的其他任何城市都多。博物馆现址过去曾是桌上其中一份报纸，法文《独立报》的总部。

"这份报纸，"泽茉尔指着另一份报纸说，"是用西班牙语撰写，但用的是希伯来字母。第二次世界大战前，这里大多数犹太人说的是拉迪诺语。"泽茉尔本人则属于人口仅有大约两百的少数族裔，也就是现今仍居住在塞萨洛尼基的西班牙系犹太人后裔。

1900年，由于城市的飞速工业化，塞萨洛尼基人口暴增，堪称文化与种族的大熔炉。当时生活在这座城市的犹太人有8万之多，约占城市人口的一半，此外尚有土耳其人、保加利亚人、亚美尼亚人和塞尔维亚人。它是巴尔干半岛最现代、工业化程度最高的城市，但同时也是奥斯曼帝国境内政治不稳定的区域。1941年，纳粹长驱直入塞萨洛尼基，标志着这座城市的西班牙系犹太人坠入了命运的谷底，此时，这个族群已遭受了一系列毁灭性的灾难，并在数百年来首次成为少数族裔。罗森堡的突击队也发现，城市里的许多著名图书馆已遭到破坏。

　　　　　　　　＊　　＊　　＊

　　1917年8月18日下午，塞萨洛尼基的土耳其区冒出一股黑烟。一个厨房的明火引燃了一堆干草，最终酿成了这场火灾。[13]在人口稠密的塞萨洛尼基市中心，火苗从这家蔓延到那一家。英国记者哈里·科林森·欧文（Harry Collinson Owen）描述说，一个个酒桶在大火中爆炸，把大海染成了红色，而城里的尖塔耸立在火焰中，犹如"一根根白色的针"。他看到的是"奇特而悲伤的景象，嚎啕大哭的人们。风扫过火苗，所到之处四分五裂的房屋崩塌委地。在狭窄的巷子里，许多马车和骡子拉着沉甸甸的物品缓慢移动"。[14]

　　港口边房屋鳞次栉比的老街受创最重，街上有许多犹太人的报社、学校，还有16座犹太会堂，其中的一些始建于16世纪初。5万名塞萨洛尼基的犹太人眼睁睁地看着他们的家、财产和生意在火焰中灰飞烟灭，甚至以典藏犹太历史而知名的前进（Kadima）图书馆也毁于大火。[15]

　　火灾造成的政治后果是西班牙系犹太人的另一场灾难。1913年，在巴尔干战争结束后，塞萨洛尼基被割让给希腊。按照希腊首相埃莱夫塞里奥斯·韦尼泽洛斯（Eleftherios Venizelos）的说法，1917年的大火来得就像是"神的干预，天赐好礼"。希腊政客们正好趁此机会在奥斯曼帝国和犹太人奠定的基础上，建设一个现代的希腊城市。[16]他们没收被烧毁的房屋，不允许已在此地居住了数百年的犹太家庭回来。成千上万的人不得不搬到城外的郊区或贫民区，城里的许多犹太人认为他们已失去塞萨洛尼基。1912—1940年间，数万名犹太人离开这座城市，移居法国、美国和巴勒斯坦。[17]

　　虽然古老的塞萨洛尼基大半已失，但是纳粹对这座"犹太城市"特别着迷。罗森堡依然视塞萨洛尼基为"最重要的犹太中心之一"，也是一个有较多"因世界主义和犹太人经济支持而产生的种族混乱"

的城市。[18] 尤为让纳粹研究人员吃惊的是,他们居然找不到记录说明城里曾有犹太隔都。

1941年希腊一向德军投降,罗森堡就从特别任务小组派出以犹太问题专家坡尔为首的一伙人赶往塞萨洛尼基。到1941年6月中旬,该组织已经在这座城市的美国领事馆原址上设立一个办公室。但是,罗森堡特别任务小组的行动不仅局限于塞萨洛尼基一地,而是覆盖整个巴尔干地区,因为数百年来在地中海的这个区域一直有规模较小的犹太人定居点。[19]

1941年5月至11月间,在保安处和国防军的武力支持下,罗森堡特别任务小组的大约30名学者与研究人员扫荡了希腊的犹太人社区。总计约有55个犹太会堂、学校、报社、书商和银行被洗劫,还有一些组织的材料被没收。罗森堡特别任务小组还进一步确定了大约60位"杰出的犹太人",去他们的宅邸搜查书籍、手稿和档案材料。[20]

在塞萨洛尼基,为了搜罗研究西班牙系犹太人的资料,纳粹更是大肆劫掠。最重要的是,纳粹对犹太人的经济网络和经商能力很感兴趣。受弗兰克领导的"犹太问题研究所"的委托——它隶属于他的国立新德国历史研究院,也是罗森堡"法兰克福犹太问题研究所"的竞争对手,研究者赫尔曼·凯伦本茨(Hermann Kellenbenz)撰写了关于西班牙系犹太人的研究报告。

自16世纪以来,塞萨洛尼基最显赫的犹太家族就将拥有一个图书馆视为身份地位的象征,数百年中诞生了许多图书馆和私人藏书。罗森堡特别任务小组没收的第一个图书馆原为约瑟夫·内哈马(Joseph Nehama)所有,他是历史学家和塞萨洛尼基全球犹太人联盟学校校长,收集了非常丰富的犹太史著作。内哈马是犹太圣会的领导之一,战前就已主张犹太人应该留在塞萨洛尼基。其他被劫掠的还有兹维·寇迪思(Zvi Kortezs)和迈克尔·莫霍洛(Michael Mohlo)的藏书,前者是大拉比,拥有上千册珍贵的阿拉伯和犹太哲学书籍,后者为历史学家,收集了许多犹太珍本图书。莫霍洛最重要的贡献之一是,1930年代他就已开始记录犹太人墓园的墓志铭——鉴于后来墓园被毁,这项工程的价值非同凡响。幸运的是,他的劳动果实竟然躲过了一劫。

250卷无比珍贵的《摩西五经》,以及大量的宗教文献、古版书和16世纪在塞萨洛尼基印刷的书籍,一起从城里的犹太会堂失窃。这批《摩西五经》中有一些可追溯至中世纪,它们随着西班牙系犹太人从伊比利亚半岛来到了塞萨洛尼基。经书的装帧具有浓郁的阿拉伯-塞法迪(Arab-Sephardic)风格,里面镶金嵌银,由文艺复兴时期的犹太商人和艺术家制作。它们是从1917年的那场大火中抢救出来的第一批书籍。甚至拉比们的法庭,"正义法庭"(Beth Din Tzedek)的图书馆也被抢走了2,500册图书。

塞萨洛尼基最大的银行"联合银行"的档案,是罗森堡特别任务小组特别重要的目标,里面有些文件能让纳粹查出西班牙系犹太人的经济网络。

目前没有数据说明纳粹在塞萨洛尼基抢劫了多少东西,但是根据历史学者马克·马佐尔(Mark Mazower)的研究,应该有数万册图书、手稿和古版书。[21]有一批失窃的重要藏书为拉比哈伊姆·哈比卜(Haim Habib)所有,那是他家数代人的心血。哈比卜是塞萨洛尼基首屈一指的正统派拉比之一,曾因在某个场合出于宗教原因拒绝与希腊女王握手而家喻户晓,其藏书包括8,000册宗教、哲学、历史和犹太律法书籍。[22]不过,偷书行动计划周密,连小图书馆也未能幸免。例如,有个属于犹太教师们的图书馆被抢,虽然它的藏书仅有600册,而且主要是语言教学和现代文学方面的图书。

纳粹把大多数而不是全部的被掠书籍用火车运回了德国。在250卷被没收的《摩西五经》中,150卷送到了德国,而另外的100卷在塞萨洛尼基就地烧毁,可能是因为从研究的角度看作用不大。不知何故,哈比卜的藏书也遭遇了相同的命运,在纳粹的拘留营内焚烧殆尽。[23]

1942年,欧洲已正式开始把犹太人驱逐到被占领的波兰,关进那里的死亡集中营。但是在希腊,因为意大利人拒绝合作,驱逐行动延迟了。党卫队下定决心要在希腊"解决犹太人问题",希姆莱早在1941年就警告希特勒,像塞萨洛尼基那样庞大的犹太人口对帝国是一个威胁。负责驱犹行动后勤工作的党卫队一级突击队大队长艾希曼失去了耐心,最终于1943年2月把迪特尔·威斯里舍尼(Dieter Wisliceny)和阿洛伊斯·布伦纳(Alois Brunner)派到了塞萨洛尼基。此二人是党卫队内最铁石心肠、最残忍的刽子手。布伦纳,艾希曼称之为"我最出色的手下",曾在维也纳组织过驱逐成千上万名犹太人的行动,并亲自处决了著名的奥地利银行家西格蒙德·博赛尔(Siegmund Bosel)。他们把博赛尔拖出维也纳的一家医院枪杀时,他还穿着一身病服。战后布伦纳逃到叙利亚,据说在那里当政府顾问。根据西蒙·维森塔尔中心(Simon Wiesenthal Center)[*]的资料,布伦纳很可能死于2010年,时年98岁。

威斯里舍尼和布伦纳在塞萨洛尼基市中心边上的一个别墅里设立了指挥部,并挂上一面黑色的党卫队旗帜。他们抵达塞萨洛尼基两天后,便命令所有五岁以上的犹太人佩戴黄色六芒星标记。[24]一周之内,犹太人被禁止打电话、乘电车或在公共场所四处走动。同时,威斯里舍尼开始筹划塞萨洛尼基从未存在过的东西:隔都。后来,城西和东郊分别设了一个隔都。

与此同时,党卫队胁迫犹太劳工在火车站旁建造一个中转营,四周用带刺铁丝网围着。中转营环绕着一个早已存在的犹太人区而建,里面的人成了第一批被驱逐的犹太人。

到了3月,威斯里舍尼和布伦纳已把城里的大多数犹太人赶进隔都,把他们与外界隔绝。塞萨洛尼基的数千名犹太人,大多为青年男女,千辛万苦地逃离隔都,穿过意大利占领区,或者逃进马其顿的山区,加入希腊人民解放军(希腊语简称ELAS),投身于希腊共产

---

[*] 为国际犹太人权组织,为了纪念在第二次世界大战中被纳粹杀害的犹太人而建。——译者注

党的抵抗运动。

威斯里舍尼和布伦纳到塞萨洛尼基的一个多月后，首列火车出发了——共有 80 节塞满东西的运货车厢，其中还装着 2,800 名犹太人。出发之前，党卫队要求他们将希腊银币兑换成波兰货币，这实际上是欺骗，他们收到的货币是伪币，他们要去的地方也不需要钱。他们被告知要去的地方是克拉科夫（Kraków），但真正的目的地却是奥斯维辛－比克瑙集中营。两天后，第二列火车也开动了。犹太工人首先被送走，以便散播令人看到希望的流言，让隔都的富人们以为只有"共产主义者"才会被送到波兰。截至 1943 年 7 月中旬，塞萨洛尼基只剩 2,000 名犹太人。威斯里舍尼和布伦纳把这些"有特权"的犹太人留到了最后：拉比、地方领导、富商大贾、与他们合作的人——党卫队组织起来当作帮工来用的犹太保安队。要分化、谋杀一个民族，这种策略既有讽刺意味又能发挥作用。纳粹留到最后的是领导人，是用各种方式把整个社会凝聚在一起的人。出于自我保护、想法天真等原因，或因缺乏看清危险处境的能力，这些领导人劝说他人听从越来越荒谬的要求，而这些要求一步一步将他们送进了毒气室。

当然，即便这些留到最后的犹太人也未能逃脱纳粹魔掌。这些领导人成为光杆司令后，就轮到他们自己承受厄运。许多比较富有的犹太人惨遭党卫队折磨，被逼问金银财宝或其他值钱物品的下落。之后，这些"有特权"的犹太人就被送往卑尔根－贝尔森集中营。[25]

44,000 名塞萨洛尼基的犹太人被遣送至奥斯维辛－比克瑙集中营。[26] 到达目的地数小时后，大多数人奔赴黄泉，如果他们能到达的话——事实上许多人在去往波兰的迢迢路途中就死在了拥挤的运货车厢内。塞萨洛尼基犹太人高得不寻常的死亡率，通常被解释为，因为他们中的许多人在抵达时情况已经足够糟糕，所以直接被送进了毒气室。

1943 年的短短数月内，西班牙系犹太人生活的拥有四百年历史的塞萨洛尼基城不复存在。夏天结束后，威斯里舍尼和布伦纳向艾希曼报告说，塞萨洛尼基已"无犹太人"（Judenrein）——清扫一空。这并非完全属实，塞萨洛尼基还有 15 名和希腊人通婚的犹太人，他们因此获准留在当地。但是他们的处境也岌岌可危，其中一人在妻子死于难产后立即被驱逐出境，新生儿则获准暂时留下。[27]

大约 13,000 名塞萨洛尼基的犹太人因为被选为奴工，而没有被送进奥斯维辛 - 比克瑙的毒气室。他们的命运也并没有令人羡慕之处。许多塞萨洛尼基的妇女儿童成为约瑟夫·门格勒（Josef Mengele）等人的实验品，几个月前，门格勒便在集中营开始了罪恶的勾当。塞萨洛尼基一些孕妇的子宫被植入癌细胞，男人被割除睾丸。还有些人被用来做传染病实验，300 名 16—20 岁之间的塞萨洛尼基少女因此被选中。到 1943 年 9 月，所有这些人都已丧生。人们认为，在奥斯维辛 - 比克瑙集中营进行的所有医学实验中，有四分之一是以塞萨洛尼基的犹太人为对象。[28]

许多来自塞萨洛尼基的男人被挑中，到集中营负责处理死者的特遣队干活，负责把尸体搬出毒气室并焚烧。那些在集中营里和塞萨洛尼基犹太人有过接触的人记述了对他们的印象，如普里莫·莱维（Primo Levi）写道：

> 我们的旁边是一群希腊人，就是那些令人钦佩、令人震惊的塞萨洛尼基犹太人，顽强、贼头贼脑、明智、凶猛、团结、求生欲强烈。他们是生存斗争中冷酷无情的对手。那些希腊人统治了厨房，统治了院子，甚至德国人也尊敬他们，而波兰人害怕他们。这是他们关到集中营后的第三年，没有人比他们更清楚什么叫集中营。此刻他们相互挨着站成一个圈，肩并肩，唱起一段他们冗长的圣歌。[29]

最后活下来的犹太人不足两千，战后他们回到了塞萨洛尼基。回去后他们也近乎一无所有。大多数幸存者在集中营失去了所有的家人和亲属，孑然一身地重返故里。他们在塞萨洛尼基的住宅、公寓和公司都被希腊人接手，希腊人从德国人手中买下了它们。如果有犹太人试图索回失去的财产，希腊的右翼新政府就会设法阻止。有位幸存者曾说，在塞萨洛尼基，甚至"没有能赐福给我们的拉比"。[30]

大多数人选择离开塞萨洛尼基继续生活，因为他们无法忍受生活在一个"被抢走了灵魂"的城市，用泽茉尔的话说。西班牙系犹太人丰富的文化和文学遗产也不会再回来，除了战后在塞萨洛尼基市场上出现的犹太人著述的断简残篇以及《摩西五经》的残页，很大一部分已散落、消失。书页被用来填塞鞋子，而羊皮纸被用来做鞋底。[31]

11 造纸厂就是乱葬岗：
维尔纽斯

凭着手上一份打印出来的地图，我找到了去立陶宛首都维尔纽斯（Vilnius）维沃斯基欧街（Vivulskio gatvé）18号的路。我不知道自己会看到什么。或许人们去参观具有历史意义的地方都是受到类似的驱使。一片发生过重要战役的草地，或者一家据说诞生过某部重要小说的咖啡馆。这类地方的吸引力在于，它让我们得以贴近历史事件和其中的人物。至少在我们的想象中，它们似乎在隔绝了我们和过去的岁月鸿沟上架设了一座桥梁。

在维沃斯基欧街18号矗立着一栋9层高的摩登公寓楼，楼内黑色的玻璃窗从地板直抵天花板。潮人、极简派融合餐厅*和夜总会使这儿成为一个崭新而年轻的维尔纽斯的象征。但是对那些熟悉内情的人而言，这个地方和一些完全不同的事情联系在一起，它曾在维尔纽斯创伤最深重的那一段历史中扮演了重要的角色。

那时，这条街并不叫现在这个名字，它叫作"维乌斯基戈"（Wiwulskiego），而维尔纽斯还属于波兰。意第绪科学院（Yidisher Visnshaftlekher Institut，简称YIVO）就在这条街上。该科学院位于一栋石头房屋内，在宽敞的门厅，迎接访客的第一件东西是一份世界地图，上面标注了这所科学院及其分支机构。1942年罗森堡特别任务小

---

* 指卖各种混合配方或不同地方特色菜肴的餐厅。——译者注

组霸占这所房子时，它已是德军军营，悬挂在这张世界地图之上的是绘有老鹰和卐字符的旗帜。[1]罗森堡特别任务小组在房间里找到了放在地板上的书和报纸，但是他们在地下室发现了他们真正想寻找的东西：德军入驻时扔在那里的数万册图书和期刊。

扔进地下室的是东欧最重要的犹太人藏书之一。犹太人雄心勃勃地想抢救德系犹太人的文学、文化和历史遗产，这批藏书就是这项计划的产物。这项计划，确切地说是运动，起源于19世纪晚期。

19世纪，西欧的犹太人就被赋予公民权；与此不同的是，直到19、20世纪之交，大多数东欧犹太人的状况和中世纪相比仍无多少变化。犹太人受到许多限制，其中破坏性最大的或许是不让他们接受高等教育，至少西蒙·杜布诺夫（Simon Dubnov）这样认为。

1860年，杜布诺夫出生在沙俄小镇密斯齐斯拉（Mszislau），这里属于犹太人栅栏区*。和其他德系犹太人一样，他的母语也是意第绪语，这是一种中世纪时德国犹太人首先使用的日耳曼语，它以当时人们所说的德语为基础，又受到了希伯来语、阿拉米语和斯拉夫语的影响。杜布诺夫上过公立犹太学校，在校期间学会了俄语，但19世纪末一个剥夺犹太人受教育权利的新法规中断了他的学业。他坚持自学历史和语言学，并设法离开了犹太人定居区，用假文件去了圣彼得堡。

不久，杜布诺夫成了首屈一指的新闻记者、活动家和自学成才的历史学家。他书写俄犹太人的困境，他首先奋力争取的是俄国犹太人接受现代教育的权利，认为这是他们赢得解放的唯一途径。

不过他也说，犹太人需要更清楚地了解他们自己的历史与文化。杜布诺夫形容德系犹太人是"不成熟的孩子"，不知道自己在东欧长达800年的历史。杜布诺夫尤为担忧这段历史即将遗失，古老的犹太文件和书籍被忽视、毁坏："它们躺在阁楼上，夹在废物堆里，或者

---

* 英文为Pale of Settlement，它是沙俄西部的一个区域，是沙俄允许并仅允许犹太人永久居住的地方。仅有少数犹太人被允许生活在定居区外。——译者注

就是堆在又乱又脏的房间里,与各种坏掉的家居用品和破布为伍。这些手稿日渐破碎,被老鼠咬,被无知的佣人乱用,被孩子任性地一页页撕毁。总而言之,年复一年,它们不断消失,淹没在历史长河中。"杜布诺夫在1891年的一个小册子中写下这些。为了保存即将逝去的一切,他提倡进行"考古探险",收集、保存、登记这些散落于东欧各地的文学财富。他在小册子中热情洋溢地如是说,并勉励犹太人投身于这项史诗般的活动:"让我们行动起来,把我们散落的东西从流亡的地方找回来,把它们整理、出版,以它们为基石建造我们历史的殿堂。来吧,让我们上下求索。"[2]

杜布诺夫的登高一呼引起了人们的注意,即便他倡议的"探险"直到几十年后才大规模地开展。正如杜布诺夫,东欧的其他意第绪知识分子也认识到拯救意第绪文化的必要性。

意第绪文化不仅因文化上的忽视而受到伤害,也遭到了当时两个新兴运动的抨击:一为一心打造"新犹太人"的犹太复国运动;另一个为同化运动,它意味着越来越多的犹太人选择放弃他们的犹太人身份。后来催生了意第绪科学院的运动,不得不面对这两股潮流。随着越来越多的犹太人决定接受同化,部分犹太人想要抢救受到威胁的文化,同时也反对犹太复国主义者企图用现代的希伯来语——亦即现在以色列使用的语言,来取代其他犹太语言和方言,如意第绪语、拉迪诺语和犹太-波斯语。

新一代的年轻犹太历史学家、作家、民族志学者和建筑师开始肩负起杜布诺夫倡议的研究使命。在第一次世界大战爆发前的数年里,犹太裔俄国作家和民俗研究者什洛莫·赞维尔·拉帕波特(Shloyme Zanvl Rappoport)——以其笔名安斯基(S. Ansky)更为人知,带领一个考察队深入乌克兰的许多小村落,花费数百小时记录了意第绪语歌谣、谚语和故事。因为后来许多村庄毁灭于俄国革命后彼得留拉政府的大屠杀,拉帕波特的成果成了无比珍贵的时代剪影。

第一次世界大战之后,意第绪科学院逐渐成形。1924年,语言学家、历史学家诺凯姆·谢迪夫（Nokhem Shtif）勾勒出意第绪研究院的雏形：研究院内须设历史学、哲学、教育学、经济学等学科，也要有档案馆和图书馆。学院的使命是使意第绪语合法化、现代化，以确保它能一直被使用下去。

翌年，即1925年，意第绪科学院在柏林成立，另外两位历史学家和语言学家，伊莱亚斯·切利科沃尔（Elias Tcherikower）和马克斯·魏因赖希（Max Weinreich）也是推动者。学院的总部设在东欧意第绪文化历史的中心——维尔纽斯。

第二次世界大战前，维尔纽斯拥有105座犹太会堂和6家犹太报纸，6万犹太人占了全城总人口的三分之一。数百年来，这座城市吸引了许多拉比、犹太作家、知识分子和艺术家。据说1812年拿破仑远征莫斯科时经过此地，称维尔纽斯为"北方的耶路撒冷"。[3]

维尔纽斯最著名的公民是18世纪的拉比以利亚·本·所罗门·扎尔曼（Elijah ben Solomon Zalman），人称"维尔纳加昂"（意为"维尔纽斯的天才"）。他被时人誉为《摩西五经》和《塔木德》的一流诠释者之一。同样重要的是他还坚决反对正统哈西德派，18世纪这一派别到处传播，就像是犹太教的福音运动。扎尔曼否定哈西德派对于信仰比较感性的态度，也反对它强调奇迹，与之相反，他鼓励犹太人学习世俗的文献与科学。

大约在世纪之交，维尔纽斯已发展成为一个反对沙俄对犹太人的大屠杀、反对用各种限制折磨栅栏区人民的政治和文化中心。1897年，立陶宛、波兰和俄国犹太劳工总联盟成立，它是一个致力于改善犹太人人权状况的世俗的社会主义政党。该党常被称为"崩得"[*]，提倡将意第绪语作为立陶宛、波兰和俄国犹太人的首选语言。[4]

维尔纽斯因为各种活动、新式犹太学校、图书馆、剧院、出版商和报纸而充满了活力。第一次世界大战后，它被并入重生的波兰，发

---

[*] 意第绪语"联盟"一词的音译，英文中一般也简称为 The Bund。——编者注

展更为迅速。在两次世界大战之间的岁月里,维尔纽斯成为意第绪文学复兴运动的摇篮。"青年维尔纽斯"由一群具有实验精神的犹太诗人和作家组成,包括哈依姆·格兰德(Chaim Grade)和亚伯拉罕·苏兹基弗(Abraham Sutzkever)。

显然,对于1920年代中期意第绪科学院的专家学者们要开展的任务而言,维尔纽斯是控制中枢。学院从一无所有起步,没有国家的支持,一开始总部甚至只能设在魏因赖希在维尔纽斯的公寓里。

不过,很快就有美国、南美和德国等海外捐赠者提供资金支持,其中许多人为德系犹太人移民。幸亏有这些资助,学院才有可能在1930年代初搬迁至维沃斯基欧18号,有空间存放迅速增多的藏品。学院的分院也在柏林、华沙和纽约成立。一小支意第绪科学院的队伍,它由历史学家、民族志学者、文献学家、文学专家、哲学家、作家和其他犹太知识分子组成,开始着手拯救被淡忘的东欧犹太人的文化遗产。杜布诺夫也是其中一员,现在他要看着自己三十年的梦想成为现实。

科学院成为收藏家们膜拜的殿堂,它保存、收集大量的第一手资料、文件、照片、记录和其他与意第绪文化有关的物品,并对它们进行研究。

意第绪科学院的工作和几个欧洲国家兴起的运动有许多共同之处,当时浪漫主义和隐秘的民族主义激起了人们对民俗文化的好奇与兴趣。早期的先驱如艾里阿斯·隆洛特(Elias Lönnrot),奔赴卡累利阿(Karelia)收集神话故事,最后把它们写进史诗《卡勒瓦拉》(Kalevala)。一百年后,虽然热切程度和民族主义的基调大体一致,但他们的方法更为科学。科学院的民俗小组是最活跃的团队之一,到1929年已收集5万多个意第绪语的传说、长篇故事和歌谣。[5]

不过,意第绪科学院不只是一个保存文化遗产的机构,它也收集当代意第绪文化资讯,并发起了一个语言改革运动:将意第绪语的拼写标准化。他们鼓励所有说意第绪语的国家的记者研究、记录当地的风俗,然后将他们的材料交给意第绪科学院。历史学家塞西尔·E.库茨尼兹(Cecile E. Kuznitz)认为,该学院关注的与其说是历史,不如说是未来。

> 作为文化运动中最负盛名的机构,意第绪科学院远不限于收集历史文献或者出版学术专著,更是在重新定义现代犹太民族性中扮演了核心角色……他们放眼未来……那时他们对犹太学术的梦想将会实现……借此,意第绪科学院的领导者得以忽略当前经济、政治的边缘化,在对犹太文化的美好梦想中坚守他们的信仰。[6]

到1930年代末,意第绪科学院的藏品已多到不得不另造配楼来存放的程度。短短十三载里,该学院创造了一个又一个奇迹。全世界共有500多个收藏家团体与它有联系,第二次世界大战前,估计学院的档案已有10万册书籍,此外还有10万件其他藏品:手稿、照片、信件、日记和其他档案材料。学院还拥有全世界最丰富的反映东欧犹太人历史的文化与民族手工艺品。[7] 此外,学院还收藏了犹太裔艺术家的一百件佳作,如马克·夏加尔(Marc Chagall)的作品。夏加尔是除了弗洛伊德、爱因斯坦等人之外,学院又一位比较著名的赞助人与合作者。[8, 9]

* * *

1939年9月19日,就在苏联进攻波兰的两天后,红军占领了维尔纽斯。8月底纳粹德国和苏联签署《苏德互不侵犯条约》时,就已注定波兰的命运。它看似一个互不侵犯的协定,但是在秘密附属议定书中,希特勒和斯大林瓜分了东欧。到50多万红军越过边境时,波兰军队早已在几周前德军的进攻下元气大伤。

苏军入侵后,维尔纽斯被交给了立陶宛,它一直视维尔纽斯为自己的历史古都。但这段发展为时不长,因为1940年红军又攻占了立陶宛。经过一系列残酷的袭击，苏维埃当局打垮了真实的或想象中的敌人。1939—1941年间，数十万波兰人和立陶宛人，其中有数万名犹太人，被苏维埃政府驱逐到东部。

犹太雇工和工厂主遭到了最沉重的打击，他们眼睁睁地看着自己的财产被充公，而且本人也往往惨遭驱逐。维尔纽斯的大部分私人公司和产业曾归犹太人所有。新政权也压制在维尔纽斯曾经可以自由表现的犹太文化。希伯来语教育成了违法行为，使用希伯来语的宗教机构与组织也未能幸免。除了《维尔纳真理报》(Vilner Emes)，所有的意第绪报纸都被勒令停办。犹太"民族主义"，以及少数族裔的民族情绪遭到了有计划的钳制。意第绪科学院被收归国有，更名为"犹太文化学院"，并由新成立的立陶宛苏维埃社会主义共和国的立陶宛科学会 (Lithuanian Academy of Science) 正式吸纳到苏维埃的学术体系。

苏维埃政府下令逮捕记者、意第绪研究人员兼《YIVO期刊》编辑扎尔曼·瑞泽 (Zalmen Reyzen)，1941年瑞泽被行刑队枪决。[10]

不过，科学院的创始人、院长魏因赖希躲过了劫难，因为1939年战争爆发时，他正在去哥本哈根开会的路上。魏因赖希立即离开欧洲，在纽约成立了新的意第绪科学院总部，这是当时硕果仅存的分院。纳粹上台后它的柏林分院被解散，1939年纳粹攻占华沙后，它在华沙的活动也不得不停止。

维尔纽斯的意第绪科学院已归国家所有，被苏维埃政权剥夺了独立性，但是还有更糟糕的事情等在后面。纳粹铁蹄下波兰的其他地方所发生的事情，已预示着山雨欲来风满楼。

1939年波兰投降数周后，纳粹就开始掠夺波兰的图书馆和藏书。不过此时偷书的不是罗森堡特别任务小组，因为该组织直到1940年夏天才成立。

此次行动由一个特殊的单位"保尔森特遣队"负责，队长是党卫队军官、考古学教授彼得·保尔森 (Peter Paulsen)，其首要任务为把"日耳曼的"文化宝藏送回到祖国——例如克拉科夫城圣母玛利亚教堂内由维特·斯托斯（Veit Stoss）制作的木雕圣母祭坛*。

特遣队队员也搜查了佩尔普林的神学院，想攫取据说在那里的古腾堡《圣经》，但是却发现它早已被利特克神父偷偷带出了波兰。党卫队发现《圣经》已从他们手中溜走后，为了报复，就用附近一个糖厂的炉子烧毁了佩尔普林图书馆的一部分藏书。[11] 剩下的书籍运到波兹南（Poznań）一个当作书库用的老教堂里，最后共有100多万册被劫掠的波兰图书存放在这座教堂。

保尔森特遣队很快把注意力转向犹太人和波兰人的机构、博物馆、图书馆和犹太会堂。纳粹在波兰的抢劫行动，迥异于在西欧、南欧占领区内主要针对犹太人和意识形态劲敌的有选择性的窃取。在波兰，所有人都是他们的抢劫对象，理由是西线和东线是完全不同的战事。丹麦人、挪威人、荷兰人、比利时人、法国人和英国人都是雅利安人，因此他们是未来的国家社会主义欧洲的兄弟民族。纳粹自视为解放者，要解救这些人，使其免受全球犹太人的有害影响。纳粹政权投入大量人力物力从事宣传，试图赢得西方"兄弟民族"对其意识形态正义性的支持。

在东方的战争大同小异。数百万生活在东欧的犹太人不是唯一的敌人，扩而大之，所有的斯拉夫人都是。德国人只有向东争取生存空间，因此欧洲的未来没有波兰或波兰人的容身之地。纳粹的抢劫、掠夺就是这条政治路线的直接后果，他们想夺走波兰人的所有高雅文化、学问、文学和教育，这样波兰人民就在智力上沦为次等人。

劫掠与"知识分子行动"（Intelligenzaktion）密切相关。该行动旨在消灭那些象征着波兰文化和教育的人士，从而摧毁这个国家的文化教育。从字面意义上说，他们的用意是杀害波兰社会的知识、宗教与政治精英，"砍掉"波兰社会结构的"头"。1939年德军入侵波兰后，

---

* 整体高约13米，宽11米，人物高近3米。是世上最大的哥特式祭坛，波兰国宝。——译者注

立即按照一份早已准备好的名单——"波兰特别起诉书"发动了知识分子行动，名单上大约有 61,000 个名字，包括政治家、企业家、教授、教师、记者、作家、贵族、演员、法官、牧师、军官，此外还有一些参加过 1936 年柏林奥林匹克运动会的引人瞩目的运动员。[12]

纳粹在拘禁或谋杀学者、教师、作家、记者、牧师的同时，也对图书馆、大学、教堂和私人藏品大肆掠夺。波兰的劫掠恶行规模很大，共窃取了大约二三百万册图书。最珍贵的书籍，包括 2,000 多本古版书，被运往德国。[13]

因为所有这些行动的目的是智力征服，因此从纳粹"研究"的角度看没有价值的图书也被偷走，如教科书、儿童读物和文学作品。这些书被有步骤、有计划地清除，因此波兰被销毁的图书超过了被抢劫的图书。有人估计，波兰约有 1,500 万册图书毁于纳粹的劫掠行动。[14] 350 多家图书馆的藏书被送到造纸厂，化为纸浆。[15]

波兰的这场战争非常野蛮、残暴，致使历史上最珍贵的藏书大量毁灭。华沙最好的图书馆遭受的打击最大。1944 年华沙起义期间，德军放火烧掉好几家图书馆，包括波兰最古老的公共图书馆，创办于 1747 年的扎鲁斯基图书馆（Biblioteka Załuskich）。该馆的藏品包括 40 万册图书、地图和手稿，逃过一劫的不到 10%。1944 年 10 月，德军将波兰国家图书馆（Biblioteka Narodowa）的历史藏品付之一炬，8 万幅 16—18 世纪的早期版画毁于烈焰。此外，10 万幅图画和雕刻品、35,000 份手稿、2,500 本古版书和 5 万页乐谱和剧本，也在大火中化为灰烬。[16]

甚至藏书量达 35 万册的华沙军事图书馆（Centralnej Bibliotece Wojskowej）也被烧毁。主楼里的拉珀斯维尔波兰纪念馆是一个波兰流亡者图书馆，19 世纪在瑞士建立，1920 年代才将馆藏移到波兰。

灭绝波兰文学遗产的行动效果惊人。据研究人员估计，波兰 70% 的图书不是被销毁，就是在抢劫过程中散佚。公共图书馆或学校的藏书，90% 以上下落不明或被损毁。[17]

波兰犹太人及其文化受创更重。战前波兰有 300 多万犹太人，到 1945 年仅剩 10 万人。纳粹不仅劫掠犹太人在波兰的图书馆，而且肆意破坏，一如他们对待波兰的藏书。消失不见的最有价值的图书馆之一是卢布林（Lublin）犹太神学院的塔木德大图书馆。一名参与此次破坏行动的纳粹分子见证了整个事件：

> 我们特别得意可以去摧毁波兰最大的塔木德学院……我们把伟大的塔木德图书馆的藏书扔到屋外，用车子运到市场，然后在那里点火烧书。大火烧了 20 个小时，卢布林的犹太人被召集起来旁观，他们不禁痛哭流涕。他们的哭喊声几乎淹没了我们的声音，于是我们把军乐队叫过来，士兵们的欢呼声又盖过了犹太人的哭声。[18]

甚至犹太文学和犹太裔作家的著作也被清除出波兰的图书馆："清理波兰犹太人的著作，初衷就是肃清波兰文化中残存的犹太影响。纳粹分子甚至认为如果旅游指南介绍与犹太人有关的地方，那都是危险的、不怀好意的。"历史学者马雷克·斯洛卡（Marek Sroka）写道。他一直在研究波兰犹太人图书馆的毁灭，他认为"对德国人而言，抹去犹太人在文化和文艺上对波兰乃至欧洲文明做出的贡献，几乎和肉体上消灭犹太人一样重要"。[19]

即便波兰境内最重要的犹太和波兰藏书也遭到毁灭，对此的一种解释是抢劫行动没有好好组织，罗森堡特别任务小组没有参加行动。但也可以把它解释成是战争与侵略的残酷性所致，事发突然，许多东西因此被毁。

抢劫、摧毁犹太人图书馆的行动规模，和灭绝波兰犹太人的目标直接相关。纳粹不仅打劫犹太会堂、学校和组织，也不放过任何一个犹太人家庭。从大型的私人藏书到赤贫之家的寥寥数册书，无一不是他们攫夺的目标。1942 年纳粹开始大规模遣送犹太人到死亡集中营时，隔都都被关闭，所有残余的藏书被洗劫、焚烧或送进造纸厂。清理隔都时，人们也发现了犹太人在绝望中试图抢救的一些图书。例如，克拉科夫犹太会堂的150册《摩西五经》，被发现藏在了某家殡葬用品店阁楼上一个特制的秘密夹层里。[20]

在华沙，保尔森特遣队从犹太大会堂掠走了3万册图书。它是欧洲最大的犹太会堂之一，之后就被当作仓库，存放从华沙50多个犹太人图书馆抢劫来的许多图书。[21]

1943年4月，华沙隔都里剩余的犹太人揭竿而起。此时，犹太人仅剩5万，而一年前犹太人口差不多近50万。起义是铤而走险，没有成功的希望，但参加的男男女女都已清楚地意识到结局。大多数被赶出隔都的犹太人早已经死了。

这场起义被扑灭在一片火海中。党卫队借助喷火器和手榴弹的威力，一间一间地烧毁了隔都的房子。5月16日，即起义被镇压的那天，党卫队全国副总指挥尤尔根·斯特鲁普（Jürgen Stroop）一声令下，党卫队的工兵挖掘了犹太大会堂。战后波兰记者凯兹米尔斯·莫扎尔斯基（Kazimierz Moczarski）和斯特鲁普关在同一间牢房，在莫扎尔斯基的采访中，斯特鲁普描述了这一事件：

> 眼前的景象很奇妙，简直是戏剧中精彩的一幕。我和手下站在远处，我手上拿着能同时引爆所有炸药的电子设备。贾舒特（Jesuiter）叫大家不要发出声音。我扫了一眼我那些英勇的将士们，他们又累又脏，楼房熊熊燃烧，火光映射出他们的身影。我故弄玄虚了一会儿，然后大喊一声"希特勒万岁！"，说着摁动了按钮。随着雷鸣般震耳欲聋的一声巨响，各种颜色像彩虹一样在天空绽放，剧烈的爆炸直冲云霄，这是庆祝我们战胜犹太人的难以忘怀的礼物。华沙的犹太区烟消云散，希特勒和希姆莱如愿以偿。[22]

＊　　＊　　＊

入侵波兰两年后，同样残酷无情的劫掠与破坏行动以更大的规模再度上演。1941年6月22日，纳粹德国开始攻打苏联，该行动代号"巴巴罗萨计划"。此时罗森堡和希姆莱早已成立很能干的掠夺组织，现在他们的"专长"指向了东线。罗森堡特别任务小组已成为第三帝国效率最高的掠夺组织，而且随着罗森堡跃居于纳粹权力等级的上层，该组织也占据了有利地位。在东方问题上，希特勒长期以来视罗森堡的意见为党内的权威声音。因为德军的侵略已逐步推进，最后希特勒给了罗森堡一个合适的部门来管理：帝国东部占领区部，该部门的功能是在苏联占领区建立并行使民事权力。

帝国东部占领区部控制了之前纳粹在东部占领区成立的"东方总督辖区"。罗森堡曾经提议，将苏联分成若干小区，以方便管理这片广袤的土地。他所规划的6个区域，有2个在战争期间成立。波罗的海国家＊、白俄罗斯和俄罗斯西部的部分地区构成了"奥斯兰总督辖区"，而"乌克兰总督辖区"包括现乌克兰的部分地区。至于另外4个总督辖区，计划以莫斯科一带、高加索地区、中亚和伏尔加盆地为范围。

名义上，提拔罗森堡给了他巨大的权力，但实际上希特勒往往并不受罗森堡的影响，他们很快就因如何更合理地处置东方人民而闹翻。

罗森堡认为斯拉夫人是雅利安人，虽然不得不说他只是有保留地这样认为。他相信，德国永远无法控制辽阔的苏联领土，除非和过去被迫屈服于布尔什维主义的族群结成战略同盟。他递交给希特勒的计划是，德国人应该把自己塑造为解放者，然后把强烈的反共反苏情绪引向克里姆林宫里的统治者。罗森堡尤其觉得能将乌克兰人策动为反布尔什维主义的盟友。因此，应该给予他们一定程度的自治权，允许

＊ 即爱沙尼亚、拉脱维亚和立陶宛。——译者注

首席理论家阿尔弗雷德·罗森堡(坐在驾驶席上)于1942年在乌克兰旅行。在1941年纳粹全面入侵后,罗森堡还被任命为东部占领区部部长。(陈雪霏译)

他们成立一个纳粹领导下的附庸国。

这是一个务实的计划,这一次罗森堡似乎考虑到了现实政治。他的计划很可能是以实际经验为基础——对于苏维埃帝国境内人民与文化的错综复杂,他洞若观火。和其他纳粹领导人不同,他亲眼见过绵亘无垠的俄罗斯和乌克兰大草原。如果他的计划得以实施,有可能会改变战争的进程。

但是该计划从未获得纳粹领导人的首肯。在希特勒和希姆莱看来,给奴隶以自治权简直是匪夷所思,更不用说把这些"低等人"当作真正的战友。在受马丁·鲍曼(Martin Bormann)之命被记录下来的某次席间漫谈中,希特勒表达了他对斯拉夫人的看法:"天生的奴隶"。[23]不仅希特勒和希姆莱反对罗森堡的东部政策,戈林和鲍曼对其也持否定态度。面对如此强大的反对力量,罗森堡没有胜出的机会。

总督辖区的领导由希特勒直接任命并听命于他,这一点削弱了罗森堡的权威性。

禽兽般残忍的纳粹分子埃里希·科赫(Erich Koch)被任命为乌克兰总督辖区的总督,他曾说:"如果有一个乌克兰人坐在我桌子前,我会忍不住毙了他。"这句话概括了他对乌克兰人的看法。按照他的说法,

"就算最低等的德国工人,在种族和生物学上也比乌克兰人高贵"。[24]

一开始乌克兰人民对德国人积极响应,但是不出罗森堡所料,科赫草率的政策产生了不利影响。当乌克兰人民发现即便压迫他们的布尔什维克党,也在各个方面都比纳粹可取时,他们就奋起反抗占领国及其种族灭绝政策。

削弱罗森堡权势的另一个现实是,他在两个已建立的总督辖区都缺少军事资源。希姆莱和党卫队填补了出现的权力真空,自大战爆发以来,党卫队的影响在纳粹政权的近乎每个方面都得到了巩固。希特勒基于一些理由,偏执狂似的对德国国防军的将领们疑神疑鬼,因此逐步将权力转移到他那忠诚的党卫队。

军事组织武装党卫队(Waffen-SS)的成立,比什么都能巩固希姆莱的职权。自1939年以来,武装党卫队不断壮大,到大战尾声时已成为一支拥有近百万士兵的军队。在东线残酷无情的战争中,这支部队承担了国防军的许多任务,其中的一桩任务是与"游击队"作战,实际则是执行种族灭绝政策。

罗森堡虽然未能影响纳粹的东方政策,但是他从特别任务小组在苏维埃区卓有成效的工作中找到了安慰。希特勒曾经完全授权罗森堡特别任务小组,仔细搜查"图书馆、档案馆、共济会会所和其他各种意识形态与文化机构,找出有用的材料并没收,以便用在党内的意识形态事务和高等学校的研究工作上"。

原则上,罗森堡特别任务小组有权在抢劫行动中采取各种必要的手段或方法,希特勒也命令国防军协助其工作。和在西方的老套路不同的是,此时罗森堡特别任务小组成了"武装部队辅助人员",换言之,他们要辅助军队。在西方,德国国防军经常和劫掠行动保持距离,甚至积极抵制,因为许多将领认为它会让军队背负恶名。

但是在苏联,德国国防军的道德境界远没有那么崇高。

在西方,抢劫的对象限于一些特定的群体:犹太人、共济会、政敌——属于"普通的"法国人、荷兰人和丹麦人的财产则颇受尊重。

但在东线，游戏规则完全不同。罗森堡完全摒弃了实用主义，亲自参与抢劫行动，按部就班、冷酷无情——其根源与他和布尔什维主义的私怨有关，正如他在战后纽伦堡审判中作证说："因为在我们的世界观里，西方那些我们视为对手或敌人的人和东方不一样。西方有某些犹太组织和共济会，而在东方只有共产党。"[25]

在罗森堡看来，必须把共产党的财产看作是"犹太人的"，因为布尔什维克政权是犹太人世界阴谋的一部分。

尽管罗森堡特别任务小组地位稳固，但它在苏联仍有许多竞争对手。随着战事的推进，一支名为"昆斯伯格特遣队"的特殊任务部队，紧随三大军团之后大肆劫掠博物馆、图书馆和档案馆，并将战果运回柏林。在正式编制上，这支部队受约阿希姆·冯·里宾特洛甫（Joachim von Ribbentrop）领导的外交部节制，但实际由党卫队一级突击大队长、历史学家埃伯哈德·冯·昆斯伯格男爵（Eberhard von Künsberg）率领。

三支队伍组成了一个先遣部队，跟在后面的是更彻底的常规性洗劫行动。昆斯伯格特遣队对重要目标进行搜刮掠夺，而且正如之前所提的波兰保尔森特遣队，被视为"德国的"手工艺品排在了名单的最前列，其中包括由安德烈亚斯·舍鲁特（Andreas Schlüter）设计，位于列宁格勒市郊叶卡捷琳娜宫内的琥珀宫（Amber Room）。沙皇宫殿内成千上万册图书也被掠走，装箱后贴上"沙皇图书馆"的标签运回到德国。昆斯伯格特遣队的部分攫夺品后来交给了罗森堡特别任务小组，包括沙皇宫殿内的书籍和没收而来的大量犹太文学作品。[26]

罗森堡特别任务小组的掠夺方法比较具有学术气息，他们会事先审查有关机构、图书馆、档案馆和博物馆，因此他们的劫掠是有条理、经过审查、有选择性的。1941年的夏、秋季，专家们被派到苏联进行初步审查，并编写珍贵藏品的清单。其中有一位专家，即波罗的海德国人、档案学家戈特利布·尼（Gottlieb Ney），用了一整年的时间评估苏联占领区内的图书馆。尼供职于纳粹党高校图书馆，战后移居瑞典，在隆德（Lund）当档案管理员。

罗森堡特别任务小组设立了三个独立的组：奥斯兰区工作组（波罗的海地区）、中区工作组（白俄罗斯与西俄罗斯）与乌克兰区工作组。办公室分别设在里加、明斯克和基辅，管理遍及许多领土的抢劫工作，包括依然居住着大多数东欧犹太族裔的犹太人聚居区。

罗森堡声称东方"只有"共产党，在某种程度上此言不假。苏维埃政权实际上早已为纳粹强盗扫清了道路，因为大多数藏品已被没收，收归国有，共济会和类似的组织也被取缔。许多赃物不是卖到西方，就是归公家所有。因此，纳粹只要集中精力洗劫公共机构即可，因为那里拥有最丰富的藏书。[27]

苏联在短暂地统治波罗的海地区和波兰东部期间，也在当地开始了国有化进程，意第绪科学院正是其中一例。不过，当时国有化主要针对公共藏品、机构和宗教团体，国家还没有开始侵占私人财产。[28]

罗森堡特别任务小组在苏联境内的掠夺行动，野心勃勃，规模庞大。根据该组织自己的一份报告，他们搜查了2,265个机构。为了做好工作，他们既需要和德国国防军、保安处广泛合作，也仰赖于档案学家、图书馆管理员和德国其他机构的专家。

例如，在乌克兰区工作组，有150名专家组织了对数百个图书馆、公共藏品、大学、教堂、宫殿和犹太会堂的抢劫行动。[29] 苏联的宗教机构之前已被布尔什维克打压，此时遭受的打击尤重。数千名神父被苏维埃政府杀害或送往西伯利亚的劳改营。据估计，纳粹组织共洗劫了1,670座俄罗斯东正教堂、532座犹太会堂和237座天主教堂。

除了犹太人的藏品，纳粹对属于共产党的档案馆和图书馆也特别感兴趣。帝国中央安全局把所有与知识有重大干系的东西据为己有，至于其他许多材料则归罗森堡在东欧的图书馆项目"东方图书馆"所有，巴黎流亡者图书馆的藏书也流到了这里。除此以外，德国的其他东方学研究机构，比如万湖学院（Wannsee Institut）以及位于布雷斯劳的东欧学院，也从掠自苏联的战利品中分得一杯羹。

明斯克的数百个图书馆被抢，其中仅列宁图书馆一个馆的藏书就装满了17节火车车厢。[30] 在基辅，所谓的革命档案——大量俄国革命时期的档案——被掠走。这批档案也包括来自彼得留拉领导的乌克兰民族共和国的文献。罗森堡特别任务小组还想尽办法得到了共产党关于斯摩棱斯克州（Smolensk）的全部档案——多达1,500个架子。[31]

这批材料不仅专门用于反布尔什维克的宣传，根据罗森堡特别任务小组的一份公告，夺走它也是因为"德国人必须更了解布尔什维主义，方能与之作战"。坐落于柏林格特劳登大街（Gertraudenstrasse）的东方图书馆成为这类研究的主要中心。早在1941年，德军入侵苏联后的第一年，该图书馆就吸收了50万册图书，其中20万册是从罗森堡特别任务小组里加办公室运过来的，另外30万册则是在斯摩棱斯克抢劫所得。[32] 它还收藏了大量档案材料、照片、报纸、期刊和地图。

和波兰发生的情况一样，在苏联，被毁坏的资料远远多于被劫掠的数量。有位研究者估计，第二次世界大战中纳粹可能损毁了1亿多册图书，其中一大半是在苏联。[33]

1941—1945年的苏德战争是世界史上最残酷的战争，有3,000万人失去生命。从物质与文化的角度看，这场战争也造成了空前的破坏。其中部分应"归咎"于红军自身，因为他们采用了俄国传统的焦土政策，不留任何有价值的东西给敌人。而德军撤退时也实施相同的策略，把焦土再烧一遍。

但是纳粹向斯拉夫文化开战是为了削弱乃至消灭它，因此，与纳粹的研究无关的数百万册图书被毁。因为战利品数量庞大，筛选的过程也非常严格。

重要的文化与历史象征，如皇宫，被有系统地摧毁。希特勒的目标是彻底夷平苏联的各大城市。文化城市列宁格勒（即圣彼得堡），希特勒视之为亚洲人民"迈进欧洲的门户"，必须拆除它，让人民活活饿死。第三帝国最终要吞并波罗的海地区。布尔什维克的大本营莫斯科要从地球表面清除，那里会被改建成一个人工湖——纳粹计划打开伏尔加运河的大坝闸门，淹没整个地区。[34] 就算基辅也要夷为平地。

根据希特勒的计划，克里米亚和乌克兰南部广大地区的居民要全部清空，腾出地方做德国的殖民地。

第三帝国也要吞并这样一些地方，如巴库地区、加利西亚（乌克兰西部）和伏尔加殖民地。后者是苏联境内的一个苏维埃自治共和国，生活着一支自18世纪以来就在俄国定居的德国少数族裔。纳粹就是这样在东方为德国人民开拓"生存空间"。和在波兰一样，纳粹的计划是把俄罗斯人、乌克兰人、哥萨克人以及其他人民变成依附于德国新霸主的奴隶。但是，在那些纳粹打算立即合并到第三帝国的地区，现有居民都要被取代或灭绝，以便为德国人让路。在这些地方，任何能让人想起旧日文化的东西都要彻底清除。

与此同时，纳粹研究人员一直在寻找蛛丝马迹，以证明历史上德国人曾踏足这些地区，以便让吞并之举正当化，但通常无果。在所有地区中，乌克兰遭受的破坏与掠夺最为惨重。有人估计，大战期间乌克兰大约有5,000万册图书被毁。[35]

* * *

街头某扇窗户上面的石墙上，石头已因日晒而褪色。窗下，依稀可见几个模糊却优雅的希伯来文字母。维尔纽斯的犹太区躲在一层薄薄的黄色油漆底下——几大片低矮的石头房屋美好如画，中世纪的街道蜿蜒曲折。许多房屋似乎自战争爆发以来就基本乏人问津。一些房子已经下陷，屋顶倾斜，行将坍塌。如今，在这个昔日维尔纽斯犹太人聚居的中心，素菜馆、脱衣舞俱乐部与小型图书出版社共处。

我沿街道而行，这条街原名斯特拉苏那（Straszuna），但是战后更名为泽迈提杰斯大街（Žemaitijos）。它最早以19世纪维尔纽斯知识界杰出名人之一、拉比、研究者兼商人马蒂亚·斯特拉顺（Mattityahu Strashun）的名字命名。他曾推动维尔纽斯城犹太教育体系的发展等，不过，他的名声是来自于他所创办的一个大型图书馆。斯特拉顺会说德语、法语、拉丁语和俄语四种语言，收集的东西五花八门，从中世纪的希伯来文手稿到文学作品、诗歌、旅游手册和科学文献。1885 年辞世之前，他把图书馆捐献给了维尔纽斯的犹太圣会，数年后图书馆对公众开放。随着后来的捐赠进一步充实了馆藏，该图书馆不久被视为东欧最重要的犹太图书馆之一，历史藏品吸引了世界各地的研究人员、历史学家和拉比。

作家赫兹·艾伯拉莫维奇（Hirsz Abramowicz）认为，维尔纽斯之所以能成为意第绪文化跳动的心脏，这座图书馆是一个非常重要的因素。[36] 艾伯拉莫维奇自己曾多次造访图书馆，对该馆既古怪又有点传奇色彩的管理员凯克·伦斯基（Khaykl Lunski）极为欣赏。伦斯基以馆为家，就住在犹太区大会堂的边楼里。他对所有藏品了如指掌："他知道每一部宗教文献、每一本世俗作品、每一份期刊。"每一位脑海中有个主题的研究人员和作家都要见一见"无与伦比"的伦斯基。[37]

据艾伯拉莫维奇所言，伦斯基总是穿同样的衣服，一整天只吃"一点黑麦面包和鲱鱼头"。1941 年 6 月 24 日德国国防军占领维尔纽斯时，他已年近六十，但仍在图书馆工作。巴巴罗萨行动——即纳粹德国进攻苏联的行动——两天之前已经开始，因为红军在德军推进之前选择了撤退，维尔纽斯未经大战即被占领。

1941 年 7 月，罗森堡将一个名叫赫尔曼·戈特哈特（Hermann Gotthardt）的研究人员派到维尔纽斯。一开始，戈特哈特融入维尔纽斯，仿佛他只是一名对其文化感兴趣的游客，或者为了写论文而来的研究者。他参观维尔纽斯的博物馆、犹太会堂、图书馆，来形成自己对现存犹太人的看法。他也采访雇员，并向城里的犹太研究人员打听情况。到 7 月底，他已完成整体评估，要求盖世太保扣押三个人：语言学家兼新闻记者诺亚·普日卢斯基（Noah Prilutski），他在苏维埃政府短暂统治期间任犹太文化研究院院长；意第绪语新闻记者、维尔纽斯人种学博物馆——安斯基博物馆的馆长以利亚·雅各·戈德施密特（Elijah Jacob Goldschmidt）；第三个人就是斯特拉顺图书馆管理员伦斯基。

在接下来的几周内，每天都有人把他们三人从盖世太保总部的监狱里提出，押送到斯特拉顺图书馆，强迫他们列出维尔纽斯城所有藏书中最珍贵的著作。

与此同时，图书馆的窗外则在上演大屠杀惨剧。7月，党卫队执行杀人任务的部队之一，特别行动队到达维尔纽斯，逮捕了5,000名犹太男人。他们被分成100人一组，一次一组带到维尔纽斯以南约6英里的度假小镇珀纳尔（Ponar）。战争爆发前红军在那里挖了一些大坑，用来存放靠近军用飞机场的油箱。行动队命令犹太人脱去衣服，然后一次十个或二十个把他们带到坑边，开枪射击。坑里的尸体用一层薄薄的沙子盖上后，下一组人又被迫站出来接受处决。[38] 纳粹还成立了一些由立陶宛志愿者构成的杀人小队"特别小队"。犹太人经常是在他们的圣日里被纳粹突然逮捕。老人、病人以及其他被认为"不事生产"的人被赶尽杀绝。大多数受害者被埋在珀纳尔的大坑里，7,000名苏联战俘和大约2万名波兰人也在那里被杀害。

不久，妇女儿童也被抓捕，带到珀纳尔的大坑边枪决。到8月份戈德施密特、普日卢斯基和伦斯基完成戈特哈特要求他们做的事情时，城里成千上万名犹太人已不幸遇害。戈特哈特带着清单回到柏林后不久，盖世太保就枪杀了普日卢斯基和戈德施密特，但不知何故，他们释放了伦斯基。[39]

很快柏林的罗森堡特别任务小组成员就明白了，在东方进行掠夺需要采用和西方截然不同的手法。图书馆、档案馆和其他藏品的数量太过庞大，戈特哈特在维尔纽斯得出的结论也证实了这一点。像在巴黎或罗马那样，在一次抢劫中没收巨额的材料，既不可能也不现实。另一个问题是缺乏能说希伯来语和意第绪语的德国研究者，因此难以断定哪些书对未来的研究有价值。解决这些问题的办法通常很残酷，这也是纳粹分子的本质特征——他们让受害者本人来做这件事。

1942年4月，法兰克福犹太问题研究所的约翰尼斯·坡尔和另外三名"犹太问题专家"一起来到维尔纽斯。[40] 1941年夏末和秋季特别行动队处决了4万名犹太人，此时维尔纽斯的犹太人仅余三分之一。就在坡尔到达之前，大屠杀的步伐已开始放慢。德国国防军和军火工业需要更多的奴工，同时，党卫队也开始改变大屠杀的策略，由行刑队改成了灭绝营。尚存人世的2万名犹太人被关进犹太区拥挤不堪的隔都里。

1942年初，隔都里弥漫着暴风雨前的平静，人们尽可能让生活恢复到一种正常状态。在图书管理员赫尔曼·克鲁克（Herman Kruk）的指导下，隔都里甚至成立了一个图书馆。它就建在多次大屠杀的过程中，鲜明地体现了隔都居民的反抗精神。该图书馆坐落在斯特拉苏那街6号的一栋房屋里，如今仍在那里。尽管它显然已经破旧，但红色墙面、红色勾缝的它依然是整条街上最令人难忘的房子。

住在隔都里的人把他们的图书、档案和艺术品捐献给该图书馆，不过也有些书是从主人遇害、已废弃不住的公寓里拿的。斯特拉苏那街6号的房子不只是一个图书馆，也成为一座犹太艺术与文化博物馆。除了一个藏书量达45,000册的图书馆，楼里还设有书店、博物馆、档案馆和一个研究部。人们偷偷地收集纳粹犯罪现场的证据，目击者记下目击情况，德国人的命令和其他文件也被保管起来。一群作家还开始撰写隔都的历史。

"虽然苦难深重，困难重重，虽然隔都条件不好，但是一颗文化的心在此跳动。"克鲁克在日记中写道。隔都里有数千名犹太人到图书馆借书，阅读给了他们希望和安慰。就在图书馆庆祝图书借阅满10万册的那一天，一位15岁的少年伊扎克·鲁达沙维斯基（Yitzhak Rudashevski）在其日记中写道："许许多多的人在隔都阅读，阅读已成为隔都内最大的乐趣。书籍给人自由的感觉，书籍把我们和世界相连。借书量达10万册是隔都引以为豪的事情。"[41]

克鲁克仔细地记录了图书馆的活动，谁借了书，什么书最受欢迎。他发现有几名读者在寻找描述类似于他们的隔都境遇的图书。中世纪的犹太人史、十字军东征和宗教裁判所正是这样的主题，但这些读者最喜爱的是托尔斯泰的《战争与和平》。而另一群读者正好相反，他们想看"带他们逃离现实，去往远方国度"的作品。这两群人的阅读欲望都很强烈，克鲁克写道："一个人能忍受饥饿、贫穷和痛苦，却无法忍受孤独。于是，对书籍和阅读的需求更加强烈，无以复加。"[42]

就在隔都内这段相对平静的日子里，罗森堡特别任务小组开始行动。十二名犹太饱学之士被挑选出来当奴工，其中就有逃过了秋季屠杀行动的伦斯基。

纳粹指派伦斯基和他以前在意第绪科学院的同事，哲学家兼历史学家齐利格·卡曼诺维奇（Zelig Kalmanovitj）为组长。隔都外的几个大房子被改成分拣站，就设在维尔纽斯大学图书馆的一栋建筑里。

这个小组的任务是把要运到德国的文学宝藏分类、打包。他们手中第一批要运走的东西是斯特拉顺图书馆的4万册图书。克鲁克、卡曼诺维奇、伦斯基和组里其他人都面临一个选择，但无论如何选择都一样可怕。

在维尔纽斯意第绪科学院工作的"纸兵团"。整理很困难，犹太工人被迫自己分类整理将被送到纸浆厂的数千本书。（陈雪霏译）

他们被迫挑选出这批图书中最"有价值"的书并编目,这样做他们会对研究工作有贡献,而这种研究根本上是为了将大屠杀正当化。另一个选择也不会更好,因为没有选中的图书要送到附近的造纸厂做成纸浆。

他们要么协助纳粹,"拯救"最有价值的书籍,要么拒绝帮忙,然后眼睁睁地看着这些著作消失。"卡曼诺维奇和我不知自己是救世主还是掘墓人。"克鲁克对着日记沮丧地吐露。[43]

给予他们力量的是,无论如何他们是在抢救这笔文学遗产。后来,这个小组成为隔都里有名的"纸兵团"(Die Papierbrigade)。不久,来自犹太会堂的书籍,以及扎尔曼学校的一批珍贵藏书也到了这里。

他们的工作非常成功,很快罗森堡特别任务小组就扩大行动。1942年春,第二个分拣站在维沃斯基欧街18号的意第绪科学院成立。纸兵团人员增多,超过了40人,其中包括30岁的诗人亚伯拉罕·苏兹基弗。他智力超群,歪戴着黑框眼镜,对语言的力量具有宗教般的信仰。因此,在"青年维尔纽斯"这个团体中,他已成为用意第绪语写作的年轻一代诗人的精神领袖。

罗森堡特别任务小组也把抢自附近村镇犹太人图书馆的藏书送到两个分拣站,而且仔细核查这项工作:"和大屠杀一样,纳粹分子详细地记录销毁的犹太书籍,并且每隔一周上交报告,汇报多少书运往德国,多少书送到造纸厂。所有的书都按照语言和出版年份细分。"历史学家大卫·E.菲什曼(David E. Fishman)写道。[44]

纸兵团无法借着挑出不太珍贵的图书来拯救更多的书,因为罗森堡特别任务小组已事先定好具体指标,必须销毁大约三分之二的图书。克鲁克在日记里说,这项工作"令人心碎",小组成员眼含热泪,执行这些强迫性的任务:"意第绪科学院濒临死亡,它的乱葬岗就是一家造纸厂。"[45]苏兹基弗把维沃斯基欧街18号说成是"我们犹太文化的珀纳尔"。在德国士兵的看守下,"我们在为我们的灵魂掘墓"。[46]

但是从一开始,纸兵团的成员们就伺机反抗,方法之一是消极怠工：德国人一离开屋子就停止工作。在意第绪科学院大楼里工作的苏兹基弗会用意第绪语为大家朗诵诗歌。有几名成员在关押于隔都期间始终坚持写诗歌、论文和日记。苏兹基弗后来说，这是关系生死存亡的问题："我认为，正如虔诚的犹太人笃信弥赛亚，只要我继续写作，只要我还是个诗人，我就手握对抗死亡的武器。"[47]

不久纸兵团就开始投身于更积极的反抗，即把珍品图书偷偷运出。一天的工作就要结束时，在被带回隔都之前，苏兹基弗和组里的其他人把手稿藏到衣服里。有时这样做风险较小，如果当天看守他们的卫兵就是犹太隔都警察。他们对眼皮底下发生的事心知肚明，也是他们给这个组取了现在这个绰号。纸兵团是护卫纸的勇士，他们冒着生命危险把一份又一份文献偷偷带到隔都。"其他犹太人都把我们当疯子看。他们把食物藏在衣服和靴子里带进隔都，而我们带的是图书、纸片，有时是《摩西五经》。"一名成员这样写道。[48]

苏兹基弗，纸兵团最积极的"走私"者，设法把犹太复国主义之父西奥多·赫茨尔（Theodor Herzl）的日记也夹带了出来。也正是他，想出了一个主意：请求德国人允许他们销毁"多余的纸"。他让德国人相信，这些纸是要放在隔都的炉子里烧毁的。因为获得了这样的许可，各种各样的"垃圾"被抢救了下来，如托尔斯泰、高尔基和扎尔曼的信件与手稿，以及夏加尔的画。

尽管这些人冒着风险，勇敢地采取行动，但仍有另一个困境：纸兵团只不过是将图书与手稿从一个监狱转移到了另一个监狱——之后它们能移到哪里？克鲁克把一些东西藏到了隔都的图书馆，苏兹基弗则化整为零，将材料藏到几个地方，包括他的公寓里墙纸的后面。最巧妙的藏匿之处是一个地堡，是一位名叫格尔松·阿布拉姆维茨（Gerson Abramovitsj）的工程师偷偷建造的。这个地堡深达 60 英尺，既有电，又有自己的通风系统。阿布拉姆维茨造此地堡是为了藏匿他那残疾的母亲，不让纳粹分子找到她。不久，她也有了埋在地板下的手稿、信件、书籍和艺术品做伴。[49]纸兵团能把一些材料带出隔都，在一定程度上离不开欧娜·席麦特（Ona Simaite）的努力。她是一位立陶宛图书管理员，佯称要拿回犹太学生没有归还的书，蒙混进了隔都。离开时，她带出珍贵的书籍和手稿。她还藏匿了一个犹太女孩，但不幸于1944年被抓。席麦特被拘押、拷打，最后被遣送到达豪集中营（Dachau），不过她熬过了战争岁月。[50]

苏兹基弗不仅偷运书籍，也偷运武器。他是秘密组织"游击队联合组织"[*]的成员，这是一个在隔都成立的犹太武装抵抗组织，其座右铭是"我们不容自己被视为待宰羔羊"。在意第绪科学院的大楼里干活时，苏兹基弗动用立陶宛的社会关系获得枪支以及冲锋枪的零件，然后偷偷带进隔都组装。

随着时间的流逝，纸兵团的成员越来越大胆，开始往外带大部头的材料。作为最后的孤注一掷，他们甚至开始把书藏在真正的意第绪科学院大楼。从1943年春天到1944年9月，纸兵团成功地偷运出数千册图书和手稿。但是说到底，他们抢救出来的只是数十万册图书和手稿中的一小部分，而大部分不是被送去造纸厂，就是运到了德国。

*　　*　　*

1943年夏末，纸兵团的成员意识到，他们的工作不久就要结束。不再有藏书送来分拣，罗森堡特别任务小组也开始结束行动。

8月底，苏兹基弗写下最后的日记之一："整个礼拜我都在挑选书籍，几千册书，用我的双手把它们扔进垃圾堆。意第绪科学院的阅览室里有一堆书，那是书冢，是兄弟的坟茔。一如它们的主人，这些

---

[*] Fareynikte Partizaner Organizatsye，意第绪语简称FPO，英语为Unified Partisan Organizations。该组织于1942年1月21日成立于维尔纽斯，是第二次世界大战期间在欧洲占领区的隔都内成立的第一个犹太抵抗组织。——译者注

书因歌革（Gog）和玛各（Magog）*之战受尽折磨……在上帝的护佑之下，我们所抢救的会存活于世！我们作为人重返故地时，会与它们再次相遇。"[51]

不仅罗森堡特别任务小组的工作放慢了脚步，德国的整个东线战役也是如此。在 1943 年冬天的斯大林格勒战役中失利后，德军开始撤退。这意味着德国在东方的军火工业要解散，数百万奴工成为过剩劳动力，许多人直接被送进毒气室。

1943 年春华沙的犹太人起义也让希姆莱紧张，他有理由怀疑其他隔都里的犹太人也在策划武装反抗。起义的几周后，希姆莱下令结束奥斯兰（波罗的海地区）的隔都。德国的情报机构认为维尔纽斯的隔都有可能发生暴动，必须尽快摧毁。[52]

1943 年 8 月初，纳粹开始遣送维尔纽斯剩余的犹太人，不到两个月隔都就被清空。那些有劳动能力的人被送到劳工营挖战壕等，老弱病幼则格杀勿论。

不过在隔都被清理之前，游击队联合组织的 180 名成员已逃走，躲藏在维尔纽斯外的森林里。苏兹基弗也在其中，9 月 12 日他和妻子以及"青年维尔纽斯"的另一名诗人施莫克·卡泽金斯基（Shmerke Kaczerginski）逃了出去。此前苏兹基弗的母亲和刚生下不久的儿子已在隔都的医院里被纳粹毒死。[53]

苏兹基弗逃出隔都的消息很快就传到了莫斯科。1944 年初，苏联最著名的作家和新闻记者伊利亚·爱伦堡（Ilya Ehrenburg）帮助苏兹基弗夫妇逃到莫斯科。一架苏联的轻型飞机穿过前线，停在维尔纽斯郊外森林里冰冻的湖面上，最后又冒着德军猛烈的炮火成功地飞回苏联。爱伦堡在共产党党报《真理报》上报道了苏兹基弗的事迹，这是苏联首次披露纳粹对犹太人的集体大屠杀。[54]

---

* 歌革和玛各广泛存在于各文化的神话和民俗中。犹太教末世论认为歌革和玛各是弥赛亚的敌人，会被弥赛亚打败，从而开始弥赛亚的时代。——译者注

意第绪语诗人施莫克·卡泽金斯基和亚伯拉罕·苏兹基弗是战前"青年维尔纽斯"成员。二人都在维尔纽斯犹太隔都里的"纸兵团"工作。这张照片是1943年7月在隔都的共用阳台上拍摄的。（陈雪霏译）

然而，隔都和纸兵团里的大多数人未能逃出虎口。在珀纳尔，党卫队继续其大屠杀，这一时期行将结束时被处决的人当中就有15岁的日记作者，鲁达沙维斯基。与此同时，党卫队大造声势，试图掩盖集体大屠杀的惨状。1943年秋，附近斯图特霍夫（Stutthof）集中营的犯人被迫到珀纳尔挖出成千上万具腐烂的尸体。熊熊烈火烧毁了尸体，骨灰和沙子混在一起，然后一同掩埋。这些奴工花了几个月的时间，才烧完10万名受害者的遗骸。

意第绪科学院的精神之父杜布诺夫早在1941年就已遇害。大战爆发时，杜布诺夫已年届八十。1930年代他便已定居里加，撰写回忆录。他的友人们看到危险已逼近，于1940年帮他弄到了瑞典护照，但他不愿使用。1941年纳粹占领里加后，杜布诺夫被赶出公寓，并眼睁睁地看着自己的大量藏书被没收。他和城里的其他犹太人一起被关进了隔都。1941年初，党卫队强迫24,000名犹太人离开隔都，前往里加郊外的伦布拉森林（Rumbula）。苏联的战俘已在此挖了6个大坑，这些犹太人就在这里被处决。杜布诺夫因病身体虚弱，无法走数里地到伦布拉森林，于是盖世太保的一名军官将其射杀在街头。据目击者说，直到最后一刻杜布诺夫还在劝告隔都里的人们："犹太人啊，写下来，至于图书管理员伦斯基的生命如何终结,迄今不明。据一名证人说,他和女儿一起被遣送到特雷布林卡(Treblinka)灭绝集中营,而另一名证人说,他于1943年9月被活活打死。纸兵团的领导人卡曼诺维奇被转移到爱沙尼亚的法依法拉(Vaivara)集中营,1944年在那里去世。克鲁克被送到爱沙尼亚的拉各地(Lagedi)强制劳动营,他一直写日记,直到最后一刻。9月17日,他留下最后的记录:"我把手稿埋葬在拉各地,就在卫兵室对面舒尔曼先生的营房里。有6个人出席了葬礼。"[55] 克鲁克已预感到自己的结局。第二天,他和其他两千名犯人被迫把木头抬到附近的森林里。木头摆成长长的几排,犯人被逼着躺在上面。他们为自己堆好了火葬的柴堆。党卫队的看守们向这些犯人的头部开枪,然后又在尸体上面堆上一层木头,躺下一批犯人——最后焚烧所有尸体。但是数日后红军到达现场时,未焚烧的尸体依然堆积如山。克鲁克"葬礼"的亲历者之一死里逃生,回到集中营挖走了他的日记本。

那时,红军已经解放了维尔纽斯。1944年7月的第一周,维尔纽斯遭到了一次攻击,到7月13日,最后一批纳粹分子也撤退了。苏兹基弗和卡泽金斯基也在解放者之列,他们加入了犹太游击组织"复仇者"。战争结束后,他们开始寻找藏起来的手稿和图书。但令他们极为悲伤的是,他们发现位于维沃斯基欧街18号的意第绪科学院被炮火击中后,已成一片废墟,烧得仅剩断壁残垣。克鲁克在隔都图书馆的藏匿处已被发现,纳粹在院子里烧毁了所有图书。不过,秘密的地堡幸而尚未被毁,苏兹基弗和卡泽金斯基从地板下挖出了手稿、信件、日记本和一座托尔斯泰半身像。他们继续挖掘时,地面上突然出现一只手,原来躲在地堡里的一名犹太人死在了那里,有人就把他埋在了书堆里。[56]

12　塔木德部队：
特莱西恩施塔特集中营

　　站在桥上，沙石水底鱼儿们的浅棕色背脊清晰可见。不时有一条鱼儿摇头摆尾，鳞片朝向太阳，闪烁着银色微光。桥的另一头是带着孩子的家庭，他们正躺在通向奥赫热河（Ohře）无遮无挡的沙嘴上。现在是盛夏，水位很低。孩子们跳到河里，任由河水一路把他们带往平静的水域。更下游，河岸上的树木绝迹的地方，就是22,000名集中营囚犯的骨灰被倒进河流的地方。

　　齐陶山脉分隔了德国和捷克共和国，在它以南约12英里的地方是古老的哈布斯堡要塞和卫戍小镇特莱西恩施塔特，也就是如今的特雷津（Terezín）*。在巴士停靠的停车场，人们可以买到软饮料、钥匙环和画面为集中营囚犯在帐篷里的明信片。不过今天顾客稀少，温度计逐渐上升到104华氏度（40摄氏度），镇子的街道上空空荡荡，令人觉得诡异——只有几个女孩踩着自行车往河流的方向骑去，行李架上放着卷起的毛巾。目前，只有几千人还居住在星状要塞城墙内的小镇里，这个小镇自战后以来几乎一成未变，除了几幢公寓楼因其苏维埃式的阴郁而吸引眼球。

　　战争期间，党卫队在这些城墙内建立了可能最为古怪的集中营。德国的大多数集中营大同小异，都按照党卫队区队长、达豪集中营指

---

* Theresienstadt 为德语名，Terezín 则为捷克语名。——译者注

挥官西奥多·艾克（Theodore Eicke）设计的模式建造。达豪集中营成立于1933年，是纳粹的第一个集中营。艾克改进了达豪集中营的结构与文化，后来它成为几乎所有集中营的样板。

特莱西恩施塔特既是一个集中营，也是一个隔都，发挥许多不同的功能。它也是收集营与转运营，驱逐到这里的大多数人不久都要押送到波兰占领区的灭绝营。而在德国的政治宣传中，它也是一个模范营。

卫戍小镇特莱西恩施塔特由奥地利皇帝约瑟夫二世始建于18世纪末。在毗邻小镇的小要塞里，曾关押第一次世界大战中最著名的犯人——加夫里洛·普林西普（Gavrilo Princip）。1914年他在萨拉热窝枪杀奥匈帝国王储，引发了第一次世界大战。

1942年，党卫队强行驱逐特莱西恩施塔特的7,000名捷克居民，以便腾出地方建集中营。曾经保卫着小镇的城墙与护城河，现在就成了一个大监狱的边界。在这个模范营里，犹太人可以住在平常的房子里，穿平民日常穿的衣服，这意味着特莱西恩施塔特非常像一个隔都。正如其他的隔都，这里也有一个"犹太委员会"（Judenrat）[*]，在党卫队的掌控下实行自治。

送至特莱西恩施塔特的许多人都是从德国、西欧和东欧"挑选出来的犹太人"，包括曾经的高级公职人员和参加过第一次世界大战的老兵。但是从宣传的角度看，最引人瞩目、最重要的一群人是艺术家、演员、导演、音乐家、作家、学者和其他知识分子。其中一人便是以撒·利奥·塞利格曼，那位来自阿姆斯特丹的圣经学者和藏书家，他和家人一起被驱逐至此。

在德国的宣传中，特莱西恩施塔特被渲染成"元首送给犹太人的城市"。也是出于宣传的考虑，纳粹在该集中营开设了银行和商店，还为孩子们建了几个操场。这里甚至使用过一种叫作"特莱西恩施塔

---

[*] 第二次世界大战期间，纳粹德国在犹太人集居地指定的犹太居民委员会。——译者注

特克朗"的"营币",目的是制造集中营里经济独立自主的假象。

集中营生活中的一个重要部分是诸多的文化活动,集中营指挥官和工作人员都鼓励开展这类活动。1942年11月,在营址为L304号的一幢两层黄色石屋里成立了"特莱西恩施塔特隔都图书馆"。楼上是康乐部,负责开展五花八门的集中营活动。康乐部里有戏剧表演,也有音乐会和演讲,集中营里不缺演员、音乐家和作家。一些当时最杰出的人才都被遣送到该集中营,如奥地利演员伽若·佛特(Jaro Fürth)、剧作家埃尔莎·伯恩斯坦(Elsa Bernstein)和钢琴家爱丽丝·赫兹-桑默(Alice Herz-Sommer)。至少有5名维也纳爱乐乐团成员被关进集中营,包括前首席小提琴手尤利乌斯·斯威特卡(Julius Stwertka)。[1] 集中营里甚至成立了一支犹太人爵士乐队,名叫"隔都浪子"。

1942年特莱西恩施塔特隔都图书馆开放时,它已拥有4,000册图书,是纳粹从柏林拉比神学院等地方劫掠而来的。其他抢自犹太会堂、犹太家庭、教会和共济会的图书也不断送到特莱西恩施塔特。不过大多数书是囚徒们自己带过来的,每次有新人员涌入就会带来更多的书。犹太人被驱逐时允许携带少量财物,许多人都选择带上一两本他们最喜欢的书。他们一到集中营,这些书就被没收,上交给隔都图书馆。不到一年,该图书馆的藏书就增加到5万册,到1944年更是达到了12万册。[2]

纳粹的宣传喜欢突出集中营里的文化生活。1944年精心接待国际红十字会到访时,这座"波特金村"*达到了登峰造极的地步。前一年党卫队已开始准备,着手"美化进程",包括翻修营房、粉刷房屋、种树栽花。犯人们的配给比以前充足,好让他们看起来像是伙食不错。

---

* Potemkin Village,俄国女皇叶卡捷琳娜的宠臣波特金于1787年修建,专为女皇视察他的辖区时使用,以示辖区的"繁荣"。后用来指专门建设出来以迷惑世人的假象。——译者注

5月份的时候，还有7,503名犹太人从特莱西恩施塔特转移到了奥斯维辛，以便让集中营显得不那么拥挤。

红十字会前来视察是丹麦、瑞典施加压力的结果。1944年6月视察员抵达时，特莱西恩施塔特宛如一首田园诗，上演着足球赛、音乐会，还有一个犹太儿童唱诗班为来宾吟唱。广场上飘荡着"隔都浪子"乐队演奏的爵士乐，尽管第三帝国已禁止爵士乐，认为它是"颓废的音乐"。改头换面的还有语言，集中营的名字从"特莱西恩施塔特隔都"改成了"犹太人聚居区"。

因为此次访问，纳粹还开始拍摄宣传影片，把集中营形容为"犹太人的疗养胜地"。很讽刺的是，他们招募营里的囚犯在党卫队的领导下拍摄这部宣传片。犹太囚徒负责写剧本、导演和配乐，配乐也是由"隔都浪子"操刀。[3]这部影片名为《元首送给犹太人的城市》(Der Führer schenkt den Juden eine Stadt)，由犹太裔德国演员兼导演库尔特·盖隆(Kurt Gerron)执导。1930年，他曾与玛琳·黛德丽(Marlene Dietrich)联袂出演影片《蓝天使》(Der blaue Engel)，取得事业的突破。

在幸存的一段影片中出现了图书馆的影子——图书管理员忙着为图书编目，馆长埃米尔·乌提兹(Emil Utitz)讲了话。在这部影片里，图书馆另有名称，不再是特莱西恩施塔特隔都图书馆，而改称比较中性的"中央图书馆"。

但是，红十字会的视察员前脚刚离开集中营，这出戏的布景便立即拆卸，对犹太人的驱逐也立刻重新开始。在模范集中营的形象背后，只不过是一个和其他集中营并无二致的集中营，也充满了饥饿、疾病、奴役和折磨，也人满为患。一到9月，拍摄影片的几个犹太人就惨遭驱逐，至于盖隆和"隔都浪子"乐队的几名成员，则于1944年末被塞进特莱西恩施塔特开往奥斯维辛的最后一趟列车。[4]

送到特莱西恩施塔特的144,000名犹太人中，仅有17,000多人熬到了战争结束。大约33,000人死于该集中营，而近9万人被赶到了奥斯维辛。许多人死于战争行将结束时集中营里暴发的伤寒。图书馆书

1944年，由犹太音乐家组成的爵士乐队"隔都浪子"在红十字会访问特莱西恩施塔特时进行演出。乐队成员随后被驱逐到奥斯维辛集中营。（陈雪霏译）

籍的流动助长了疫病的传播，一个个读者相继染病，隔都图书馆里成千上万册被细菌污染的图书最后不得不焚毁。图书馆也在战争末期频繁的驱逐中走向毁灭："每列火车都从我们这儿刮走 1,000 本书，因为每个人都会带走两三本书……我无计可施。"乌提兹写道。[5] 虽然许多人知道，或者至少感觉得到前方等待他们的是什么，但他们还是想带一本书上路。

不过，在特莱西恩施塔特还有一座秘密的图书馆，它没有出现在宣传影片中，只有一部分经过选择的人才能利用。它是一座完全不同的图书馆，具有完全不同的价值。

* * *

靠着一份战时地图，我试着让自己不要在特莱津的大街小巷里迷路。集中营的痕迹依然处处可见，在某些街角还能认出用黑色字母写的老"街名"，用的是集中营的缩写形式："街区 C.V/Q2—09-15"。我走过了这座城市里最漂亮的房子之一，那里曾经住过营里的丹麦犹太人。

就在南墙外，离火葬场不远的地方，有一座小小的石屋，山墙的石缝里灰泥已经脱落。生锈的栅栏围住了一个小花园，能看见里面的番茄、红醋栗和葡萄藤沿着要塞的城墙攀缘而上，这里就是党卫队称为"图书收购组"的一群人干活的地方。

1943年4月，党卫队下令召集一群特殊的犹太学者，包括拉比、神学家、语言学家和历史学家。营里的其他囚徒在附近矿井敲煤块或者制作军服时，图书收购组的这些人忙于帮党卫队为抢来的图书编目。[6] 正如罗森堡特别任务小组，党卫队也缺少能读能译、又能为没收而来堆积如山的犹太文献编写书目的研究人员。特莱西恩施塔特有许多犹太人学者，因此党卫队打起了他们的主意。另一个秘而不宣的理由是，因为柏林屡遭空袭，1943年春党卫队已开始将柏林的书库腾空，他们选择了特莱西恩施塔特这个比较安全的地方。

党卫队成立的"图书收购组"相当于罗森堡特别任务小组设在维尔纽斯的"纸兵团"。而且正如纸兵团，这个工作组在隔都的俚语中，也另有一个完全不一样的名称：塔木德部队（Talmudkommando），总计约有四十名犹太学者。

一些欧洲水平最高的犹太学者被"招募"到塔木德部队，捷克籍犹太人、藏书家奥特·穆内里斯（Otto Muneles）被选为组长。之前他供职于布拉格的犹太博物馆，和卡夫卡（Franz Kafka）是校友。其他组员还有莱比锡大学闪米特语教授摩西·沃斯基－纳哈他比（Moses Woskin-Nahartabi），以及阿姆斯特丹的历史学家兼藏书家以撒·塞利格曼。以撒本人及其父亲西格蒙德的大量藏书于1941年被没收，流入柏林的帝国中央安全局图书馆。1943年，帝国中央安全局把一部分犹太文献转移到特莱西恩施塔特，交给塔木德部队。[7]

塞利格曼在移交过来的大约 6 万册图书中发现了自己的藏书。正如维尔纽斯的纸兵团，塔木德部队的成员似乎也陷入同样的道德困境。他们只能安慰自己，他们是在保存犹太遗产，虽然他们效力的是一个最应该为犹太人的灭绝背负罪责的组织。他们不得不谨慎从事，在令"主人"满意和令工作自身有意义之间保持平衡。他们也痛苦地意识到：任务完成之时，很可能就是他们的死亡之日。因此，他们故意降低效率。

尽管塔木德部队的成员享有集中营给予的一些特权，但他们也不断面临被遣送的威胁。塔木德部队通常被豁免了许多义务，但党卫队也有意识地通过威胁让成员人心惶惶。

1944 年，塔木德部队里最出色的专家之一纳哈他比和全家人一起被遣送至奥斯维辛。

对其他人而言，"例外"既是一种逃脱，也是一个诅咒。组长穆内里斯眼睁睁地看着全家人遭到驱逐，等他知道他们的命运后，主动提出要一起前往，却被拒绝。每次宣布又要驱逐一批人时，他就把自己的名字写在名单上，但每次他的请求都被驳回。[8]

塔木德部队的工作一直持续到 1945 年 4 月初党卫队放弃集中营为止，数日之后纳粹德国宣布投降。那时，塔木德部队已为近 3 万册书编好了书目，书脊上都小心翼翼地贴好了黄色标签，用手写上了序号。党卫队在仓促中丢下集中营，因此甚至连已经编好书目，装到 250 多个箱子里的书也没有带走。

* * *

1942 年 5 月 31 日的午夜左右，有史以来最大的敌方轰炸机队进入德国领空。当时的新战略是，不仅要针对德国军火工业发动攻势，而且也要打击那些在里面工作的人，换言之，平民劳动力。其目的是轰炸在自己家中的德国人，打消他们继续作战的妄想。在 90 分钟内，约 1,500 吨炸弹投向中世纪古城科隆，引发了 2,500 多起火灾，致使 5

万人无家可归。此次行动为接下来数年中的空袭树立了榜样,对德国城市的炸弹袭击越来越具有毁灭性。战略的成功鼓舞了同盟国,它们开始把注意力集中于第三帝国的政治与行政中心:柏林。

数百万册抢来的图书存放在遍布城市的仓库里,它们就是一触即发的炼狱。据估计,1943年帝国中央安全局国家公敌图书馆底下的犹太部门拥有20万—30万册图书,包括塞利格曼、钢琴家鲁宾斯坦(Arthur Rubinstein)、犹太裔法国作家安德烈·莫洛亚(André Maurois)等名家私藏,以及从欧洲各地的学校、犹太会堂和神学院劫掠的犹太文献。[9]

当时图书源源不断地涌入,党卫队只有时间为一小部分没收来的犹太文献编目。甚至也没有足够的书架放书,大多数书堆积如山,放在柏林艾森纳赫街上攫夺来的共济会会所里。

1943年,帝国中央安全局和罗森堡特别任务小组都开始把它们的藏书撤出柏林。它们不仅清理并运走仓库里的书,整个劫掠行动,包括分拣、编目和研究工作,也一起转移。1943年8月,帝国中央安全局负责意识形态研究的第七处,把大多数图书搬迁到归党卫队控制的不同城堡内,这些城堡主要位于毗邻德国、波兰和捷克斯洛伐克三国边境的西里西亚(Silesia)。第七处犹太部的一部分未经编目的藏书被送到特莱西恩施塔特,其余的则运到了巴伐利亚赖兴贝格(Reichenberg)外的一个城堡里。帝国中央安全局共济会文献部门的部分藏书,包括该组织的神秘学藏书,搬到了希姆莱最喜欢的城堡斯拉瓦(Schlawa,现名Sława),而档案材料移到了沃夫斯道夫(Wölfelsdorf,现名Wilkanów),塞满了一座城堡和一个啤酒厂。[10] 所谓的"瑞典书箱",即光明会的档案,以及其他藏品,则疏散到了西里西亚。新总部也转移到了捷克利帕(Česká Lípa)以东约9英里处的尼姆斯堡(Schloss Niemes)。纳粹侵吞的藏书存放在中欧总计约10个城堡和要塞中。

塔木德部队的成立不是帝国中央安全局第一次把知识分子当作奴工来使用。1943年图书馆开始撤离柏林时,早有一组犹太人在第七处做事，多年来为藏书编目。早在 1941 年，党卫队就绑架了 8 名犹太知识分子，强迫他们在艾森纳赫街上第七处的仓库中工作，其中一人名叫恩斯特·格瑞姆赫（Ernst Grumach），以前是柯尼斯堡（Königsberg）大学的文献学教授。

1943 年春，另一个工作组成立，成员是 19 位犹太学者。虽然他们在柏林市中心工作，但情况并不比集中营更好。保安处密切监视这些犹太员工，一天 16 小时把他们锁在特殊的房间里。他们不能与其他德国人交谈，甚至有自己专用的"犹太人厕所"。死亡的威胁和肉体的虐待是家常便饭，"被强迫的犹太人劳工中，没有一个人知道当他走进这栋高墙环绕的大楼时，还能不能活着出来"。格瑞姆赫作证说。[11]

一开始，格瑞姆赫的小组埋头为从欧洲各占领区送到艾森纳赫街的图书编目、分类，但是纳粹开始疏散图书后，他们的工作变成了打包书、装书，为运输做准备——这是一桩吃力的活儿，上年纪的学者很难胜任。

1943 年 11 月，英国皇家空军开始对柏林发动空袭。最沉重的一击发生在 11 月 23 日晚，蒂尔加滕、夏洛滕堡（Charlottenburg）、舍恩贝格（Schöneberg）和斯潘道（Spandau）都被轰炸，引发的大火使 175,000 人流离失所。那晚，位于选帝侯大街（Kurfürstendamm）的威廉皇帝纪念教堂被炸弹击中，如今教堂破碎的尖塔是柏林最著名的地标之一。

帝国中央安全局在艾森纳赫街的仓库距教堂仅半英里，也遭到炸弹的袭击，大量尚未运走的图书不幸着火。据格瑞姆赫说，楼里的大多数犹太藏书毁于大火，包括维也纳和华沙犹太圣会的藏书。帝国中央安全局的另一个藏书库，即埃姆斯特街上的共济会会所，也被炸弹命中。

犹太奴工的命运是去抢救火灾中的剩余物品。格瑞姆赫说，房子还在熊熊燃烧时，犹太人就"被派到着火的房子里，穿过一个个天花板已变形，随时会坍塌的房间，把笨重的家具抬出来"。[12]

尽管火灾四起，柏林的各处仓库、地堡和地下室里仍有大量书籍。打包、搬迁书籍的工作一直持续到"俄国人逼近柏林之时"。[13] 到这时，虽然最重要的藏书早已转移，但战争结束时，帝国中央安全局的仓库里依然藏有 50 多万册图书，其中许多书由科学图书馆抢救组织收集起来，分给了柏林的众多图书馆。一些书最后落脚于柏林中央与地方图书馆，七十年后芬斯特瓦尔德和博肯汉姆拂去了它们身上的尘埃，让它们重见天日。

*　　*　　*

1943 年夏天，罗森堡也开始清空他设在柏林和法兰克福的仓库。"罗森堡处"的总部位于柏林波茨坦广场的西面。之前罗森堡的组织已经膨胀，如树干长出两条枝丫，每一条枝丫又冒出新芽，即新的计划、行动和组织。到 1943 年，为了罗森堡的各个图书馆计划，已有数百万册劫掠来的图书被收集起来，胃口最大的是法兰克福研究所的犹太图书馆、高等学校的中央图书馆和专门研究东方问题的东方图书馆。

法兰克福研究所成立了"欧洲大陆最优秀的犹太图书馆"，美国历史学家格林姆斯泰德说。[14]1941 年，即研究所运行后的第一年，2,136 箱抢来的图书运抵。和其他图书馆一样，图书源源不断地来，工作人员一直没有足够的时间处理。战利品如此丰富，纳粹的图书管理员和档案员可能要花数十年的时间，才能完成所有编目工作。在上文提及的 2,136 箱图书中，研究所只来得及打开 700 箱，为大约 25,000 册图书编好目录。编目过的书籍仅占藏书的十分之一。

到 1943 年春，研究所的藏书已达 50 多万——多亏了约翰尼斯·坡尔。[15] 坡尔原为天主教神父，曾经亲自造访并查封了欧洲最重要的犹太图书馆。在阿姆斯特丹，他攫夺了犹太人的"生命之树"图书馆和罗森塔尔图书馆；在巴黎，在他的监督下，全球犹太人联盟的图书馆被抢；在罗马，罗森堡特别任务小组没收了意大利拉比学院图书馆的藏书；在塞萨洛尼基，一万多册属于犹太人的书籍被掠走。1943年初的塞萨洛尼基之行后，坡尔亲自带了一些犹太人的档案材料回法兰克福。

一列又一列火车载着窃取的犹太档案和图书，从苏联和东欧驶入德国，其中许多材料掠自1943年之前人口已灭绝的社区。图书来自基辅、明斯克、里加，以及数百个处于它们之间的小地方，尤其是维尔纽斯。

1943年的下半年，法兰克福也开始了疏散工作。因其地处西部，又有重要的兵工厂，因此法兰克福尤其容易成为盟军空袭的目标。大战期间约多达20次的空袭，把法兰克福这座德国最大的城市和中世纪名城，炸成一片瓦砾和残垣断壁。不过，空袭波及的地方不多。研究所设在法兰克福以北约31英里处的小镇洪根，藏书则分别放在八个不同的仓库。在研究所存在的最后两年里，藏书量进一步增加，因为随着德军的撤退，来自东西方的图书也跟着搬迁。据统计，1945年洪根约有100万册图书，此外还有大量的档案材料和犹太人的宗教性手工艺品。[16]

罗森堡特别任务小组掠夺的图书和档案被法兰克福研究所和柏林的不同部门瓜分，研究所得到了许多最重要的犹太藏品。罗森堡特别任务小组在柏林成立了一个所谓的"图书分拣中心"，核查存货，并决定应送往何处。这项工作的一个悲剧性结果是，许多藏书从此星散。对罗森堡特别任务小组而言，将偷来的藏书保持完整毫无意义。毕竟，行动的目的是建立全新的藏书。为此大受影响的是规模较小、专业性却更强的藏品，其中涉及"犹太"主题的留给了法兰克福研究所，而其他的送往东方图书馆或高等学校中央图书馆。[17]罗森堡特别任务小组或自愿或不得已，与其他组织、机构、大学和图书馆分享了手中的书籍与档案材料。不过，这些材料也在"罗森堡处"内部的不同项目之间进行分割。这种瓜分的结果是，许多藏书，比如那些来自维尔纽斯和塞萨洛尼基的书，最终散落到好几个地方。这种瓜分本身是一种破坏，致使许多藏书永远不能再次会合。

除了法兰克福研究所，高等学校中央图书馆也是最重要的图书接收单位。该馆是1942年10月开始罗森堡从柏林撤离的第一批馆藏之一。起初，该图书馆搬迁至安奈海姆大饭店，这里离奥地利南部的奥西阿赫湖（Ossiacher See）不远。但是，不久它又搬到位于格兰河畔圣法伊特（Sankt Veit an der Glan）镇外、建于文艺复兴时期的坦森贝格大城堡（Schloss Tanzenberg）。

作为罗森堡图书馆项目中的一颗明珠，高等学校中央图书馆应拥有一些最精彩的藏书。不过该馆的基础馆藏是德国学者的一些藏书，如东方学家、种族主义者雨果·格罗特（Hugo Grothe），他在20世纪初就鼓吹通过种族灭绝为德国人在殖民地争取生存空间。此外还有教会史学家乌利齐·施图茨（Ulrich Stutz）和拿破仑研究专家弗里德里希·马克斯·克屈森（Friedrich Max Kircheisen）的藏书。罗森堡也把他个人的藏书给了该图书馆。不过，在战争期间高等学校中央图书馆积累起来的图书中，这些藏书仅占一小部分。位于坦森贝格的高等学校中央图书馆一共接收了50万—70万册图书。[18]

这些藏书可谓是罗森堡特别任务小组在战时四处劫掠的实证，里面有该小组活动过的几乎每一个国家的书籍：法国、荷兰、苏联、比利时、希腊、意大利、波兰和南斯拉夫。甚至还有抢自英国海峡群岛（British Channel Islands）的图书，1940年那里被德国占领。[19]

法兰克福研究所没有获得全部的犹太文献，数量可观的一部分去了高等学校中央图书馆，包括许多珍贵的私人藏书，如原先属于法国罗斯柴尔德家族成员的藏书。高等学校中央图书馆接收了差不多900箱来自阿姆斯特丹国际社会史研究所的材料，包括其收藏的大多数报纸和期刊。[20]而且，它也吸收了苏联的宝贵藏书与档案，如窃自列宁格勒城外皇宫图书室的35,000册图书。甚至在诺夫格罗德（Novgorod）和基辅攫取的珍稀而古老的印刷品，包括11世纪成立的基辅洞窟修道院（Kyiv Pechersk Lavra）的书籍，都送到了坦森贝格。

罗森堡特别任务小组主要的仓库既不在奥地利,也不在洪根,而是在现名拉齐布日(Racibórz)的波兰西南小镇拉提波(Ratibor)。拉提波是上西里西亚的重要集镇,始建于中世纪初。正如这些边陲地区的许多地方,拉提波也人口混杂,有捷克人、波兰人和德国人。仓库选址于拉提波,一个重要原因大概是它处于柏林、克拉科夫和维也纳之间,位置具有战略意义。另一个同样重要的因素是水运便捷——奥德河(Oder)流经小镇,注入波罗的海。1943年5月,罗森堡特别任务小组的人员来拉提波预做准备,数月后第一批东西,即10车厢的书籍与档案从柏林运抵。[21] 更多的则是走水路,共有6,000多箱材料由奥德河上的驳船运送至此。

罗森堡特别任务小组的新总部设在河畔一座方济各会修道院内,而东方图书馆建在了曾经的公共浴室里。一家银行、镇图书馆、犹太会堂和若干个仓库也被占用。该组织的宣传部、音乐部、通俗文化部、

第二次世界大战接近尾声时,柏林的轰炸进一步加剧,数百万本抢来的书籍被撤离到这个如今属于波兰的小镇拉提波。(陈雪霏译)

科学部等部门如法炮制，也搬到了拉提波。空间很快就不够用了，他们不得不搬离小镇，到乡村寻找屋舍。除了其他几处地方，他们还征用了一家烟厂和附近的几个城堡。一列列火车把"M 行动"中从犹太人公寓中抢来的家具运到此地，满足了各个部门的需求。分散活动是为了尽可能掩盖他们的行动，例如，他们允许城堡的主人继续住在里面，以便维持表面的正常。

分拣站也搬到了拉提波，这似乎意味着所有窃据的档案和书籍都要送到这里进行分类。盟军在诺曼底成功登陆，以及红军在东线推进后，大量书籍在战争的最后几年送到此处。1944 年夏分拣站核对的一份藏书清单上，包括了许多知名法国犹太人的藏书，如法国国家图书馆前馆长于连·卡因（Julien Cain）、国际笔会法国分会秘书长本杰明·克雷米厄（Benjamin Crémieux）——此二人都已被赶到布痕瓦尔德。[22] 此外，犹太裔法国政治家莱昂·布鲁姆和作家纪德的档案资料也流入拉提波。

拉提波的一部分重要工作以东方图书馆为中心，纳粹在苏联大肆劫掠后，该馆的藏书大增。东方图书馆的藏书存放在犹太会堂和其他 6 个建筑物内。列宁大图书馆的藏书用 17 节车厢从明斯克运过来，卸到拉提波镇外的烟厂。其他成千上万册图书和期刊储藏在离拉提波不远的一个中世纪古堡普勒斯城堡（Schloss Pless）。屠格涅夫图书馆、彼得留拉图书馆的藏书，外加罗森堡特别任务小组在西方找到的其他一些流亡者图书馆馆藏，装满了犹太会堂的几个房间。纳粹还想在西方成立一个相当于东方图书馆的"西方图书馆"，不过一直没有实现。[23] 书籍源源不断地运到拉提波，直到战争的最后一刻。即便德国人自己似乎也不清楚东方图书馆在拉提波集聚了多少图书。根据某些估计，至少为 200 万册，而且很可能更多。

13 "没有犹太人的犹太人研究"：拉提波－法兰克福

1941年，当犹太问题研究所在法兰克福正式成立时，大家意识到，此事不仅是发生在一个人们赋予了一些象征意义的城市，而且也是发生在一幢独特的房子里，因为该所搬进了罗斯柴尔德家族在博肯海姆兰德大街（Bockenheimer Landstrasse）68号的豪宅中。[1] 按照罗森堡的想法，这个欧洲领先的反犹主义研究所在法兰克福而不是其他地方开幕，象征着罗斯柴尔德家族在这座城市势力的终结。[2]

18世纪末，罗斯柴尔德家族的祖先梅耶·阿姆斯洛·罗斯柴尔德（Mayer Amschel Rothschild），正是在法兰克福这座城市为其银行业王朝奠定了基础。此后，他派出几个儿子横跨欧洲，依靠家族的人脉关系网，建立了一个强大的银行业新王朝。[3] 在纳粹党人眼中，法兰克福是遍及全球的"邪恶"的诞生地——对他们而言，没有一个家族能像罗斯柴尔德那样，集中体现犹太人金融业具有破坏性的贪婪。把犹太问题研究所设在这种"邪恶"的心脏地带，是想从象征意义和实际意义上，切断犹太人的世界阴谋与其最重要的根基之一之间的联系。

法兰克福市市长、纳粹分子弗雷德里希·克雷布斯（Friedrich Krebs），用罗斯柴尔德图书馆诱惑罗森堡来法兰克福。在一封信里，克雷布斯写道："藏品收集于法兰克福的政治与文化生活深受犹太人影响的时期，但是在当今这个时代，这座图书馆能提供一个独一无二的机会，让我们研究犹太主义和犹太问题。"[4] 这是一座纳粹无需偷窃的犹太图书馆。相反，法兰克福研究所也把自己的藏书放在那里，直到1943年开始疏散图书。就像帝国中央安全局第七处和"罗森堡处"的其他部门，战争期间，法兰克福研究所也把大量时间耗费在书籍的运输、储存、分类与编目上，远多于用在实际的研究上。他们认为，不妨在战后再开展持久的研究，届时可以认真阅读、评估从国家的意识形态敌人那里偷来的丰富材料。[5]

正如基姆湖畔的高等学校，在"高校"的旗帜下规划的许多研究所将于未来，即德国凯旋之后成立。但是，其中若干研究所虽然在战时还没有正式开办，尚处于准备阶段，却已开始接收文献、档案以及其他攫夺来的材料。

战时最重要的任务是实实在在的抢劫，它为这些研究所提供了丰富的材料，供最终的研究之用。材料分给了斯图加特的生物与种族学研究所、慕尼黑的印欧思想史研究所、汉堡的殖民地意识形态研究所，等等。1944年，因为在苏联掠夺了原属共产党的大量书籍与档案，纳粹又计划成立另一个新的研究所：布尔什维主义研究所。[6]

然而，最终高等学校研究所中仅有一个犹太问题研究所在战时成立并运行。对日耳曼人、凯尔特人和宗教的研究可以留待战后，但犹太问题太过重要，刻不容缓。从更宽泛的意义上说，该研究所成立时，正值屠杀犹太人的计划即将实施，这并非巧合。

虽然搜罗材料是当务之急，但是也有一些研究工作要进行。1943年开始疏散后，犹太问题研究所的研究部搬进了洪根的中世纪城堡。城堡由红砖建造，塔楼环绕，融合了猎人小屋与童话城堡的风格。研究所允许城堡主人索尔姆斯-布劳费尔（Solms-Braunfel）一家留下，为他们的行动打掩护。在整个大战期间，研究所和德国占领区内涉及犹太人的政治发展以及反犹立法联系密切，并且经常收到外交部和领事馆的秘密报告。[7]与此同时，研究所的"犹太专家"把各种犹太文化知识传授给要与之打交道的德国人。

从一开始，法兰克福研究所也会根据从欧洲大陆各国抢来的丰富资料，埋头从事研究或著书撰文。研究所的研究人员收集了欧洲，很有可能也是全世界最重要的犹太资料，因此他们有能力形塑犹太研究的未来。1942年，纳粹党党报《民族观察报》刊登了一篇论及该研究所的文章，这些研究的观点在文章中阐述得一清二楚："有史以来第一次：没有犹太人的犹太人研究。"

犹太人研究最重要的发表阵地是研究所自己的期刊——《世界战斗》（Der Weltkampf）。这是一份月刊，自称为"关于世界政治、民俗文化和各国犹太问题的月刊"。它的第一期印刷了6,000本，订户大多为教师与研究人员。[8]该期刊也会发行特刊，例如1943年的第2号即以法国的犹太人问题为核心，刊载了法国反犹通讯记者的文章。这一期也发行了法文版，因为研究所从法国斩获颇丰。

除了一些文章，这一期也"分析"了19世纪犹太裔德国诗人海涅致巴黎的詹姆斯·罗斯柴尔德男爵的一封信，信中海涅请求后者资助。另一篇文章则分析了爱因斯坦批评希伯来大学的几封信。该大学1925年成立于耶路撒冷，爱因斯坦本人是大学董事会成员。这两篇文章都引用了罗森堡特别任务小组在巴黎找到的资料。[9]虽然那些文件几乎没有揭示任何值得一提的阴谋，却被用来暗示犹太人有秘密的经济、政治和社会网络。他们从未提出任何证据证明阴谋的存在，也不需要提出。这是迷信者娱乐其他迷信者的研究而已。每一点细微的关联都被视为全球阴谋中的线索。这种研究的特点与戈培尔用于《锡安长老会议纪要》的哲学方法相同——关键之处在于这是本身固有的，事实真相并不重要。

研究所期刊中的文章也立足于新发现的材料和研究者的"考察访问"。希伯来藏品的负责人坡尔在《苏联的意第绪文化》一文中述及他在维尔纽斯的发现，还发表较短的研究成果，论述希腊和乌克兰的犹太文化。研究所的其他研究人员则致力于研究犹太裔布尔什维克的阴谋，或者犹太人的活人祭仪，等等。

除了《世界战斗》，法兰克福研究所也出版书籍、著作和选集，尤其重视手册的刊印，典型的有《犹太音乐百科全书》（Lexikon der

Juden in der Musik）。计划印行的还有一部《犹太戏剧百科全书》（*Lexikon der Juden auf dem Theater*），作者是文学学者伊丽莎白·弗伦策尔（Elisabeth Frenzel），她曾于1943年出版《剧院里的犹太人》（*Der Jude im Theater*）一书。弗伦策尔深受德国种族研究之星、"种族教皇"君特的影响，德国文学专家约亨·霍里施（Jochen Hörisch）评价她的这本书是第三帝国"最糟糕的反犹出版物"之一。发行这些手册的目的是认清犹太人对戏剧和音乐的影响，以便把它们从德国文化中剔除。手册以这些领域里的专业人士为读者——如戏剧导演和音乐教师——以防他们无意中上演具有"犹太"性质的音乐作品或戏剧。

纳粹也计划出版关于隔都和反犹主义历史的野心之作。对于前者，法兰克福研究所要求东欧的地方管理层提供各个隔都的地图。也有一种可能是，法兰克福研究所一个知名度相对不高的分部，即1942年底在罗兹市（Łódź）成立的"东方犹太人问题研究所"，参与了这项计划。该所所长是神学教授阿道夫·弗兰克（Adolf Frank），这是一个特殊部门，其职责是对罗兹市现存的隔都"开展研究"。研究所雇用了3名员工，也负责为反犹主题的展览收集资料。例如，它在地方报纸上刊登分类广告，有偿征集"犹太人的材料"。[10]

虽然法兰克福从未举办过展览，但拉提波却在此事上取得了较大的成功。到1943年，"罗森堡处"在柏林的研究和宣传部门已和藏书一起撤离，就连罗森堡特别任务小组在苏联的地方分部也被迫和德军共同撤退。除了书籍和档案，当地的专家学者也一起疏散——包括十位乌克兰教授，他们和家人一起从基辅迁到了拉提波。[11]拉提波的研究活动聚焦于东欧国家，并且和为东方图书馆收集的大量资料直接相关。他们研究苏维埃制度等，此外也发行措辞强硬的反布尔什维克宣传作品，如《反布尔什维主义的战斗》《布尔什维主义的真面目》。最重要的是，研究的宗旨是证明布尔什维主义的真正目标，以及隐藏在其意识形态背后的犹太人的阴谋。领导这些研究工作的是图书馆员兼历史学家格尔德·文德尔（Gerd Wunder），早先他曾驻扎于巴黎和里加，负责没收那里的图书馆。文德尔的研究部门名为"第四部",就设在拉提波镇外的普勒斯城堡,东方图书馆的很大一部分藏书也早已搬到那里。[12] 文德尔也忙于利用没收来的档案材料,为一些有名望的犹太人,如罗斯柴尔德家族成员、拉特瑙和爱因斯坦等撰写"个人档案"。他的成果包括了罗斯柴尔德家的世系图,上面标明了人物之间的"关系"。

文德尔研究部门最惊人的项目,是 1944 年 5 月为纳粹官员举办的盛大、秘密的展览,内容涵盖战时罗森堡特别任务小组搜刮劫掠的全部材料。这个展览也是这两个组织的工作的结合。展览分不同部分,展示来自法国、荷兰和苏联的材料,而以苏联的展品最多。此外也特别陈列与塞萨洛尼基的犹太人、罗斯柴尔德家族和共济会有关的展品。用于展览的一些材料、海报、照片和插画留存至今,它们代表了纳粹组织培养的思想观念,也直接反映了纳粹领导人的世界观。流传下来的照片表明这是一个比较传统的展览,展出了宣传海报以及用从档案馆、图书馆里挑选出来的材料做成的表格等。[13]

1944 年春,在拉提波举办了一次展览,展出的书籍和档案资料都是从整个欧洲抢掠来的。纳粹研究人员对这些盗窃来的收藏进行研究,寻找犹太人有世界阴谋的证据。(陈雪霏译)

在共济会的材料中，有一些展品涉及罗斯福和丘吉尔——二者于20世纪初加入了共济会。除了其他展品，还有罗斯福在一次共济会会议上的演讲稿，以及丘吉尔写给犹太裔法国政治家布鲁姆的关于共济会的一封信——此时布鲁姆已被囚禁在布痕瓦尔德集中营。

在幸存的展览资料中，最能说明问题的是一张密如蛛网的图画，这幅画试图把世界阴谋形象化，上面的大卫之星、共济会的标志以及锤子与镰刀，就相当于拉特瑙、塞西尔·罗兹（Cecil Rhodes）、库尔特·艾斯纳（Kurt Eisner）、托尔斯泰、列宁和罗氏家族等人。这些人就是罗森堡眼中的恶魔，他们的关系盘根错节，结成一张蛛网，将整个世界裹挟到邪恶的阴谋中。[14] 正如我们所见，他们形象地展示了罗森堡构建了近30年的阴谋论。这是一个全面的大阴谋，环环相扣。敌人，如社会主义者、布尔什维克、共济会、天主教会和资本主义者，还有英、美、法的政治家，都被卷入犹太人编织的一张无所不包的大网中。

对反犹主义者而言，这张蛛网是最有力的隐喻之一，因为犹太人常被比作蜘蛛，一种从人类、文化和国家身上吸血的寄生虫。蜘蛛的隐喻有好几层意思：它喻指犹太人在经济上巧取豪夺；犹太人的种族混合败坏玷污了雅利安血统；它也指古老的"血祭诽谤"，即犹太人将基督徒儿童的血用于宗教仪式。

展览中的另一幅海报画出了罗斯柴尔德家族世系图，上溯至他们的先祖詹姆斯·梅耶·罗斯柴尔德（James Mayer de Rothschild）。[15] 罗氏家族掌握了经济"世界霸权"一说始于18世纪，在西方，这是犹太人通过控制全球经济来控制整个世界这个阴谋论的核心。而在东方，布尔什维主义成了被攻击的中心。第三帝国处于这些强敌的挤压之下，要为德国人民和日耳曼民族的自由不屈不挠地斗争。

根据国家社会主义的世界观，根本不是纳粹政权发动了进攻战，它所做的不过是一方面防御西方的"犹太金融"，另一方面防御东方的"犹太布尔什维主义"。在战前的1939年1月，希特勒就已在德意志帝国议会上的一次讲话中说："欧洲和其他地方操纵国际金融的犹

1944年在拉提波展出的插图显示,犹太人的阴谋网络广泛遍布全球,其中共产主义者、资本家和共济会发挥着关键作用。(陈雪霏译)

太人，会再次成功地将各民族卷入一场世界大战中，但其结果不会是全球布尔什维克化，犹太人由此获胜，而是犹太民族在欧洲荡然无存。"[16]

这时希特勒所谓的"消灭"和奥斯维辛集中营不是一回事——犹太问题的这种"解决方法"是后来才成形的。起初犹太问题无关乎种族灭绝，而是将犹太人从德国所有社会和文化领域中逐出，后来又扩大到欧洲。在1930年代，解决的方法是法律、社会、文化和经济上的隔离，目的是迫使犹太人移民。纳粹也计划将欧洲的犹太人迁移到"保留地"，中亚、巴勒斯坦和马达加斯加就是被公开提议过的一些地区。大屠杀这个"解决方法"直到1941年年中才出现。

罗森堡领导下的研究工作对这种路线亦步亦趋。在和犹太人的斗争中，研究人员被认为是"思想上"的战士，从偷来的书籍和档案中取来弹药，从内部粉碎犹太人的阴谋。罗森堡和犹太问题研究所，先后在欧洲各地劫掠、搜罗犹太人民的历史、文学和文化遗产以奠定基础，未来他们就可以在此基础上为自己灭绝犹太人的行为辩护，证明其正当性。完成后的研究不过是伪科学，旨在将国家社会主义思想作为基础的神话故事、伪概念和虚假的历史编织成网，发展成值得尊重的科学学科。

这是目标明确的"研究"。1941年研究所揭幕时，所长格劳在就职演说中描述了他想象中一个没有犹太人的欧洲。[17]次年，格劳于1937年出版的著作《德国历史上的犹太人问题》发行了新版。正如希特勒，他也谴责犹太人挑起了战争。他认为，这是一场只有解决了"犹太人问题"才能终止的战争。

对犹太人实行大屠杀在"知识上"的正当性始终没有确立。因此，1944年，宣传部委托格劳的继任者克劳斯·斯基柯特（Klaus Schickert）博士，为其1937年关于匈牙利犹太人问题的书和博士论文《匈牙利的犹太人问题：19、20世纪的犹太人同化与反犹运动》撰写续篇。写作第二本书时，正值匈牙利的犹太人被遣送到奥斯维辛。[18]更早的时候，斯基柯特帮忙在布达佩斯建立了一个反犹主义研究所，

1944年3月德国占领匈牙利后，该所摇身一变，成了国家研究所。研究所成员在新政权占居要职，有权力迅速推行反犹政策。

罗森堡的野心是要写出犹太人在德国和欧洲的"真实历史"。但是要理解为什么"犹太人"是头号敌人，我们必须考虑到，对纳粹德国的理论家而言，犹太人的历史也是德国人的历史。"撰写现当代德国和欧洲史时，必须把犹太人问题纳入考虑范围，这一点无论如何强调都不为过。"格劳如是写道，他认为犹太人问题要追溯至中世纪。[19] 只有以犹太人和日耳曼人争斗千年的事实为基础，才能了解德国历史。通过"研究我们德国与异族的犹太人之间艰辛但最后获胜的斗争，我们才能更深刻地认识德国人的性格。由此我们不但能增进知识，还能进一步致力于国民生计"。沃克马·埃希斯塔特（Volkmar Eichstät）留下了这样的文字。他是国立新德国历史研究院的图书馆员，该院院长即纳粹历史学家瓦尔特·弗兰克。

1944年，戈培尔的宣传部阐述得更明白："犹太人问题是世界历史的关键。"[20] 戈平瑙、张伯伦和罗森堡都曾声称，推动历史的根本力量是种族之间的斗争——这种说法相当于种族思想版的马克思主义阶级斗争论。雅利安人和犹太人处于这种斗争的中心，他们是不共戴天的仇敌。在国家社会主义的世界里，犹太人是历史罪恶的化身，是所有腐败的根源，是不同种族混交的杂种，代表了堕落与分裂，也是德国人民的苦难。

为了一个新德国的崛起，必须从肉体及象征意义上击溃这个千年宿敌。"纳粹迫害犹太人，是因为他们是德国和欧洲－基督教文明内部的一个关键因素"，历史学家阿隆·康飞诺（Alon Confino）写道。"犹太人使纳粹的善恶之战有了完整的意义：这是一场弥赛亚式的战争，目的是在灭绝犹太人的基础上创造纳粹文明。创造与灭绝的联系不可分割，互赋意义。"[21]

但这不只是一场消灭肉体的战争，它也是涉及记忆与历史的战争。罗森堡的计划在其中发挥了主导作用，而劫掠图书馆与档案馆是这场

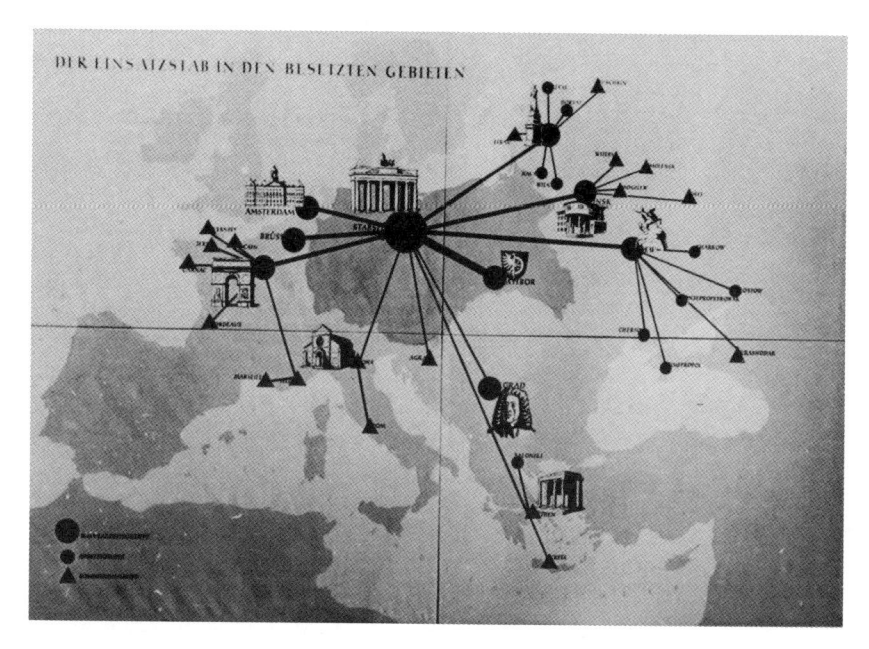

掠夺组织罗森堡特别任务小组从阿姆斯特丹到基辅的广泛分支网络图。(陈雪霏译）

控制记忆之战的根本核心。这一点也使得偷书有别于其他各种抢劫行为，如抢艺术品。艺术也有思想性，但只是在象征意义上，艺术品则是给领导阶层和国家增辉添彩的战利品。艺术也能反映国家社会主义理想与新的人类，并予其合法性，但真实的意识形态需要书籍和档案来支撑。依托书面文字，控制记忆与历史，就能建构未来。

纳粹殚精竭虑地要灭绝犹太人，但不是他们的记忆。"犹太人"要作为历史上的以及象征意义上的敌人保存起来，这是法兰克福研究所的目标之一，1941年罗森堡在开幕式上致辞时早已强调了这一点。[22]在演讲中，罗森堡预言将来某一天，甚至在国家社会主义获胜的将来，会有一代人对他这一代人做出判断。因为这个原因，犹太人的历史，他们的重要性和罪行，都必须得到保存。德国人民"不得已"参与的残酷战争应该被正名。基于这些理由，犹太文化的重要成果，图书和档案，只被劫夺但却没有摧毁。为了写出作战千年、最终告捷的历史，这些东西必不可少。鉴于这是赋予纳粹运动以深刻意义的斗争,因此必须使犹太人的记忆保持鲜活,在他们消失之后仍能作为邪恶的象征。在《没有犹太人的世界》一书中,康飞诺述曰:

> 战争胜利后不忘犹太人,这一点很重要,因为犹太人的彻底清除不能仅靠肉体毁灭来实现,还需要压制犹太人的记忆与历史。在战争中获胜可以肃清世界各地的犹太人在白宫和克里姆林宫的所谓势力,消除犹太人对德国社会的种族威胁。但是纳粹和犹太人的斗争从来不是主要针对其政治和经济影响力,而是与身份有关,是通过占用犹太人的历史、记忆和书籍来发动的。[23]

因此,"铭记"成为一种反抗行为,这一点既有意义又很重要。维尔纽斯隔都图书馆管理员克鲁克在1944年临死之前,把日记埋在爱沙尼亚的劳改营,此举在某种意义上就是试图通过保存自己的记忆,挫败迫害他的作恶者。尽管维尔纽斯的"纸兵团"和特莱西恩施塔特的"塔木德部队"对于他们从事的工作充满了矛盾情绪,但一想到说到底是在拯救自己的历史,他们又都看到了希望。

在这场针对记忆、文字和书籍的斗争中,还有密切相关的另一面。毕竟,这场斗争发生在可能是世界上文化和知识水平最高的两个民族——两大"书的民族"之间。华沙的犹太人教师海姆·卡普兰(Chaim Kaplan)写于1939年的日记,表达了类似的观点:

> 我们在对付一个文化发达的国家,一个"书的民族"。德国已成为一座疯人院——为书籍而疯狂。随你怎么说,我害怕这样的人!只要偷书是基于一种意识形态,是基于本质上具有精神性的世界观,它的力量与持久性就无与伦比……纳粹不仅抢走了我们的物质财富,也把"书的民族"这个美

名从我们这里抢走。纳粹既有书，又有剑，这就是它的力量与权势。[24]

卡普兰的日记流传了下来，成了纳粹入侵华沙前后犹太人生活最重要的见证之一。它或许具有象征意义。1942年，卡普兰意识到自己要被逮捕时，就让人偷偷地将日记带出。他的最后一则日记写道："13,000人被抓并送走，其中5,000人是自愿来到转运营。他们受够了隔都里的生活，那充满饥饿与死亡威胁的生活。他们逃出了陷阱，我希望自己能和他们一样做！如果我的生命结束了——我的日记会有什么样的遭遇？"[25]

* * *

在帝国中央安全局第七处，其他一些研究项目计划要一直进行到战争结束。但是，帝国中央安全局内部已成形的研究不同，在许多方面更为怪诞。正如罗森堡对现实的看法都渗透到他的活动中，帝国中央安全局的研究也清楚地反映了希姆莱对共济会与神秘主义的特殊兴趣。

帝国中央安全局的藏书和研究项目分散到了中欧的不同城堡。在尼姆斯堡，第七处已开始编纂神秘学书目，长达400多页，涉及7,000本书、18,000册期刊，主题包括天文学、招魂术、神秘主义、预言、催眠术、炼金术、享乐主义和解梦，等等。帝国中央安全局最古怪的研究项目之一名为"利奥"（Leo），由党卫队一级突击大队长维尔纳·戈奇（Werner Göttsch）领导，他是安全局局长恩斯特·卡尔滕布鲁纳（Ernst Kaltenbrunner）最信赖的手下之一。1942年海德里希在捷克斯洛伐克遇刺后，卡尔滕布鲁纳取而代之，成为局长。

戈奇早年任职于保安处的外事部门，但在染患肺结核后，军旅生涯停步不前，被改派特殊任务，去第七处研究共济会的文献，并特别关注神秘学的材料。协助他的是党卫队二级突击大队长汉斯·里克特（Hans Richter），他是帝国中央安全局的共济会问题专家，也曾负责为巫术和魔法书籍编目。里克特为戈奇草拟了阅读清单，涵盖了魔法、心灵感应和招魂术等主题，甚至还有色情书籍。从柏林疏散后，位于捷克的 15 世纪城堡——新法尔肯堡（Schloss Neu Falkenburg）的几个房间拨给了戈奇的绝密项目，并成立了一个小小的神秘学图书室。里克特负责这一部分行动，他提出要求征集重要著作，这些著作本来属于其他被没收的藏书，现在被带到了城堡。甚至保安处的秘密报告也被他收集了过来——保安处曾于 1930 年代追踪监视着德国的各式人智学团体。[26]

第七处的最后一任处长保罗·迪特尔（Paul Dittel），在战后的审判中称"利奥"的目的是创造党卫队的"某种共济会或神秘宗派"。

迪特尔交代说，卡尔滕布鲁纳力图打造一个情同手足的纳粹会社，成员可以致力于任何他们想做的事情，同时忠诚于纳粹政权，发挥"观察者和告密者"的作用。[27] 按照迪特尔的说法，戈奇的研究工作是要为这样一个组织奠定必要的基础——其途径很有可能就是研究共济会如何通过仪式和保密性来建立相互忠诚的兄弟关系。当时局势已越来越清楚，德国即将败北，但党卫队高层领导给了该项目最高的优先权，这似乎表明"会社"可能在为后纳粹德国的地下活动做准备。

另一个运作时间更长的项目是希姆莱的"女巫索引"（Hexen-kartothek）[*]，早在 1930 年代中期就已启动。巫术研究计划名为"女巫 - 特殊任务"（Hexen-Sonderauftrag），旨在调查女巫和她们遭受的迫害。希姆莱曾下令对这一主题进行"科学的调查"，党卫队头子对此有兴趣，原因之一可能是他的一个祖先，马格蕾丝·希布勒（Margareth Himbler）曾被指控使用巫术，1632 年在巴特梅根特海姆

---

[*] 这是一个在希姆莱的命令下成立，为天主教宗教裁判所的女巫审判记录进行编目的项目。——译者注

(Bad Mergentheim)被活活烧死。[28]

十几名党卫队的全职研究人员，为了"女巫－特殊任务"耗费了差不多十二年时间。他们爬梳了260家图书馆和档案馆，搜寻女巫、审讯方案、目击者描述和证词等方面的材料。这些材料被编成卡片索引，即"女巫索引"，每一位"女巫"为一个单元，附有其历史、家族谱系和生平。该项目采用了受害人编目档案的形式，其内容也正是如此。

希姆莱把对女巫的审判看作是北欧和南欧文化之间的千年大战。根据希姆莱的说法，这种迫害是天主教会在打击北欧民族原始的精神信仰——是对日耳曼古老风俗的攻击与破坏。女巫代表了北欧人的"通俗文化"，按照希姆莱的观点，它遭到了南欧地中海一带基督教的反对，而这种基督教的根源正是在犹太世界。

这个观点有部分真实性——确实有许多女性因为被指控使用巫术和前基督教的异教仪式而被烧死。然而不出所料，希姆莱怀疑对女巫的迫害是犹太人一心摧毁日耳曼文化的阴谋的一部分。在党卫队的世界观里，女巫是雅利安人的殉道者，是奋起抵抗"闪族祭司"的北欧女战士。[29]

在某种程度上，第三帝国利用了"女巫－特殊任务"这个研究项目。戈培尔曾经承认，猎捕女巫这件事具有宣传价值，能让纳粹对天主教会的攻击正当化。甚至纳粹的游行和宣传演出还把这些女巫标举为德国女英雄。

纳粹雇用了作家弗里德里希·索库珀（Friedrich Soukup），为年轻的成年读者撰写关于猎捕女巫的消遣小说或历史小说，也抨击一下教会。据说索库珀计划在这项研究的基础上写出雄心勃勃的三部曲，不过一直未能实现。在欧洲开展过的猎巫研究中，"女巫－特殊任务"的文件最为详赡。在项目进行的九年时间里，卡片索引日积月累，最后竟涉及3,600名女巫的生平。此外，还建立了一个拥有大约15万份文件和书籍的档案馆及图书馆。战后希姆莱的女巫索引消失不见，被人遗忘，直到1980年代德国历史学家格哈德·舒尔曼（Gerhard

Schormann）在波兰重新发现它们。

舒尔曼认为，这项计划有双重目的，既为宣传工作提供材料，又是尝试恢复、保存德国已遗失的某些信仰。[30] 说来奇怪，希姆莱的巫术研究尽管有许多学术上的缺陷，但是因为它收集了大量的历史资料，因此在现代的猎巫研究中有一定的重要性。"作为欧洲第一个也是唯一一个'亲巫'政府，纳粹政府也对民众对巫术的认识，以及民间某些形式的魔法习俗，产生了持久的影响。"美国历史学家迈克尔·贝利（Michael David Bailey）写道。[31] 舒尔曼本人最后也利用了希姆莱的女巫索引，来研究德国的巫术案。

送到尼姆斯堡的还有犹太文献，但它们好像只是存放一旁，不像神秘学文献那样大受重视。格林姆斯泰德认为，在纳粹政权沉迷于"全面战争"这个想法时，对神秘主义产生兴趣不能视为"无关紧要的哗众取宠"，相反，战争末期党卫队精英认为它非常有意义："或许帝国中央安全局的头子们，比如，我们现在所知当时暗地进行了和平试探的希姆莱和卡尔滕布鲁纳，也不想为了生存或卷土重来而放弃寻求关涉精神或者甚至是异教的资料，虽然当时他们身边的世界正在摧毁纳粹政权和他们理应保卫的意识形态。"[32]

最后，全面战争也波及党卫队的那些城堡。1945 年 4 月，第七处的人员被召往前线，为第三帝国作最后一战。

*　　*　　*

虽然德国正从各条战线撤退，但是"罗森堡处"内部不打算放弃与世界各地的犹太人为敌。如果有什么区别的话，那就是他们的活动更紧锣密鼓。在战争的尾声，罗森堡开始为最后一个宏伟的项目起草计划，这个项目既脱离实际又毫无用处：1944 年召开的国际反犹太大会，主题为"当代全球政治中的犹太人"。为了让该项目更有合理性，罗森堡甚至开始和帝国中央安全局内部的对手，即宣传部和外交部合作。之前法兰克福研究所所长斯基柯特已被指派编辑《犹太人世界政治年鉴》，很有可能是打算在大会上推出。这是一本文集，它将说明犹太人如何控制世界政治的发展，因此必须为这场战争负责。[33]

1944年6月15日，即盟军成功登陆诺曼底的一周后，一份绝密文件描述了此次会议的各项计划。[34]文件执笔人为汉斯·哈格迈尔（Hans Hagemeyer），罗森堡最信任的人之一，也是此次大会的组织者。据文件所述，希特勒个人已批准各项计划，并决定在克拉科夫召开大会。随后哈格迈尔详细描述了此次大会：除了一些"犹太专家"，还有三位德国部长要发表演讲，柏林爱乐乐团也将在首席指挥家威廉·富特文格勒（Wilhelm Furtwängler）的指挥下演出。

大会还将邀请"欧洲的杰出人物"，以及欧洲内外各国的代表参加。文件列出了一些人物的名字，包括几名欧洲最重要的反犹分子、法西斯分子和纳粹党人。"意大利的戈培尔"，即费尔南多·梅扎索马（Fernando Mezzasoma）部长会出席会议。荷兰的纳粹主义政党"荷兰国家社会主义运动"的头子兼创始人安东·缪赛特（Anton Mussert）、法国维希政权的教育部长兼诗人亚伯·博纳尔（Abel Bonnard）也在受邀之列。哈格迈尔还提到，罗森堡已去挪威，"以便亲自邀请首相吉斯林"。代表阿拉伯世界的是耶路撒冷的大穆夫提*侯赛尼（Haj Amin al-Husseini），他于1941年逃到纳粹德国，曾试图劝说希特勒对中东的犹太人进行大屠杀。根据哈格迈尔的说法，他们已收到答复，瑞典、罗马尼亚和瑞士也保证派代表参加，不过文件没有写出他们的名字。他还写到，大会的筹备工作在极端保密的状态下进行。[35]

自创办以来，法兰克福犹太问题研究所就一直积极建立国际联系，这一点从其开幕典礼的嘉宾名单中可见一斑，来宾包括了丹麦、匈牙利、

---

* "穆夫提"为阿拉伯语音译，意为伊斯兰教教法说明官或教法解说人，是一种伊斯兰教教职的称谓。——译者注

罗马尼亚、荷兰、比利时和挪威的代表。研究所建构了欧洲大陆反犹太组织和当局的网络，以便把反犹情况告知公众。[36] 纳粹德国经常利用当地的反犹太分子、种族主义者和组织。他们经常接受德国的资助，有时也用当地机构的名义从事活动，比如法国的犹太问题研究所，所长为法国人保罗·塞兹利（Paul Sézille），但它受党卫队监视，并接受德国大使馆的资助。[37] 该研究所推销德国反犹政治的模式，1941年在巴黎组织了反犹太的展览"犹太人与法国"，展示犹太人如何渗透社会，腐化法国的文化及民族的风俗与传统。

法国的犹太问题研究所和法兰克福研究所密切合作。监督它的党卫队二级小队长特奥多尔·丹内克（Theodor Dannecker）曾建议把它变成罗森堡高等学校的分部，不过一直没有成为现实。尽管如此，法兰克福研究所协助其法国同事，以《世界战斗》为范本创办了一份期刊：《法国和世界的犹太人问题》。

哈格迈尔的文件揭示出，计划于1944年在克拉科夫召开的会议实际上有完全不同的目的，而不仅仅是反犹太主题的研究会议。他写到，虽然整件事貌似一个"历史与科学会议"，但真实意图是"成立一个调查犹太人并与之作战的国际组织"。换句话说，类似于反犹太人的联合国。[38] 希姆莱、里宾特洛甫、戈培尔、汉斯·弗兰克（Hans Frank）都将是这一国际组织的名誉会员，此外还有梅扎索马、缪赛特、博纳尔和侯赛尼等比较著名的与会者。该组织将抵制"亲犹宣传"，揭露同盟国如何实际在为"犹太人的世界霸权"而战。[39]

问题是罗森堡想要结成反犹同盟的欧洲，很快就在1944年分崩离析。年底未到，纳粹德国已孤立无援。希特勒发现罗森堡的计划在政治上毫无可能性后，取消了会议。

1944年初，经过长达872天的围困之后，红军解放了列宁格勒。夏天，苏联解放。8月，红军兵临华沙城下，斯大林停止攻势。近半年时间里东线无战事，而在此时期红军集结大量资源，准备决一死战。六百万士兵奔赴前线，是1941年希特勒进攻苏联时调用人力的两倍。

拉提波的人们似乎意识到战争已迫在眉睫,1944 年底再次拟订了将藏书疏散到巴伐利亚的计划,但这时要把拉提波储存的数百万册图书迅速转移走已不切实际。经过一年半的努力,甚至都无法从柏林撤出所有图书。至今无人知晓,在最后几个月里罗森堡特别任务小组转移了多少图书。这项工作一直持续到 1945 年 2 月的第一周,当时红军已打到拉提波。非常不简单的是,即便是最狂热的纳粹分子也毫不怀疑第三帝国大势已去的这个时刻,党卫队和罗森堡特别任务小组竟继续处理图书。他们这样做的原因,也许既可以从意识形态的角度,也可以从非常人性的角度来解释。

这些组织是纳粹运动的"思想卫士",长期以来集中了许多真正的信徒。一堆乱糟糟的神话、伪历史和阴谋论依托国家社会主义的核心而构建起来,这些"思想卫士"下定决心通过"研究"来证明它们,并让它们确立在坚实的基础之上。在这些人的圈子里,宿命论是弥天大罪。与此同时,他们工作不辍也有非常符合人性的理由,毕竟,只要他们的工作合情合理,他们就不必上前线。不错,派往东线等于判处死刑。

1945 年 1 月,普勒斯城堡的藏书开始疏散。但是到了月中,苏联开始进攻,两百万红军战士挺进波兰。随着苏军步步逼近,罗森堡特别任务小组的人员不得不逃命,而把成千上万册图书遗弃在普勒斯的火车站。[40] 2 月初,拉提波遭到炮火袭击,这儿的人员也开始逃亡。红军占领拉提波时,奥德河上还有载满书籍的驳船。纳粹曾计划烧毁部分书籍,为此还储备了充足的汽油,但出于某种原因还是决定扔掉这些书了事。[41]

罗森堡在洪根这条战线的活动也持续到最后一刻。法兰克福研究所依然借书给研究人员、大学和其他研究机构——借书记录表明,直到 1945 年 2 月图书馆仍出借图书,当时红军已在柏林城外,而西线盟军距法兰克福仅有 124 英里。[42] 研究所还购买了下个月的图书。

1945年4月初，美军第五步兵师抵达洪根，占领了城堡。不久他们发现了巨大的藏书库，找到它们的部队由32岁的律师、中尉罗伯特·舍恩菲尔德（Robert Schoenfeld）率领，他是一位出生在波兰的犹太人，1939年从纳粹德国逃到了美国。[43] 很有可能就是在这个时候，舍恩菲尔德队伍里的一名士兵，端着英国造的自动步枪，小心翼翼地走进某个黑漆漆的书库，开枪示警，结果子弹击中一个箱子，射穿了来自罗森塔尔图书馆的一本书：塞缪尔·阿斯奎的《抚慰以色列的苦难》。

14 一马车的鞋子：
　　 布拉格

在布拉格市中心，都斯尼街（Dušní）和文森斯卡街（Vězeňská）交会之处的小广场上，矗立着一座雕像：卡夫卡骑在一个无头巨人的肩膀上。这座黑色铜雕像的灵感来自于卡夫卡的短篇小说《一次战斗纪实》（*Beschreibung eines Kampfes*），在故事中叙述者像骑马一样，跃上一个看似不可征服的对手的肩膀，一举获胜。

这座雕像成了观光胜地，一群俄罗斯游客在这座具有象征性的国民作家雕像前轮流相互拍照。这个地方也充满了象征意义：卡夫卡故居就在都斯尼街，这儿也是布拉格老犹太区的心脏——距西班牙犹太会堂仅几步之遥。在中东建筑风格的会堂前面，有一幢摩登得多的建筑物：呈灰黄色，具有功能主义风格的布拉格犹太博物馆。图书管理员兼研究人员米卡·卜赛克（Michal Bušek）就坐在二楼的一个房间里，他三十来岁，光头，留着修剪整齐的胡子，身穿灰色格子短裤。他的办公桌旁放着一辆图书馆的手推车，里面装满了又旧又破的书。所有书的书脊下部都贴着相同的发白的标签，上有手写的"Jc"或"Jb"，后面跟着一个数字。这些就是特莱西恩施塔特的"塔木德部队"贴过书标的书籍，"J"是"Judaica"（犹太文献）的缩写。

"纳粹知道这些书对犹太人来说多么重要。阅读使你成为一个'人'，不让你阅读等于偷走了你的思想。他们想抢走犹太人最重要的东西，从而摧毁犹太人。"卜赛克一边说一边看着手推车。目前他正在核查战后流落到犹太博物馆的大量藏书，包括一些来自特莱西恩施塔特的书籍。这是一个漫长的过程。"我在书里寻找主人的记号，如藏书票、印章、批注，然后把它们输入我们正在建设的数据库。"

这项工作和德国众多图书馆所做的事很像，旷日持久，要检查每一本书上是否有前主人留下的痕迹。有时事情很简单，例如书里有抢眼的藏书票，还写着全名，或者有签名、赠言、阅读时写下的几行字。但这些纯属例外。许多书上根本没有前主人的线索，有时名字被划掉，藏书票被揭走。

"第一步是输入名字和书号。然后把这本书的详细信息输入数据库，如书名、出版年份，甚至是书的照片。最后，每一本藏书都会有一份详细的描述。"卜赛克告诉我。他估计，完成第一步需要大约一年时间，而第二步费时得多。希伯来语文献也录入数据库，这需要一种特殊的软件系统，他解释说，但也大有必要，因为许多书，尤其是"塔木德部队"的那些书，是用希伯来语写成的。在这批书里，原主人留下的印迹要多一些，因为有些书来自重要的个人私藏。

书籍"解放"70年后才着手这项工作，不仅充分说明了图书归还的整体状况，也反映了在战争末年陷于苏联阵营内，落在诸多藏书身上的悲惨命运。实际上，在曾经的铁幕背后，仅有寥寥可数的机构在积极从事这项工作，布拉格的犹太博物馆正是其中之一。

战争结束后，1945年，特莱西恩施塔特集中营的大多数藏书转移到了布拉格的犹太博物馆。该馆建于1906年，1939年被纳粹占领，但获许在一定范围内继续某些活动。战争期间，这家博物馆成了收集、分拣站，处理从被逐犹太人那里掠夺的书籍和宗教性手工艺品。"一箱箱从犹太会堂抢来的物品被送到这里，由一群犹太裔研究人员进行登记、分类。犹太人和纳粹分子的想法不一样，前者想抢救这些艺术品，因为他们希望战争很快结束，而纳粹想成立一个犹太博物馆，展示犹太人的古怪和异常。"卜赛克说。

有好几年，这家博物馆成为大规模犹太文化拯救行动的中心。虽然在纳粹控制下做着有辱尊严的工作,但是得到的回报是为子孙后人保存了成千上万的书籍、文物和宗教物品,其中许多东西来自已荡然无存的犹太人社区。战前犹太人口估计为 30 多万,此时已减少到仅为原来的六分之一。大多数犹太人死于大屠杀,还有许多人离开后再也没有回来。[1]

捷克斯洛伐克是战后苏联阵营内唯一允许成立独立共和国的国家,虽然为时不长。这意味着,最终流入捷克斯洛伐克的书籍既要服从西方普遍采用的归还哲学,同时也受制于截然不同的东欧方法。最后,书籍采取了"半归还"的政策。

1945 年,留在特莱西恩施塔特的藏品送到了布拉格的犹太博物馆,"塔木德部队"的幸存者之一穆内里斯也来到了布拉格,被任命为博物馆图书馆的馆长。其他地方的被掠图书也相继抵达。边境上,在捷克境内党卫队霸占的城堡里,包括纽弗肯堡和尼姆斯堡,发现了几十万册当初帝国中央安全局疏散而至的图书。[2]

战后运来此处的藏书,如今仅存一小部分,卜赛克一直想搞清楚原委。"很难了解。那时留下来的记录不多,我们只有 1945—1949 年的一本小账簿。"他说。大约 19 万册图书从特莱西恩施塔特和纳粹的其他仓库运到了博物馆。"战后归还了许多书,但和我们今天看到的不一样,那不是真正的归还,因为没有人调查过这些书原本属于谁,或者从哪里来。既没有员工去做这件事,也没有地方放这些书。整个博物馆只有两三名雇员。"

据卜赛克介绍,这些书被分散到不同方向:有些书分给了捷克斯洛伐克不同的犹太圣会,还有一些书则送到了以色列。"这些书没有被检查过的迹象,大多数书仍装在当初纳粹打包的板条箱里。我相信他们只是挑出一只箱子,根本没有仔细查看里面装了什么,就把它送了出去。人们到博物馆来询问:'我能拿走 50 本书吗?'然后就如愿以偿了。"犹太组织,如"犹太文化重建"(Jewish Cultural Reconstruction,缩写为 JCR),也拿走了许多书。成立该组织的目的是把被抢的犹太人财产分配给各犹太社区，特莱西恩施塔特隔都图书馆里剩余的很大一部分书就是这样分掉了。[3]

更大的一个计划最早由耶路撒冷的希伯来大学提出，后来该计划归属以色列国家图书馆。这是一个政治上属于犹太复国主义的"抢救计划"。在犹太人大屠杀的劫后余波中，数十万幸存者移居以色列，当时普遍弥漫的情绪是要把欧洲的犹太文化遗产尽可能多地带回以色列。[4] 1946年底，希伯来大学图书馆馆长雨果·伯格曼（Hugo Bergmann）和穆内里斯一起去看帝国中央安全局在尼姆斯堡的仓库，他们估计城堡里还有65万本书。

"有些书是犹太人的，另外还有各种各样的书。我看到了来自修道院的天主教书籍，以及神智学和社会主义方面的书籍……在城堡的阁楼上，我还发现了一份我无法识读的荷兰档案就扔在地板上。还有意第绪语报纸，不是捆好就是装在纸箱里，它们都来自维尔纽斯的意第绪科学院。"伯格曼在报告里这样写道。[5]他从捷克斯洛伐克带了约4万至7万册犹太书籍回以色列。数量不确定，是因为伯格曼也偷运了许多箱子，而且他把许多珍贵的手稿偷偷地藏在里面。[6]

战后头几年如此之多的图书从捷克斯洛伐克流失，可归因于博物馆和犹太圣会的支持。另一方面，捷克政府对于归还被劫物品有非常多的限制："总体上捷克政府对于归还问题态度消极。在某些情况下，把个人或组织要求归还财产的愿望贴上'法西斯主义''资产阶级'或任何当时适合的标签。"一位美国观察者如此写道。[7]个人更难以要回他们的书籍，在战后的捷克斯洛伐克，将图书归还原主家庭的，记录在案的仅有一例。[8]

帝国中央安全局第七处希伯来部的6万册藏书，大部分都留在了布拉格，"塔木德部队"处理过的也正是这批图书。卜赛克还不知道，这批藏书中有多少仍在犹太博物馆图书馆。"也许是3万册，但我们不确定。我们现在正在为它们编目。看起来，战后穆内里斯确实把这部分书从大批藏书里分了出来，所以它们能留在布拉格。"不过，卜

布拉格犹太博物馆内的图书,书脊上仍留有特莱西恩施塔特集中营"塔木德部队"贴的书标。

赛克及其同仁也从这批藏书中发现了从欧洲各地抢来的图书。"大多数书来自柏林、布达佩斯、华沙、阿姆斯特丹和其他城市的犹太圣会。我们也找到了 3,800 多本来自维也纳的书,都是从犹太圣会和个人那里抢来的。"说着卜赛克从车子里拿出几本书,指着上面的"犹太社区"印章让我看。书里还有一张藏书票,表明该书是萨罗·科恩(Salo Cohn)捐赠的,他是 20 世纪以前维也纳犹太圣会的领袖。

接着卜赛克带我到图书馆的阅览室,珍贵的文物就保存在边上一个用玻璃围住并上了锁的隔间里。厚厚的书用皮革和灰色羊皮纸装订,要戴上白色棉布手套才能触碰。卜赛克取出我想看的那一本来自阿姆斯特丹的书。他把薄薄的书放在白色的书桌上,书的封面已严重龟裂,令人想起奥古斯特·斯特林堡(August Strindberg)笔下表现主义风格的大海。该书名为《迈蒙尼德医生与神学家的斗争》(*Der Mediciner Maimonides im Kampfe mit dem Theologen*)——是关于中世纪哲学家迈蒙尼德和他对世俗研究的倡导。

封面里面有一张藏书票,看起来似乎昨天才贴上,但实际肯定已有近百年的历史。藏书票的白色背景上画着大卫之星,两侧分别为身姿跃起的牡鹿和狮子,下方则写着一个名字:西格蒙德·塞利格曼。这个图案极有可能指涉犹太教口传律法集《密西拿》(*Mishnah*)中的句子:"敏捷如羚羊,健壮如狮子,去遵行上帝的旨意。"[9]

书脊上有一张"塔木德部队"贴的标签"Jb 812",它甚至有可能就是以撒本人所贴,以此为其父的某本藏书留下记号。卜赛克又拿出一本西班牙系犹太人宗教哲学家乌列·科斯塔(Uriel da Costa)的传记给我看,他于 1617 年逃脱葡萄牙的大迫害后定居荷兰。书上有作者,即葡萄牙历史学家阿图尔·巴茨托(Artur de Magalhães Basto)写给西格蒙德的个人赠言。西格蒙德自己的签名出现在第三本书,《古兰经》的德译本上。

塞利格曼家的藏书在阿姆斯特丹被罗森堡特别任务小组洗劫后,分给了帝国中央安全局的几个仓库。除了分到特莱西恩施塔特的书籍,许多书也在不同城堡找到，包括尼姆斯城堡。伯格曼把2,000册塞氏藏书带到了以色列，还有一小部分留在了布拉格的犹太博物馆，迄今为止，卜赛克已确认了其中大约60本。但是更大一部分的藏书，战前估计为2万—2.5万册，一直下落不明。或许这些书散落于纳粹德国境内的各个仓库，也有可能在战争期间被扔掉或毁于柏林的空袭。

以撒没有死在特莱西恩施塔特，并于1945年回到了阿姆斯特丹。就算他曾试图从捷克斯洛伐克找回他家的藏书，很快铁幕的降落也打消了他的念头，尤其是当捷克斯洛伐克在随后的事件中发挥了关键作用。

总统爱德华·贝奈斯（Edvard Beneš）试图使捷克斯洛伐克成为东西方之间的桥梁——因为它是一个自由的共和国，但这个政治计划很快就失败了。有苏联撑腰的共产党在议会中占多数，因为他们的积极活动，年轻的共和国陷入了政治动荡的局面。1947年，捷克斯洛伐克接受了美国马歇尔计划的帮助——为国家重建提供的经济援助。但是，克里姆林宫的压力迫使领导层改变了这个决定。6个月之后的1948年初，共产党在一场莫斯科支持下的政变中夺取了政权。不久之后，犹太博物馆及其藏品全部收归国有。

"在那之后，基本上所有的归还工作都停止了。"卜赛克解释说。由于犹太博物馆的知名度很高，共产党不能把它彻底关闭，但是研究和展览都被减少到最低限度。该博物馆非常关注特莱西恩施塔特集中营，但在共产党的叙事里，它是一个战犯营，而不是犹太人集中营。共产党还选择转让犹太人的部分藏品，包括卖到西方的珍贵的《摩西五经》。"这些藏书对他们来说毫无意义。政府需要钱，需要美元，所以他们决定出售。"犹太图书馆变成了一个完全孤立的机构，所有活动都受到政府的密切监视，有人来访或借书都要登记。"很少有人到这儿来，研究人员也害怕来图书馆。"卜赛克对我解释道。

尽管情况令人灰心丧气，在大屠杀中失去了所有家人的穆内里斯却一直担任图书馆馆长，直到1960年代去世。他花了差不多二十年的

阿姆斯特丹的西格蒙德·塞利格曼收集了大量藏书,这是其中一本书中的藏书票。战争期间,该书被送到特莱西恩施塔特,后成为布拉格犹太博物馆的藏书,保存至今。

时间整理犹太人的藏书，那些认识他的人都说，他完全沉浸在这项工作中，仿佛这些七零八落的被抢图书能以某种方式抚慰他："就像看到一个幽灵漫步在这些满是图书的房间，没有人阅读或研究它们……但是穆内里斯博士依然怀着一个梦想，要建立一个庞大的图书馆，以纪念曾在此地，但如今已不在的犹太人。"[10]

* * *

战后，捷克当局检查了境内党卫队在城堡里存放的被掠书籍，发现大量材料早已消失，包括抢自法国特务机关的大量档案，盖世太保把它们藏在了捷克利帕附近的奥布列比奇城堡（Schloss Oberliebich）。其实，早在1945年5月，红军的情报机构"间谍之死"（SMERSH）*已发现这个仓库。苏联安全部门"内务人民委员部"（NKVD）部长拉夫连季·贝利亚（Lavrenty Beria），秘密派了莫斯科的档案员去接收这批档案。夏天，28节火车车厢满载着档案材料运抵莫斯科，后来在这些材料的基础上成立了新的秘密档案馆：苏联中央国家特殊档案馆（Tsentral'nyi Gosudarstvennyi Osobyi Arkhiv，简称TsGOA）。在斯大林授意下，这个用来保存档案战利品的特殊档案馆里，堆满了从德国和东欧各个纳粹仓库里没收来的数量可观的文献资料。[11]

1945年2月红军长驱直入德国时，斯大林已签署一项绝密的指令，成立"战争赔偿特别委员会"。不可否认，斯大林已于1943年和西方同盟国签订协议，严禁抢劫文物，但是，没有人把这协议当回事儿。

这个新成立的委员会尽管名称清白无辜，但是发动的劫掠行动在规模上不亚于纳粹。斯大林的想法是，德国必须*用同样的方式***为苏联

---

* SMERSH 是 Smert Shpionam 的缩略形式，由斯大林命名，1943年4月正式宣布成立。——译者注
** 原文为斜体。——译者注

的浩劫付出代价，苏联人也要偷回相应数量的东西。不过，为了避免和西方同盟国交恶，行动要秘密进行。

执行洗劫任务的部队名为"战利品队"，本质上和德国的类似部队并无二致，也由苏联的档案学家、图书馆员和其他专家组成。文化产品，如艺术品、档案、书籍，只是被偷物品中的一小部分。专门负责组织该行动的苏联政府部门计算过，仅 1945 年，就有大约 40 万节车皮的被劫物品运到苏联，其中的一些也是要求归还的苏联财产。1945 年的一份从德国送到乌克兰的物品清单说明货物五花八门：11 节车皮的实验室器材，123 节车皮的交通工具，2.5 吨科学书籍，75 幅德累斯顿艺术博物馆的油画，12 吨瓷器生产商"韦勒与索恩"（August Wellner & Söhne）出产的盘子，46 节车皮拆开的印刷机，27 车相纸制造厂的零部件。[12]

红军士兵、军官和将军也普遍趁火打劫——在某种程度上得到了官方许可。士兵们不断把赃物寄回家，但最猖獗的强盗是高级军官和将军们。斯大林手下的高级将领朱可夫抢夺的战利品装满了好几列火车，结果这位战争英雄家财万贯，后来斯大林以此为理由将其免职。

但是，更有组织地进行洗劫的是战利品队，许多队伍被派到中欧的城堡去搜刮战利品。城堡里的家具、艺术品、雕像、钢琴、瓷器和所有能搬运的物品，也包括书，被洗劫一空。负责查抄书籍的是战利品队里特殊的图书馆单位，他们走遍了德国、波兰的数百家图书馆，以及罗森堡特别任务小组和帝国中央安全局把书籍疏散到东欧时兴建的书库。组织偷书行动的是苏联一些较大图书馆的代表们，为首的是莫斯科外国文学图书馆的负责人玛格丽塔·卢多米诺（Margarita Rudomino）。

1946 年春，卢多米诺在一份报告中说，有四五千箱书贮存在波兰的米斯洛维奇（Mysłowice）。这批书可能主要就是罗森堡特别任务小组从拉提波运走的书，它就在米斯洛维奇以东 37 英里的地方。但是，报告没有指出，这些书是战争末期罗森堡特别任务小组疏散到那里，还是 1945 年春红军存放在那里的。[13]

在普勒斯，即罗森堡特别任务小组的员工们借以躲避前线敌方炮火的城堡，乌克兰第4方面军的一支部队截获了大约十车皮的图书、期刊和档案，里面约有15万册书和10万份文件。著名的普勒斯城堡图书馆有藏书10万册，也被装到里面运走。

战利品队找到的罗森堡特别任务小组的图书，有一大部分原本来自明斯克、斯摩棱斯克、基辅和苏联的其他地方。不过也有些藏书来自西欧，包括被并入了东方图书馆的巴黎一些流亡者图书馆的藏书。1945年7月，红军在一份报告里说，已在米斯洛维奇找到巴黎屠格涅夫图书馆的藏书，"估计有120万册俄文及其他外文图书"。[14] 屠格涅夫图书馆没有被归类为战利品图书馆，因为它是"俄国的"，所以是苏联的财产。

米斯洛维奇的仓库似乎也混乱无序——成千上万个箱子就随意存放在那里。据战利品队的一名成员说，士兵们抢走了一部分藏品。卢多米诺也在报告里写道，有时"大家任取所需"。许多古老而珍贵的书籍与手稿就这样不翼而飞。[15]

在一些设有仓库的地方，战利品队还来不及伸手，士兵们已经破坏了那里的藏品："波兰的前线部队占领了领主的宅邸，打开了箱子。许多书扔在院子里，任凭风吹雨打。无人看守，许多书被损坏或烧毁。"[16]

只有在图书运往东方后，才会对它们进行比较有条理的分配。1945年秋，45节车厢把近100万册图书从米斯洛维奇运到了明斯克。除了米斯洛维奇，战利品队也追踪到了波兰的其他藏书点，从那里把大约300万册图书送到苏联。此外，数千架子的档案材料被送到斯大林设在莫斯科的档案馆，其中就有阿姆斯特丹国际社会史研究所的档案，以及罗斯柴尔德家族的各种档案。[17]

战利品队也没收了德国一些最精良的藏书，包括普鲁士国家图书馆、柏林市图书馆、布雷斯劳大学图书馆和德皇威廉二世宫廷图书室的藏书。上百节车皮的书籍从柏林、德雷斯顿和布雷斯劳运走，德国数百个图书馆空空如也。[18]

莫斯科的列宁图书馆成为最大的书籍战利品接收单位，总计收了近 200 万册。在德国没收的最宝贵的图书——中世纪的手稿、古版书和一部古腾堡《圣经》，分几次用特快专递空运回莫斯科。

战后，据估计战利品队的图书馆单位运回了 1,000 万至 1,100 万册图书。但这个数字不能涵盖所有被拿走的书籍，因为其他更重在掠夺科学设备的战利品部队也洗劫图书——也包括学校、实验室、大学、研究所和其他研究机构的图书和档案。偷窃艺术品的战利品队也在博物馆的图书馆顺手牵羊。此外，红军士兵也盗取了大量图书。

历史学家格瑞姆斯泰德写道，对于哪些是从德国图书馆抢来的书籍，哪些是不同纳粹组织从被占领区窃取、又被第二次劫掠的书籍，苏联的战利品队通常不作区分。

不幸的是，有一类问题不仅困扰着苏联战利品行动覆盖的其他地区，也影响了书籍。许多工厂、机器、设备、工具、科学仪器运到苏联后就一直弃置不用。因为缺乏熟练人手、看不懂操作手册或者没有相同而不相容的标准，以及其他后勤的、技术的和实践的问题，设备往往无法使用。相似地，缺乏合适的容身之处也使得数百万册图书战利品只能放在苏联的各个储藏地。基辅、明斯克和列宁格勒等城市都遭到了大规模的破坏，明斯克市中心只有少数几栋楼依然矗立，但是却有近 50 万册书被运到这个废墟上的城市。而在莫斯科，数百万册德国的书籍就放在城市西南乌兹科耶（Uzkoye）的一座废弃教堂里，原封不动。[19] 还有一些书状况恶劣，已经不太有用。例如，第比利斯（Tbilisi）的科学院接收了 10 万册风雨侵蚀过的德国图书战利品。

数以百计的图书馆馆藏被拆散，这里一册那里一册地发给苏联各地的图书馆。即便是这样的分配也问题重重，因为图书馆接收的书往往不是主题胡乱选择，就是所用语言读者根本不懂。战后苏联的一份报告描述说，某个化工厂的工人图书馆收到了古希腊文学书籍，而另一个图书馆收到的是被没收的法国时尚杂志，有一两次甚至连希特勒的画像也送到了车间。[20] 图书的分发如此混乱，当时就连苏联的图书管理员也开始质疑这项工作的目的。没有人知道,战后那些年里,这些基本已破损的书,有多少被拿走或丢弃。书籍还要接受政治评估,"政治危险""颓废"或"资产阶级"的图书都要处理掉。

巴黎屠格涅夫图书馆的命运堪称典型。和其他许多藏书一样,该馆藏书也散落四方。一些书最终栖身于莫斯科,但更大一部分书送到了明斯克。还有一半的藏书,约6万册,送到了米斯洛维奇南部莱格尼察(Legnica)的某个红军军官俱乐部——这些俱乐部也是西里西亚驻军的司令部。[21] 这看起来就是一个错误,是整个行动混乱不堪造成的结果。

发现这个错误后,比较好的藏书,如手稿、首印版、有著名作者签名和赠言的图书被拿了回来,然后又送到莫斯科的列宁图书馆。而且,涉及列宁和蒲宁的书都作了区分。不过,大多数藏书依然留在莱格尼察。1991年苏联解体后,1950年代驻扎在那里的俄罗斯军官弗拉基米尔·萨斯诺克(Vladimir Sashonko)才说出了这些书的遭遇。

据萨斯诺克说,图书馆里的许多书都盖着"俄国屠格涅夫图书馆——圣宠谷大街9号"的印章。某天,一位负责图书馆的中尉解释说,他们"接到了莫斯科的命令,在壁炉里烧毁这些书"。萨斯诺克从藏书中抢下一本,带回家作为纪念,但其他书都被销毁:"慢慢地,屠格涅夫图书馆化为青烟与灰烬,安息在莱格尼察……和数百万魂归法西斯集中营、在焚尸炉里焚化的可怜人一样,命运悲惨。"[22]

* * *

1945年5月初,罗森堡沿着德国-丹麦边境的弗伦斯堡峡湾(Flensborg Fjord)散步。峡湾位于波罗的海最西端,5月份景致非常迷人,适合乘船出游。战争仿佛已很遥远。在最后一刻,罗森堡离开了被炸成碎片的柏林,住进弗伦斯堡的一家旅馆。当时德国有少数几个城市几乎未受战火荼毒,弗伦斯堡是其中之一。希特勒的继任者,海军元帅卡尔·邓尼茨（Carl Dönitz），在这里成立了纳粹德国的最后一届政府。1945年5月7日，邓尼茨最终在第三帝国投降书上签署了自己的名字。而罗森堡一边在海边漫步，一边思考如何迎接自己的命运。其他许多纳粹领导已走上绝路，罗森堡当然也想过自杀，所以口袋里揣着几瓶氰化物。

在最后一年，罗森堡眼看着第三帝国摇摇欲坠。红军收复了苏联领土后，罗森堡的东部占领区部徒有其名。他那一度庞大的东方王国，以及与之相连的诸多梦想，先被希特勒，后被斯大林，一点点地化为乌有。他最害怕的敌人，他矢志交战的国家，已经夺走了他的爱沙尼亚，如今又要吞没他的祖国德国。

1944年2月，罗森堡乘坐他的私人专列"哥德兰岛号"（Gotenland），最后一次视察他的奥斯兰，但尚未到达日瓦尔就被希特勒召回。他不在时，他在柏林的司令部已被空袭摧毁，之后罗森堡就只能在柏林郊外停靠的火车上办公。春天他继续筹划克拉科夫大会，但夏天希特勒取消会议的所有计划后，即便这项工作也从他手头拿走了。[23] 他多次想面见希特勒，自1943年11月以来他们没有单独见过面。但是，罗森堡的另一个对手——马丁·鲍曼完全控制了接近希特勒的所有渠道。罗森堡不断抱怨纳粹的东方政策，已使希特勒以及其他领导人对他暗生嫌隙。希特勒曾指示帝国驻乌克兰专员埃里希·科赫对波罗的海地区进行同样残酷的剥削掠夺，同时下令严禁罗森堡插手科赫的工作。

罗森堡想见希特勒的愿望未能实现，哪怕他试图越过鲍曼，直接和希特勒的女秘书联系。10月份，罗森堡决定彻底放弃。他写了一封不无怨恨的信，信中辞去了东方占领区部长的职务，但希特勒始终没有答复。在战争的最后数月里，罗森堡住在自家的地下室里，房子的屋顶已被空袭掀翻。他在菜地里挖坑、种各种蔬菜，以此消磨时光。他也很清楚，他很可能没有机会收获这些蔬菜。

在1945年2月的领导人会议上，希特勒最后一次见到罗森堡，会上希特勒说到了能为他们赢取胜利的"秘密武器"。这是第三帝国即将垮台时,狂热的纳粹分子抓住的最后一根稻草。两个人没有交谈,罗森堡根本不相信希特勒的秘密武器。

3月,希特勒青年团头目阿图尔·阿克斯曼(Artur Axmann)拜访了罗森堡,他打算潜入阿尔卑斯山,在那里开展游击战。阿克斯曼试图争取罗森堡的支持,但这位首席理论家早已心灰意冷。阿克斯曼询问罗森堡,到底哪里出了错,是国家社会主义思想自身,还是对它的阐释?罗森堡选择归咎于党内的同志们:"我告诉过他,这是伟大的思想,但是被小人滥用了。希姆莱就是邪恶的象征。"罗森堡去世后,人们出版了他和希特勒清算是非恩怨的遗著《大德意志:梦想与悲剧》(*Grossdeutschland, Traum und Tragödie*),在书中他写下了这些。[24]就个人而言,面对希特勒再三的排斥,罗森堡辞职了,但是在其思想深处,罗森堡似乎毫不怀疑地坚持自己的意识形态。

4月20日,罗森堡被勒令离开柏林,尽管他曾宣布他愿意留到最后一刻,但是正如一条被遗弃的狗,面对元首的最后一道命令,他还是动身了。几周后,沿着弗伦斯堡附近美丽的海岸散步时,罗森堡最终从口袋里拿出装氰化物的瓶子,扔进大海。他已下定决心,见一见那些胜利者。[25]

但是希姆莱没有这样的想法。他剃掉了胡子,戴上了独眼罩,换下了制服,并化名海因里希·希金格尔(Heinrich Hitzinger)。但他很快就因形迹可疑被英军逮捕,随后迅速承认了自己的身份。5月23日,希姆莱咬碎了镶在假牙里的氰化物胶囊,在汉堡南部吕讷堡(Lüneburg)外面的一个营地里自杀身亡。

罗森堡回到旅馆,写了一封投降书给英军司令、陆军元帅蒙哥马利。

罗森堡被捕后送到基尔审讯。丘吉尔和斯大林都主张将纳粹领导人就地处决,而且,在1943年同盟国的德黑兰会议上,斯大林曾提议枪毙5万—10万名德国军官——罗斯福对此不以为然。1945年春天,随着同盟国胜利在望,支持对德国战犯进行国际审判的呼声越来越高。经过同盟国之间的谈判后,1945年11月19日,审判在纳粹党曾经举行年度集会的纽伦堡拉开了帷幕。

罗森堡是审判席上23名纳粹高级战犯之一。检方对这个前纳粹首席理论家提出的四项最严重的指控是：筹划进攻战；破坏和平；战争罪；危害人类罪。但是罗森堡否认这四条罪状，称自己是无辜的。

纽伦堡大审判还在进行时，西方盟国已开始设法收拾罗森堡劫掠行动留下的残局。执行这项任务的是"古迹、艺术和档案行动组"（Monuments, Fine Arts and Archives program，简称MFAA），又名"古迹卫士""大寻宝家"或"盟军夺宝队"（Monuments Men）。这是盟军的一支特殊部队，任务是保护欧洲的文化遗产。他们在两条战线上打这场战争。盟军于1943年占领意大利，1944年占领法国后，"古迹卫士"就用了大部分时间从本国部队手下抢救古迹和文化财宝，那些部队往往甚至不知道他们正朝着什么开火。进入德国后，这支队伍又把更多时间用在数量惊人的被劫艺术品、古玩和书籍上，他们在仓库、矿井、畜棚、城堡和洞穴里找到了这些东西。

古迹卫士们设立了许多仓库，对找到的文化财宝进行分类、鉴定。盗取来的艺术品、古玩和其他手工艺品收藏在纳粹党在慕尼黑的房子里，法兰克福的罗斯柴尔德图书馆早先也是一个收集点，但是图书的数量很快就让他们不得不开始寻找更大的房屋。他们在法兰克福郊外，德国工业巨头法本公司总部所在地，美茵河畔的奥芬巴赫（Offenbach）找到了合适的空间。这个企业集团的总部，欧洲最大的综合办公大楼，成了被偷书籍和档案的新的中央仓库：奥芬巴赫档案库。开展行动的任务交给了华盛顿国家档案馆的天才档案学家西摩·珀仁泽（Seymour J. Pomrenze），他于1946年2月抵达法兰克福，当时这座城市正经受一场暴风雪。[26] 珀仁泽是犹太裔，1920年代初他们一家人逃到了乌克兰。他在奥芬巴赫面对的是艰巨的任务：

> 我对奥芬巴赫收集点的第一印象是：铺天盖地、令人震惊。我站在仿佛看不到尽头的木箱和图书的海洋，心想真

是乱七八糟!我该如何处理所有这些材料?我怎样才能顺利完成任务?但是,除了这一堆乱糟糟的东西,还有另一个更大的任务。确实,唯一可能的行动是尽快把这些东西归还原主。[27]

雇用珀仁泽的是"古迹、艺术和档案行动组"的另一名参与者、图书管理员莱斯利·波斯特(Leslie I. Poste),他也是奥芬巴赫档案库的智囊。自从1943年抵达欧洲后,古迹卫士们就致力于抢救艺术品、历史遗迹和具有历史意义的建筑,但是在1945年聘用波斯特之前,他们很少关注图书。珀仁泽加入以前,波斯特已用了近半年的时间,在欧洲驱车数万里路,往返穿梭于第三帝国造成的废墟之间,寻找被劫掠的图书与档案。

第二次世界大战结束后,盟军夺宝队在法兰克福郊外的奥芬巴赫档案库建立了一个储存抢来书籍的仓库。在那里收集了数百万藏书,目的是试图能物归原主。(陈雪霏译)

珀仁泽在奥芬巴赫档案库组织了一支由 200 名档案学家、图书馆员和工人构成的队伍，开始清理"看不到尽头的"书海。这里戒备森严，每个人在下班离开之前都要接受搜身。珀仁泽也承认，偷书的事确实发生过，尤其是容易隐藏的小书。古迹卫士们开发出一种鉴别图书的"传送带体系"，把藏书票和图书主人的其他标记拍摄下来。资历较低的一组成员一边筛选书籍，一边给比较普通的藏书票摄影留档。至于比较特别的标记，则交给专家检查。通过这种方式，堆积如山的图书很快就能分成已鉴别和未鉴别两大类。就前者而言，那些书马上就能打包送到负责相关国家归还事宜的军官那里。[28]

这项工作的成果，即成千上万张藏书票的照片，至今仍保存在华盛顿的国家档案馆。早在 1946 年 3 月，珀仁泽在奥芬巴赫档案库的团队便已分拣出 180 万册图书，当月某些藏书就开始送还原主。然而，归还的流程还没有完善。西方盟军只想尽快解决问题，因此他们提出了一个简单的归还办法，即藏书从哪个国家偷窃，就归还给哪个国家的政府。涉及为知名机构所有、大批量且完整的藏书时，这个模式非常有效。

到 1946 年春天，罗森塔尔和生命之树这两座阿姆斯特丹图书馆的藏书已经归还。在洪根找到时，它们都还在当初罗森堡特别任务小组打包时装的箱子里。因为这些书直到 1943 年和 1944 年才运到德国，法兰克福研究所一直没有时间查看，因此它们很可能直接被送到了洪根存放。3 月，第一批图书被送往阿姆斯特丹，但此次物归原主之举蒙上了一层悲伤的阴影，因为罗森塔尔图书馆前馆长路易斯·赫希尔及其家人都已死于波兰。学者型图书馆员以及圣经研究者构成的犹太知识分子圈子，曾是这座图书馆的中坚力量，如今已所剩无几。特莱西恩施塔特"塔木德部队"的幸存者，以撒·利奥·塞利格曼，被选为赫希尔的继任者。

对于失去了自己的藏书的塞利格曼而言，对于失去了大量犹太人的阿姆斯特丹而言，这个任命就是一种慰藉，尽管是很小的慰藉。然而，随着图书归还给阿姆斯特丹,这座城市的部分犹太文化认同也复苏了。[29]没有这些藏书,在这个"西方的耶路撒冷",四百年犹太宗教史、思想史和经济史的一个重要部分就会遗失。

另一次比较引人注目的是归还阿姆斯特丹国际社会史研究所的藏书。由于纳粹内部的激烈竞争,国际社会史研究所的藏书较晚才离开荷兰,时在1943—1944年,这意味着有相当一部分书仍装在箱子里。有些资料很迟才疏散,发现时还装在德国北部的渡船上。在洪根和奥地利的坦森贝格城堡也找到了数百只箱子,高等学校中央图书馆的藏书就存放在那里。英军也开展了与奥芬巴赫类似的归还行动,归还了高等学校中央图书馆的图书。

但是,国际社会史研究所的一些材料最后流入了斯大林设在莫斯科的特殊档案馆。[30]研究所的档案关注工人运动、工会和社会主义领导人,苏联对此特别感兴趣。长期以来,阿姆斯特丹的国际社会史研究所都认为,这批失踪的档案和图书已经毁于战争,大约五十年后才水落石出,原来不是这么回事。我在国际社会史研究所和桑德斯见面时,桑德斯说:"神奇的是,战后大多数档案都回来了。最终,损失非常小,仅有5%左右。遗失的档案被运到了苏联,1930年代苏联特务机关拿走的托洛茨基文件也在那里。"

另一批近乎完璧归赵的荷兰藏书是海牙的克洛斯藏书,即荷兰大东方共济会会所的藏书。1946年,这批藏书被还到奥芬巴赫档案库,但该会所的一些档案消失了,很久以后才发现,原来它们流入了斯大林的档案馆。

如果说荷兰的图书馆还算幸运,那么法国的图书馆就没那么走运了。除了屠格涅夫图书馆,彼得留拉图书馆的藏书也遗失了,并且因为疏散而遭遇相似的结局。那里的档案最后到了基辅和斯大林的战利品档案馆,保存在专为"乌克兰民族主义者"而设的部门。[31]

例外的是波兰流亡者的图书馆,巴黎波兰图书馆。目前还不清楚,战争结束时这座图书馆的藏品在哪里——在东德或波兰。不管怎样,藏品落到了波兰人手中，1945年被送到了华沙的国家图书馆。这批藏品很有可能是因为被误认为是"波兰的财产"，所以没有引起战利品队的注意。经过旷日持久的谈判以及外交上的施压之后，巴黎的波兰流亡者才于1947年索回了一部分藏品，但送回的藏品并不完整。该馆馆藏原为136,000册，但归还的只有42,592册书、878份手稿和1,229本期刊，其余的不知去向。[32]

全球犹太人联盟的员工们回到巴黎布鲁耶尔街45号的总部时，大楼绝非空空荡荡。图书馆的书架上还堆满了图书，不过这些不是联盟自己的图书，而是罗森堡特别任务小组留在那里的赃书。相反，全球犹太人联盟图书馆的部分图书是在奥芬巴赫档案库和坦森贝格找到的。

"我们不知道有多少书再也没有回来，因为就连战前的清单、存货单、登记簿和目录也消失不见了。战后，图书管理员估计归还了大约一半的图书，其余的被拿走以后就下落不明。"联盟图书馆的库珀敏茨说。

甚至有许多档案也不翼而飞。半个世纪后，盖有该组织印章的文件出现在明斯克、莫斯科和立陶宛。珀仁泽及其同事一共从奥芬巴赫档案库归还了250万册图书，而英军从坦森贝格城堡归还了另外的50万册。[33]

虽然已做了大量工作，但只有一小部分被劫掠的书籍还给了原主人。从奥芬巴赫送还了323,836册图书给法国，不过和170万被劫书籍的估计数相差甚远，而且这还不包括罗森堡特别任务小组在"M行动"中洗劫巴黎29,000座公寓时的收获。比利时有数十万图书被抢走，但被归还的只有198箱材料。[34]荷兰面积虽小，但收回的图书最多，共329,000册。同盟国也把书籍还给了意大利、德国、捷克斯洛伐克、匈牙利、波兰、南斯拉夫和希腊。

在塞萨洛尼基所有被抢的图书和档案中，大约只有一万册书交还给了希腊，但即便这些书也未能回到原来的家。我在塞萨洛尼基见到泽莱尔时，她发表了自己的看法："我不认为有任何一本书回到了塞萨洛尼基,从来没有。送回来的书存放在雅典,然后就无影无踪了,没有人知道战后这些书发生了什么。我们一直在找这些书,但什么也没找到,它们很有可能被雅典的犹太圣会拿走了。"

另一方面,同盟国找到了大量来自希腊的犹太人档案材料。"总计17吨档案材料运到了雅典,其中有7吨又来到了塞萨洛尼基。不幸的是,战后有人把其中的大部分送给了耶路撒冷。美国人也犯了错,把属于塞萨洛尼基的材料送到了纽约的意第绪科学院,但是其中也有许多材料到了莫斯科。我们这儿所剩不多,大部分散落于世界各地。"泽茉尔告诉我。

最后,在劫掠恶行中受创最重的是私人收藏家。私人藏品中的书籍更难以确定,因为它们很少被编目。假如书中没有主人留下的印记,那么实际上完全不可能对它们追根究底。

按照同盟国的模式,最后的物归原主应由国家政府来处理,但在还书给私人这件事上,这个模式无济于事。组织机构比较有优势,可以对政府施压,也能获得赔偿,而个人往往流徙不定,许多人还改变了国籍,更增加了归还的难度。

但是,负责归还事宜的国家政府部门也难辞其咎。例如,比利时的相应部门"经济复苏办公室",在归还私人藏品方面几乎无所作为,哪怕在奥芬巴赫和坦森贝格已经确定了它们的主人是谁。[35] 对此,一个可能的解释是,战争结束后,正如其他欧洲国家负责归还事务的许多部门,经济复苏办公室把重点放在了比书昂贵的物品,如艺术品、宝石和黄金等的经济补偿和归还上。

战后,要求归还藏书的私人物主多半无功而返。如果他们拿回了图书,通常也只是大量藏书中的寥寥数本。以比利时公民瓦莱丽·玛丽(Valérie Marie)为例,她的藏书曾达2,000册,但还给她的只有61册。此外,赛尔瓦托·维恩(Salvatore Van Wien)原有600本书,但只拿回了8本。

即便某批藏书的渊源已经确定,经济复苏办公室也没有积极寻找主人。归还工作消极被动，也是其他许多国家处理此事时的特点。[36]到 1940 年代末，经济复苏办公室开始出售还没有被认领的图书。

同盟国最后把数量可观的藏书还给了苏联，主要是原先从共产党和其他国家机构偷取的图书。1946 年 8 月，近 25 万册图书从奥芬巴赫送回到苏联，坦森贝格城堡也送出了若干节车皮的图书。令人遗憾的是，对方归还的图书很少。[37]

然而，西方同盟国自己也不是完全无辜。近 100 万册图书送到了华盛顿的国会图书馆，美国的几大图书馆甚至派代表团赴欧洲挑选书籍，以便增加馆藏。有些书是出钱购买，但也有许多德国的藏书被没收——有时原因不明。从纳粹分子个人、组织或公共机构攫取的图书被视为"敌人的文献"和"宣传资料"。例如，犹太问题研究所的"劳动图书馆"约有两万册书，它们也被送到了华盛顿。根据规定，"纳粹抢劫"的图书不准被带出德国，但在许多情况下这项规定无法执行，如书里没有主人留下的记号时。很久以后才发现，被劫掠的图书也被带到了美国。[38]

毫无疑问，和东线的情况一样，大批图书被美国、法国和英国的士兵掠走。1945 年随同古迹卫士一起来到欧洲的档案学家萨金特·蔡尔德（Sargent Burrage Child）在一封信中说，遍布整个德国的美国大兵都在"解放书籍"。"我现在更了解北方佬在南方抢劫的老故事了，因为他们的子孙，还有联盟军的子孙，此时同样在趁火打劫。"[39]

奥芬巴赫和坦森贝格的第一轮筛选完成后，数十万册来历或主人无法确定的图书仍留在那里。珀仁泽和他的同事们经常问自己，是否还有人幸存于世，好把这些书还给他们。正如珀仁泽的继任者艾萨克·本考茨（Isaac Bencowitz）所说，其中许多书是已不复存在的社区和人员的遗物：

> 在分拣室，有时会有一箱书送到我面前，那是分拣员集中在一起的书，就像把走散的羊赶到一个羊圈里——这些书

或者来自波兰某个偏远小镇的图书馆，或者来自某个已永远消失的犹太学校。这些书令人悲伤、哀痛……它们仿佛在低声诉说一个虽然面临毁灭，但依然满怀期盼与希望的故事……我把这些书竖好，安放在箱子里。此时我内心柔和，恍若它们原本属于我的某位心爱之人，某位辞世不久的人。[40]

奥芬巴赫档案库的官员们面临一个进退维谷的局面。第二次世界大战后的欧洲已不再是原先的欧洲。社区被彻底摧毁，所有人都惨遭驱逐，地图也重新绘制。归还计划在执行时，欧洲历史上最严重的难民危机之一也在上演，中欧和东欧约有近3,000万人逃走或迁入。[41]遍布欧洲的数千个犹太人社区已经消失，尤其是东欧。许多情况下，幸存者没有重返家园。这种现象在东欧特别严重，因为很多时候战争并没有改变那里根深蒂固的反犹太主义。早在1946年，波兰小镇凯尔采（Kielce）就发生过针对犹太人的大屠杀，起因是谣传犹太人绑架并杀害了一名波兰男童，用来献祭——集中营解放才一年，中世纪的传说就复活了。在这场大屠杀中，42名犹太人被枪杀或活活打死。行凶者中既有波兰平民，也有共产党的安全官员。成千上万名大屠杀的幸存者登上飞机，大多数人飞往巴勒斯坦、南美或美国，开始新生活或与亲人团聚。

奥芬巴赫有数十万册犹太书籍被视为"无主"图书，需要有个特殊的解决方案。在"犹太文化重建"组织的帮助下，这些书的处理工作也开始了。该组织成立于1947年，受不同犹太团体的资助，领导人为知名史学家萨罗·巴隆（Salo Baron），哲学家汉娜·阿伦特（Hannah Arendt）也是执行委员。

1949年，大多数身份已明的藏书已经归还后，近50万册图书被交给了"犹太文化重建"，以推动犹太社区和圣会的重建。战后数年中，这些书追随着犹太难民和移民潮的脚步。最大的一部分，约为20万册书，被送到了以色列，还有16万册则送给了美国。[42]书籍也送到了英国、加拿大、南非和许多南美国家：阿根廷，5,053 册；玻利维亚，1,218 册；厄瓜多尔，225 册。这些书主要流入犹太圣会，也有一些落脚于学校，如耶路撒冷的希伯来大学收到了可观的珍贵书籍与手稿。根据规定，这些书的接收方不得将书出售。在许多国家，这些书上有特殊的藏书票作为标记。有 2,031 本书分配给了加拿大的犹太圣会，每本书里都写着这样一句话："此书曾为欧洲大屠杀的受害者，某位犹太人所有。"[43]

* * *

1947 年 2 月，一位年轻的美国历史学者露西·达维多维茨（Lucy S. Dawidowicz）来到奥芬巴赫档案库。她的任务是挑选不那么珍贵的"无主"图书，送给大屠杀幸存者的难民营，那里对图书有很大的需求。但是，当她开始翻检那些藏品时，她发现其中有一些她能认出的图书和档案材料。

达维多维茨出生于波兰的一个犹太移民家庭，1930 年代在哥伦比亚大学攻读欧洲犹太史。因为一心要学习意第绪语，她于 1938 年到维尔纽斯的意第绪科学院工作。后来她描述说，当初她来到维尔纽斯时"怀着浪漫的信念，认为这座城市会成为独立的意第绪文化的国际中心"。[44] 她也描述了在著名的斯特拉顺图书馆见到的景象："有时你能看到，阅览室的两张长桌旁，蓄着胡子、戴着小帽、德高望重的长者沉浸在《塔木德》经文中，身边坐着不戴帽子的小伙子，天气温暖时甚至有露出肩膀的妇女。有时你能听到老人家嘟嘟囔囔地抱怨这个世道，而年轻人在窃笑。"[45] 1939 年 8 月达维多维茨离开了维尔纽斯，仅数周后大战就爆发了，将维尔纽斯的犹太人赶尽杀绝的大灾难也拉开了序幕。

1939 年战争爆发时，意第绪科学院创办人之一马克斯·魏因赖希正在哥本哈根，打算去纽约成立科学院的新总部。达维多维茨此时已结识魏因赖希和科学院的其他研究人员，于是开始为该学院工作。在意第绪科学院的新总部弥漫着一种忧虑，大家都担心历时数十载才积累起来的无价藏品已永远消失。意第绪科学院的初衷是将意第绪文化发扬光大，但现在却非常悲哀地转变了方向，不再是发扬一种活生生的文化，而是从一个失落的文明中抢救些东西。伟大而鲜活的意第绪文化在犹太人大屠杀中没落了。希伯来语在以色列占据了主导地位，当这个新兴国家要创造牢固的语言和文化认同时，意第绪语遭到了抵制。

1947年，当露西·达维多维茨开始筛选奥芬巴赫成堆的图书时，她发现了以前在维尔纽斯见到过的文件和图书。[46]"一种近乎神圣的感觉油然而生，似乎我在抚摸有灵魂的东西……每一本从那个世界存活下来的书，都已成为一份历史文献、一个文化艺术品和文明被谋杀的见证。"达维多维茨在回忆录中写道。在她翻看藏书，顿生敬意的同时，她也感觉到"这些数十万册的书籍与宗教物品散发着死亡的恶臭，它们失去了父母，它们的主人已遇害，因此是他们的缄默无语的遗物"。[47]

达维多维茨发现了期刊、图书，以及历史和民族志档案材料，它们是意第绪科学院的研究人员从俄国、乌克兰、波兰和立陶宛的许多社区收集来的，这些社区已不复存在。此外还有诗歌、信函、照片、录音和意第绪语歌曲作品集。她还从堆积如山的材料中看到了斯特拉顺图书馆的遗物，其中有珍贵的宗教书籍和手稿。

协商后的决定是不将这些藏品归还给立陶宛，而是移交给该学院在纽约的新总部。1941年德国入侵之前布尔什维克已将科学院收归国有。意第绪科学院也想方设法争取斯特拉顺图书馆剩余藏书的所有权，因为那批东西被认为是"无主"图书。大战爆发时生活在维尔纽斯的6万左右犹太人中，幸存者已寥寥无几。1949年7月，这一"文明"的碎片被装进420个箱子，乘美国轮船"先锋湾号"离开了欧洲。

要说维尔纽斯的犹太文化已经完全消失，这并不十分正确，但不把藏书送回到这里，另有一些令人信服的理由。因为在维尔纽斯，同时还有一个以意第绪科学院的名义进行的抢救行动，对象是纸兵团里的犹太分拣员偷偷带出并藏匿起来的书籍，以及诗人、游击队员苏兹基弗和卡泽金斯基在隔都那个地堡的地板下挖掘出来的东西。1944年7月维尔纽斯解放，两周后他们成立了犹太艺术与文化博物馆。该博物馆坐落在前隔都一栋尚未被共产党收归国有的房子里，也就是隔都图书馆的原址，斯特拉苏那街6号的房子。

苏兹基弗成为博物馆馆长，在随后的数月里，他和一小群志愿者设法抢救出更多藏匿起来的珍品。他们在当地的一个造纸厂找到了20吨意第绪科学院的纸张和其他犹太人藏品，之前纳粹没有时间把它们做成纸浆。这是最重要的发现之一。他们还和负责清理废墟的政府部门一起找到了另外30吨纸。曾悄悄帮忙藏匿资料的维尔纽斯公民，交出了原本装土豆、现在却装满了图书和手稿的麻布袋。令人感慨的是，他们竟然收集了2.5万册意第绪语和希伯来语图书，1万册其他欧洲语言的图书，以及600袋档案材料。[48]

所有抢救这些珍贵书籍与文件的工作，都离不开志愿者的帮助。苏兹基弗曾请求苏联当局给予实际的和财政上的支持，但都毫无音信。相反，在维尔纽斯重建犹太文化认同的诸多努力却招来怀疑，后来甚至是敌意。苏维埃体制容不下其他的身份认同。

苏兹基弗首先认识到，这些千辛万苦从纳粹魔掌中抢救下来的瑰宝，如今再次需要抢救。1944年9月，苏兹基弗去了莫斯科，从藏品里选出一些东西偷偷带了出去，里面有遇害身亡的克鲁克留下的日记。在一位驻外通讯记者的帮助下，他寄了一个包裹给纽约的意第绪科学院。

卡泽金斯基更为同情新政权，他取代苏兹基弗成了博物馆馆长。但随着克格勃成为博物馆的常客，不久以后卡泽金斯基也意识到苗头不对。他们开始禁止图书馆出借任何图书，除非事先经国家审查员批准。不幸的是，卡泽金斯基送去审查的所有图书都有去无回。

某天，卡泽金斯基发现，之前找到的30吨图书和档案材料正往火车上装，准备运往一个造纸厂。他急忙赶到站台，设法从开着的车厢里抢救出一些来自意第绪科学院和斯特拉顺图书馆的著作。但是当他和当局联系，想要阻止这些东西外运时，火车开动了，车上的图书和档案最终被毁。[49]

"就在那时，我们这群博物馆里的行动主义分子，产生了奇特的认识——我们必须再次抢救我们的宝藏，把它们送离此地，否则它们会走向毁灭。最好的结果也不过是它们逃过一劫，但从此再也见不到犹太世界的光亮。"卡泽金斯基写道。[50]

私下里，苏兹基弗和一些行动派犹太人开始把最宝贵的藏品偷运出去，而卡泽金斯基表面上仍是忠诚的苏联公民，在规划着博物馆的未来。那些行动主义分子相继逃到了西方，用各种借口带走尽可能多的资料。1946年年中，卡泽金斯基和苏兹基弗都带着塞得满满的行囊，离开了维尔纽斯。让他们极为悲伤的是，他们不得不丢下大多数藏品，再一次眼睁睁看着它们落入一个极权主义政权手中。他们远走高飞后不久，克格勃突然查抄并没收了博物馆。藏品被装上卡车运到城里的一座老教堂，然后倒到地窖里。

卡泽金斯基和苏兹基弗到了巴黎，从那里把他们抢救出来的东西寄到纽约。这两位好朋友一起逃过了纳粹的迫害，森林里的游击战和苏维埃政权也没有夺走他们的生命，现在他们要各奔东西了。卡泽金斯基移民到阿根廷，苏兹基弗则去了巴勒斯坦。不过，苏兹基弗在离开欧洲之前曾公开作证，控诉一直以来那些摧毁犹太文化的人。1946年2月27日，他步入纽伦堡大审判的证人席，想用他的母语意第绪语作证，但从一开始就被法庭拒绝，并被要求说俄语。为了抗议这一决定，尽管受到多次提醒，但他仍像其他证人一样拒绝坐下。他要始终站立，就像在背诵神圣的经文。"作证前的两个夜晚我彻夜无眠。我看见了我的母亲赤身裸体地在白雪皑皑的田野上奔跑，温热的血从她受伤的身体中流出，开始从我房间的墙壁上滴落，将我吞没。很难比较哪种感情最强烈，是痛苦还是报仇雪恨的渴望？"[51]

在证词中，苏兹基弗讲述了维尔纽斯犹太人的灭绝，他又是如何熬过隔都里的每一日。他也说到了他的母亲，某天她突然失踪，他在母亲的公寓里寻找，却只看到桌上有一本打开的祈祷书，和一杯没有喝过的茶。

1941 年 12 月，纳粹送给犹太人一份"礼物"，几辆装满了旧鞋子的马车驶进隔都，这时他才知道他母亲的遭遇。[52] 不久，苏兹基弗写了一首诗，名为《一马车的鞋子》：

> 车轮转啊转——
> 把什么带来？
> 它们带给我一车
> 战栗不已的鞋子。
>
> 一车鞋就是一场婚礼
> 沐浴着落日余晖，
> 鞋子——成堆的鞋子，跳着舞，
> 如舞会中的人儿。
>
> 这是婚礼吗，是节日吗？
> 或许我只是为人蒙蔽？
> 我一眼认出鞋子，
> 看着它们，满心惊惧。
>
> 鞋跟踢踢踏踏：
> "去哪里，去哪里，怎么去？"
> "从古老的维尔纽斯街巷
> 要把我们送到柏林去。"

无需问那是谁的鞋,
我的心已撕裂:
哦鞋子,请告诉我真相,
脚被送到了哪里?

脚下的那些靴子
缀着露珠似的扣子。
跋着那些拖鞋的孩子在哪里?
踩着那些鞋子的女子在哪里?

到处是儿童的鞋子——
为什么却看不见一个孩子?
为什么那里有新娘的鞋子,
却看不见穿鞋的新娘?

破旧的童靴中
母亲的鞋子如此美丽!
只在安息日
母亲穿上这双鞋子。

鞋跟踢踢踏踏:
"去哪里,去哪里,怎么去?"
"从古老的维尔纽斯街巷
要把我们送到柏林去。"

* * *

罗森堡坐在被告席上。十年前,就在纽伦堡,他接受了德国国家艺术与科学奖，这个奖相当于纳粹的诺贝尔奖。献词表明授奖的理由是："因为他倾力协助，确立并巩固了科学、直观的国家社会主义世界图景。"关押在纽伦堡监狱牢房的日子，没有让罗森堡改变信仰或心生懊悔，而是让他有可能去反思，错出在哪里。除了希特勒周围领导人的思想腐化，罗森堡认为所谓的元首崇拜也导致了第三帝国的失败，国家社会主义运动的重任过多地落在一个人的肩膀上。这些是他以前就有的想法，但是说出来就有危险。[53] 对罗森堡来说，国家社会主义一直比希特勒重要，他的"高等学校"规划就是想为未来国家社会主义运动的稳定发展奠定知识和思想基础。罗森堡的分析可能有一定程度的正确性，但是也很天真和理想化——如果没有"元首崇拜"，纳粹政权极有可能会自行分崩离析，因为更多的人追随的是希特勒而不是教条。

罗森堡"一直生活在不真实的哲学世界里，完全理不清当下真实的现状，而且不断企图用漫无边际的谈话逃避现实"。给关押中的罗森堡做过检查的心理学家之一凯利（D. M. Kelly）这样说。[54]

罗森堡的律师拉尔夫·托马斯（Ralph Thomas）在庭审时试图让罗森堡认罪，否定自己的思想观念，但是全无可能。罗森堡固然不是阿尔伯特·施佩尔，但也没有像里宾特洛甫或卡尔滕布鲁纳那样崩溃，相反他表现得很冷淡。不同于其他共同被告，罗森堡被认为不可能自杀："没有沮丧或试图自杀的迹象，情绪完全正常。"为罗森堡做过医学和心理评估的威廉·哈罗德·邓恩（William Harold Dunn）写道。[55] "他给人的印象是，他狂热、不屈不挠地坚持自己的理论，对于审判中揭露的纳粹党的残酷与罪行无动于衷。"[56]

审判期间，在播放集中营的影片时，罗森堡把目光移开拒绝观看。在牢房里，他把时间用来写回忆录，书中他坚持认为德国是犹太人阴谋的牺牲品——现在阴谋已经得逞，他自己的斗争不过是与这个世界性大阴谋作战。罗森堡不承认任何罪行，他也不觉得忠于自己的思想有罪："国家社会主义是欧洲对我们这个世纪面临的问题的答案，它是最高贵的思想，德国人会为之倾注所有的力量。"他在牢中写道。[57]

虽然罗森堡没有像希姆莱、戈林、海德里希和其他纳粹头子一样，直接参与策划战争或大屠杀，但身为首席理论家，他早已泥足深陷，逃不掉不可避免的判决。罗森堡鼓吹了数十年反犹太主义的阴谋理论和种族主义意识形态，这一点影响了判决，然而坐实其罪名的主要是他担任的帝国东方占领区部部长一职。虽然人们承认，罗森堡反对采取严厉的行动，但与此同时他也置身事外，没有阻止，而且他一直到最后都身在其位，1946年10月1日诉讼最后阶段的总结中提到了这一点。

"罗森堡真正的罪行不在于他的软弱，而在于他像强人一样写作、演讲。"[58]一位历史学家这样认为。罗森堡被裁定四项罪名全部成立，判处死刑。

罗森堡的亲信们——满世界大肆劫掠、协助罗森堡建立了意识形态大教堂的纳粹研究人员，被宽大处理，逃过一死。大多数人得以重拾学术生活或其他事业。法兰克福研究所成立后的第一任所长格劳，最终在出版业谋得饭碗，1950年代成为科隆一家印刷公司的主任。格劳的继任者斯基柯特，当上了科隆一家公司的总经理。而在拉提波领导研究工作的文德尔，战后改头换面，成了一名"社会史学家"，出版了《南美与欧洲的历史关系》等书，不再使用《种族问题与犹太民族》这类书名。

还有一些研究者非常高调，如历史学家赫尔曼·凯伦本茨。战后他一度活跃于美国的哈佛大学，后来成为享誉国际的经济史学家。他继续发表探讨西班牙系犹太人经济事务的研究成果，但剔除了其中的纳粹思想。

法兰克福研究所的"犹太专家"和主要的强盗坡尔，战后任职于弗朗茨·斯坦纳出版社（Franz Steiner Verlag），这是德国一家口碑良好的学术出版社。从他发表在天主教期刊的文章来看，他似乎已回归以前的信仰。坡尔曾从他们劫掠的不同地方发回详细的报告，列出他

纽伦堡审判中的阿尔弗雷德·罗森德。这位前首席理论家因危害人类罪等罪行被判处死刑。但是他的许多同事逃脱了惩罚。（陈雪霏译）

们"获得"的东西，这些报告在纽伦堡大审判中被用作指控罗森堡的证据，但坡尔本人却始终未被起诉。[59]

1946年10月16日清晨，即宣判的两周后，罗森堡被提出牢房，押解到监狱内院。十名战犯一个一个被带到刑场。唯一逃脱惩罚的是戈林，就在行刑的两小时前，他吞下了偷偷带进监狱的氰化物胶囊。在外交部部长里宾特洛甫、帝国中央安全局局长卡尔滕布鲁纳、陆军元帅威廉·凯特尔（Wilhelm Keitel）相继被处决之后，轮到了罗森堡。

"罗森堡环顾院子，面庞暗淡无光，双颊凹陷。虽然他脸色灰白，但并没有流露出紧张的神色，步履沉稳地一直走到绞刑台上。除了报上自己的姓名，被问及有没有话要说时回答了'没有'，罗森堡一言未发。尽管他曾公开声明自己是无神论者，但仍有一名新教牧师陪伴着他,跟着他一起走上绞刑台,站在他身旁祷告。罗森堡面无表情地看了牧师一眼。九十秒钟后,他已悬挂在绞刑绳子的末端,摇来晃去。十名战犯中,罗森堡的处决最利索。"美国记者霍华德·史密斯(Howard K. Smith)报道了处决情况,做出这样的描述。[60]

罗森堡和其他人的尸体被送到慕尼黑,一起在东墓园里火化。当晚,趁着夜色,这些人的骨灰被倒进了伊萨尔河。

15 踏上归途的书：
柏林 – 坎诺克

很少有城市像三月的柏林那样灰暗。我上一次去布雷特街（Breite Strasse）时，绿树成荫，让人淡忘了这是柏林博物馆岛难看的那一侧。岛屿的南部甚至连名称都不一样，叫作施普雷岛（Spreeinsel）。塞巴斯蒂安·芬斯特瓦尔德在柏林中央与地方图书馆的门口踩熄了香烟。

自我从这里踏上旅程后，已过去六个多月。几周前我收到了芬斯特瓦尔德的电子邮件，说是有情况。

去他办公室的路上，芬斯特瓦尔德告诉我馆里发生的其他事情，图书馆正经历翻天覆地的变化。不仅图书在电子化，一些图书管理员也要被机器人取代。编目工作将交给外包公司用机器来做，这样更便宜。不过芬斯特瓦尔德说，如此一来，许多员工要被解雇。他是活跃的工会成员。

中央与地方图书馆的归还计划会继续执行，但谁也不知道能做多久。芬斯特瓦尔德及其同事要辛苦多年，才能确定馆藏品中哪些是劫掠而来的图书。

"我们不知道还能做多长时间。我们老板总是说，像这样的计划，总有一天要结束。通常德国的归还调查只在两三年的期限内开展，但这不是短时期内能完成的事情，它需要数代人的努力。大家都知道这一点。"

办公室一成不变，除了他的同事博肯汉姆不在那里，他住院了。"他在事故中摔伤了髋部。"芬斯特瓦尔德告诉我。至于他自己，依然奋斗不息，目前正在写新的研究报告，并且已建立网页，发布他和同事们从档案中挖掘出来的材料，比如，1943年该图书馆如何出价购得大约4万册从柏林被逐犹太人家里抢来的图书，等等。

"这里说得很清楚，买书的钱会用来'解决犹太人问题'。这所图书馆对于钱的用途完全心知肚明。"芬斯特瓦尔德说着把信拿给我看。

墙边的书架上本来排放着许多贴着藏书票、来历不同的图书，现在又增加了一些新名字和成堆的书。一本署名R·瓦伦贝格（R. Wallenberg）的书立刻吸引了我的注意力。芬斯特瓦尔德不清楚这本书怎么会来到馆里，也不知道谁是瓦伦贝格，但他确信这是一本偷来的书。把这个签名和失踪的瑞典外交官拉乌尔·瓦伦贝格（Raoul Wallenberg）的笔迹作了比较后，我们肯定这不是同一个人。

芬斯特瓦尔德从桌上的一个白色纸盒里拿出另一本书，这是他从眼下调查的一批藏书中发现的。他小心翼翼地打开书，我看到了书页上的手写字——厚厚的褐色纸张上，用墨水书写的字母又大又美，笔画勾连。一枚有三朵百合花的印章透露了它的来历。"这是凡佩鲁（Verpel）小教区的记事录，里面记录了1751—1771年间当地结婚和受洗的名单。1945年，它被赠送给图书馆，不过我们不知道是如何发生的。显而易见它不是这里的东西，是大战期间被人偷走的。"他解释道。凡佩鲁位于法国东北部的香槟－阿登区（Champagne-Ardenne），毗邻比利时边界。2010年，那里有85位居民。

很有可能的是，中央与地方图书馆所拥有的来自四面八方的被掠图书，比德国或许是整个欧洲的其他任何一座图书馆都多。它除了从纳粹手中整批整批地购买从成千上万个犹太家庭窃取的书籍，还在战后接管了柏林130个不同地方的书籍。它们搜罗自纳粹官员、组织、公共机构和若干纳粹图书馆，包括第七处在艾森纳赫街的书库，犹太人奴工曾在那里为书分类、打包。前共济会会所遭遇空袭后成为一片废墟，有多少书湮没于废墟，至今无人知晓。可以肯定的是，有些书确实流落到这家图书馆。战后，图书馆也从书商那里成批买进许多被掠图书，或是获赠作为"礼物"的图书。该馆藏书曾疏散到若干图书仓库，几十年来一些书库也无人问津。芬斯特瓦尔德向我解释，馆里曾有成千上万的书被拿到柏林城外的一个畜棚里，一放四十年。

战后，该图书馆的前身柏林市图书馆，正是以这些散乱的被掠书籍为基础，重建馆藏——不仅是为了填补空袭造成的空白，也是因为战利品队把该馆很大一部分原始馆藏给了苏联。芬斯特瓦尔德认为这部分藏书已永远失去，不可挽回，更重要的是图书馆应该勇敢面对自己的历史。为这栋楼里发现的大约25万册图书寻找它们的主人，这是侦探的工作，世上还没有一个编目机器人能完成。

此事涉及书籍的查找寻觅，这些书曾经是某些藏书的一部分，而这些藏书曾一再被拆散、割裂、分类、清除，甚至是真正意义上的轰炸。"我们的许多书上有炮弹弹片留下的痕迹。"芬斯特瓦尔德说。

这也涉及那些支离破碎到极点的藏书。这里有来自数千个图书馆的书籍，但通常只是每个馆藏品中的一本或几本。曾经完整的图书馆藏书如此四散零落，不禁让我想起塞萨洛尼基被毁坏的犹太人墓园，想起破碎的墓碑被当作砖石砌到小镇的围墙里，从此成为墙的一部分。无独有偶，中央与地方图书馆也是用碎片和遗迹建成。其基石基本看不见，但是正如肮脏的助动车车库后面那堵低矮的石板墙，或扉页上一张被人遗忘的藏书票，它们也在诉说：这些东西曾经是某物或某人的一部分。

抢劫之后是破坏，二者都经过深思熟虑，都是战争的结果。书籍消失在造纸厂的制浆机里，或被炸毁、烧毁。也有一些书在为人遗忘的仓库、畜棚或进水的地窖里腐烂。然而，更严重且不可估量的破坏却是书籍四处流散而致。即使一些散落的书籍仍摆放在这里或那里的图书馆书架上，但它们已丧失依存的环境。因为它们原本是有自身价值的藏书的一部分——只有在那样的藏书中，一本本书才能构成一个更有意义的整体。

阿姆斯特丹国际社会史研究所的档案资料箱，一度流入斯大林设在莫斯科的秘密档案馆，后物归原主。苏联解体后，人们发现苏联曾占有大量图书与档案。

拆散图书是强盗们有意要弄的伎俩，只有毁掉这些藏书，他们才能重建新藏书。许多藏书是历经数十年，有时是数世纪精心搜罗结成的果实。图书之外，还有一代代博学多识的收藏家和读者。书籍也讲述那些拥有并珍爱它们的人的故事：他们的所读所思以及梦想。有时他们在书中留痕：划出一些段落，做批注，在空白处写笔记，或者简短地评论几句。许多读者为自己的书籍设计好看的私人藏书票，对藏书的爱护以及为其自豪之情可见一斑。每个人的藏书自身都在独特的文化中成形，反映着藏书人的世界。藏书星散，这个世界也丢失了。书籍是个人藏书的吉光片羽，也是曾经存在的世界的碎片。

不过，它们也是个体的碎片。上次我来这儿时，揭开图书馆真相的图书馆员博肯汉姆告诉了我那些事情，它们在整个旅途中一直盘旋在我脑海。他在这些被遗忘的图书中找到的名字，都通向同一个答案："每一次，迹象都指向奥斯维辛集中营。"令我们难以平静的是，我们发现这不仅仅是一座图书馆，还是一个纪念堂，纪念那些几乎没有葬身之地的人。有时候，书籍就是这些人唯一留在人世的东西。

大多数书籍沉默无声，无法讲述主人的故事。最多不过一鳞半爪，一段笔记，或许有一个名字。有时名字太常见，受害者又太多。芬斯特瓦尔德及其同事只能将所有细节录入数据库，然后等待。成千上万本图书在此等候，它们都搜索得到，就像一张网，等着某处某人"自投罗网"。图书馆不时会收到电子邮件，然后一本书便被打开。

我面前的桌子上放着一本书，很早以前寻踪问迹到奥斯维辛后便不了了之。这是一本橄榄绿的小书，隐约烫金凸印着一幅图案：一把镰刀放在一束小麦的前面。上次我来这儿时，它就已经在芬斯特瓦尔德办公桌后的架子上。书名是《法律、国家与社会》（*Recht, Staat und Gesellschaft*），作者是保守派政治家格奥尔格·冯·赫特林（Georg von Hertling），第一次世界大战末期局势动荡不安时曾任巴伐利亚王国总理大臣。封面里面的扉页上有一张风格简约的藏书票，一个方框圈住了一个名字：理查德·科布拉克。书名页的右上角，有人，很有可能是科布拉克自己，又用铅笔写了这个名字。正如中央与地方图书馆里的其他许多图书，说不清楚这本书来自何方。

"情况相当复杂。几年前我们发现了这本书，它是 1950 年前后到我们馆的。"芬斯特瓦尔德一边说，一边取出一本目录册，里面编目过的图书约有千册。所有这些书都来自同一个人，一个名叫东布洛夫斯基（Dombrowski）的人。"这批藏书很古怪，里面有许多掠夺来的书，但也有许多不可能遭侵吞的书，因为它们是战后才出版的。我们根本无法确定这批书的来历。'东布洛夫斯基'听起来像波兰语，但在德国也不是个难得一见的名字。有一个东布洛夫斯基与盖世太保有关，也许就是他。"

1958 年，该图书馆开始为藏书编目。"我们就是这样发现了这些书中的大多数。但奇怪的是，他们为这批藏书单独做了一份目录，通常不会这样做。"芬斯特瓦尔德说，同时把目录翻到有理查德·科布拉克的书，即藏书 766 号的那一页。"这些序号现在还在使用，所以有了这份目录，我就能从书架上找到这些书。大多数书还在这里。我开始浏览这些书，寻找书主人留下的印迹。它们来自许多出处不同的藏品，这些藏品在战前和战争期间都遭到过分割。接着我拍下图书的照片，把它们放到我们的公共数据库中。科布拉克的书是其中之一。"

一些从中央与地方图书馆找到的书来自名人与知名图书馆。例如，书架上有些书本属于享誉世界的钢琴家鲁宾斯坦，包括一套有巴西诗人卡瓦略（Ronald de Carvalho）亲笔题词的十四行诗集。不过，这里的大多数图书是平民百姓的财产。

虽然我们从各种档案资料中寻找理查德·科布拉克的名字，但是没有找到太多信息。在一份家谱中，我看到了寥寥数行字："科布拉克博士出生于 1890 年。战争期间，1943 年 3 月 18 日，他被赶上运输车 I/90 号，从柏林遣送到特莱西恩施塔特。又于 1944 年 10 月 16 日，被赶上运输车 Er 号，从特莱西恩施塔特转移到奥斯维辛。科布拉克博士死于大屠杀。"[1] 多亏了可怕而一丝不苟的纳粹官僚机构，我们不太了解科布拉克这个人，却知道了遣送他的火车的运输编号。许多时候，无数被送上死路的人只有纳粹指派给他们的一个编号，别的什么都没有。

馆藏图书中赃书之多，使得芬斯特瓦尔德及其同事不可能进一步深入调查此事。"有时我们积极寻找图书的主人，但往往只不过把图书信息输入数据库，希望有人能看到它们，如果书主还有子孙后人的话。"他说。然而，2014年6月我第一次造访图书馆的大约一个月之后，他们突然收到一封电子邮件——原来有人看见了芬斯特瓦尔德输入数据库的766号图书。这封邮件是从世界的另一端发过来的，写信人是一位在夏威夷从事登革热研究的科学家。她本人不是书主的后人，但她相信她知道这本书属于谁。她嫁入了科布拉克家族的另一个分支，即理查德·科布拉克的兄弟这一族，后者于1930年代离开了纳粹德国，移民国外。芬斯特瓦尔德告诉我，年底他们还收到了一位名叫克里斯汀·埃尔斯（Christine Ellse）的女性从英国发来的电邮，她说自己是理查德·科布拉克的孙女。

我从德国的一个数据库里又找到了一点科布拉克的信息，1933年之前他是一名律师，在柏林市政府当公务员。他娶了比他小三岁的夏洛蒂，夫妇二人育有三个孩子。无论是理查德或夏洛蒂的死亡日期都无法确定，我们只知道，1944年10月16日，他们坐上了从特莱西恩施塔特开往奥斯维辛的最后一批火车。

有可能就像1944年秋的其他数十万人一样，科布拉克夫妇也被立即送进毒气室。但我发现他们的三个孩子，战争爆发时只有十几岁，却逃过一死。这是如何做到的呢？

芬斯特瓦尔德把这本橄榄绿的书以及一式两份的合同，一起塞进一个棕色的软垫信封。合同有两页，上面写着中央与地方图书馆将该书转交给"理查德·科布拉克博士的后人"，归其所有。

近来，德国左翼党和环境保护主义政党绿党在联邦议院提议，德国应该创造更多的可能性，让纳粹主义的受害者追讨回失去的财产。

1939年,理查德·科布拉克想方设法让3个孩子逃离德国,包括克里斯汀的父亲赫尔默特(Helmut Kobrak)。但是,赫尔默特一踏上英国的土地,就被作为"敌国侨民"遣送到了澳大利亚。

但是，芬斯特瓦尔德不相信它会成为现实。"在德国，大家的态度是我们的债已得到清偿。很遗憾，德国缺乏用有意义的方式解决这种问题的政治兴趣。"在这方面，芬斯特瓦尔德和博肯汉姆对于归还受害者的财物，秉持了行动主义的作风。尽管资源有限，官僚也加以阻挠，但他们继续在这座图书馆从事挖掘、揭示真相的工作。

自从1990年代归还问题再度出现以来，媒体对它的注意力就主要放在轰动一时的案例上，如被抢劫的艺术品与法律冲突，价值数百万美元的艺术品的归还这类事件。例如，大屠杀幸存者玛利亚·阿尔特曼（Maria Altmann）要求奥地利政府归还艺术家古斯塔夫·克里姆特（Gustav Klimt）的一些巅峰巨作，最后打赢了官司。2006年，同年归还的5幅画卖出了3.25亿美元的天价。这些案子也经常牵扯到博物馆、政府和试图大捞一笔的律师之间的肮脏博弈，幸存者或子孙后人的合法要求反而被损害了。更重要的是，这些案例和不时涉及的天文数字为归还问题的道德立场蒙上了一层阴影，也为归还的反对者提供了抨击的口实，因为这些人一直想证明整个归还事宜实际上是出于人的贪欲。不稀奇的是，要求结束归还工作或者为其设定"最后期限"的，正是那些在这些案子中经受了道德谴责的人或单位：艺术经纪人、博物馆和政府部门。

在中央与地方图书馆芬斯特瓦尔德简朴的办公室里，我们远离这些轰动一时的案子，却更接近整个归还问题的核心。在这里，归还财产——自几年前开始后已有数百例——大多是在无人关注的情况下进行。没有新闻头条，没有丑闻，也没有高收入的律师事务所对它们感兴趣。大多数情况下，邮费超过了归还的图书的价值，还书事宜从头到尾远离受资本驱动的艺术市场。这些书的价值不能用金钱计算，而在其他方面。对芬斯特瓦尔德及其同仁而言，他们对这项工作——把一度遗失的东西，即图书一本本地归还原主，负有道义上的责任。

"曾有以色列人问我，为什么我们要继续这项规模小又费时间的工作，为什么我们不干脆把这些犹太家庭的书籍捐赠给以色列的国家图书馆？但是只要有可能找到子孙后人或幸存者——常常有这种可能性，我认为就应该把书还给他们。我相信这是正确的方法。之后，如果他们选择捐赠图书，他们可以这样做，但那不是我，也不是以色列的图书馆能做的决定。"

我把装着橄榄绿小书的棕色信封放进背包。强烈的责任感油然而生，但它很快就变成别的东西。几天后，我在柏林登机，准备飞往英国伯明翰时，这本书还装在背包里，我几乎没碰过它。但最后这几天，我多次打开背包，仔细查看棕色信封，确定书还在，我才安心。我不知道它有可能跑去哪里，也不知道有谁想偷书，但一想到它会不翼而飞，我就坐立不安。无可否认，这本橄榄绿小书不是什么宝贝，如果它是，在某些方面可能反而会让事情变得容易一些。要是那样的话，丢失了可能还有替代品，但这本书不可替代。

* * *

然而，书籍不只是在柏林城外的畜棚里腐烂。1990 年 10 月，俄罗斯的一家文化期刊《文学报》（*Literaturnaya Gazeta*）披露道，250 万册德国的战利品书籍被遗弃，遗忘在莫斯科城外乌兹科耶的一座教堂里。数十年的潮湿、寄生虫和越积越多的鸽粪已经把这些书变成了烂纸浆。[2] 这篇文章在苏联和德国引起了极大的关注。这是大肆掠夺德国藏品的恶行首次进入公共领域，在很大程度上是戈尔巴乔夫为使苏联体制现代化，推行透明与开放政策的结果。

戈尔巴乔夫的改革，即开放（Glasnot）与改革（Perestroika），最终加速了苏联的土崩瓦解。尤其是，开放政策暴露了苏联体制的弊端，削弱了它的正当性。这也是首次曝光战时的战利品抢夺，在此以前它属于机密。战后，有些藏品已经归还原主，但这项政策只适用于"东方集团"内部。从来不存在归还问题，尤其是归还给西方，对于流入斯大林秘密档案馆的材料而言更是如此。

苏联档案馆的相继开放，不仅使人透过数百万被没收的德国文献重新审视纳粹的掠夺恶行，而且也揭示出，多年来原以为在战争中亡佚的数百万图书和数千架子的档案材料，事实上仍在苏联境内各处一组组的架子上。

甚至连战利品书籍的悲惨命运也暴露无遗，这些书已经残破、腐烂或惨遭丢弃。它们在档案管理员、审查员和图书管理员手下遭到一次又一次的清理，和 1930 年代纳粹德国清除"堕落文学"并无不同。通常情况下，双方挑选的都是同类书籍，即不是资产阶级的便是堕落文学的书籍。[3]

苏联解体后的那些年里，这些战利品图书的归还问题被再次提出。1992 年，俄罗斯和德国的图书馆召开了一次会议，归还进程向前迈出了一步。一些俄罗斯代表是国外战利品书的最大接收者，包括玛格丽塔·卢多米诺全俄外国文献国家图书馆。卢多米诺在战争期间是图书馆负责人，曾负责在德国抢劫图书。本着开放的精神，该图书馆公布了 16 世纪珍本书籍的目录，这些书都是没收而来。[4]

大会成立了委员会，调查珍贵古籍的归还。其他国家，如荷兰、比利时、匈牙利、挪威、波兰、奥地利和法国，也都和俄罗斯联邦展开谈判，试图索回丢失的图书和档案材料。类似的谈判也与已独立的乌克兰、白俄罗斯开始进行，这两个国家也曾接收数百万册战利品书籍。

有几家图书馆，如莫斯科的玛格丽塔·卢多米诺全俄外国文献国家图书馆，自愿行动起来，在 1992 年的会议之前，就已经把纳粹抢劫的 604 册图书归还给了阿姆斯特丹大学。[5] 荷兰、比利时和法国联手行动，争取找出并索回遗失的档案材料，据猜测这些东西在俄罗斯的某个地方。俄罗斯和法国达成协议，归还斯大林设在莫斯科的秘密档案馆里 7,000 个架子的材料，苏联劫掠的档案之多由此曝光。除了其他档案，材料里还包括法国秘密警察、法国共济会，以及归布鲁姆、法国历史学家马克·布洛赫（Marc Bloch）和罗斯柴尔德家族法国支系所有的私人档案。这笔交易是有代价的，除了 350 万法郎的现金，法国也要移交和俄罗斯有关的档案。[6]

苏联秘密档案馆里极其宝贵的历史文献也开始浮出水面。俄罗斯前总统叶利钦的信使把第二次世界大战期间卡廷森林惨案*的秘密文件交给了波兰。在这次事件中，苏联秘密警察"内务人民委员会"处决了 22,000 名波兰人，包括数千名波兰军官。

但是，1990 年代最初几年对于东西方关系的乐观与极大期望，很快就烟消云散了。虽然俄罗斯前总统叶利钦和有关国家达成了归还协议，但是国家杜马对这位总统慷慨的政策越来越有意见。

反对意见主要来自右翼民族主义者和共产主义者，两派人士都积极反对每一次归还。不久反对者在杜马占了多数，1994 年终止了正在进行的法国档案归还工作。迄至此时，大约四分之三的材料早已还给法国，但是派往莫斯科的数辆卡车却不得不空手而归。法国支付了一大笔钱，本打算用来制作缩微胶卷，但档案馆一直没有收到钱，肯定中途就不翼而飞了。[7] 这不是最后一次发生这样的事情。

归还的反对者声称，战利品队带回到俄罗斯的宝贵物品不是抢劫来的，而是被"苏军解放的"，因此是完全合法地进入苏联境内。当时普遍的态度是俄罗斯没有义务归还一针一线。不过，对于这种抵制也意见纷纭，许多学者、图书馆员，最重要的是叶利钦政府，都认为为了与西方重修旧好，有必要开展某种形式的归还工作。然而，俄罗斯的民族主义者和共产党坚决反对这样的观点，多次发动激烈的运动，抵制归还。共产党党报《真理报》甚至出现了"俄罗斯人民将再次被劫？"这样的标题。[8]

在苏联的其他加盟共和国，对于归还零散的战利品珍品，人们的态度在敌意、漠然与合作之间摇摆不定。白俄罗斯和乌克兰等国家的

---

* 又称"卡廷事件""卡廷森林大屠杀"，1940 年 4、5 月间发生在苏联斯摩棱斯克附近。——译者注

态度与俄罗斯相似，而格鲁吉亚于 1996 年把 96,000 册战利品图书归还给了德国，接着亚美尼亚也把图书还给了德国。[9]

1996 年俄罗斯加入欧洲理事会后，冰雪似乎即将消融。对俄罗斯入会的要求之一，是必须就归还问题开始和其他欧洲国家谈判。但是如此高的期望很快就破灭了，因为早在这年 7 月，杜马已试图通过一项立法，将所有战利品珍品"国有化"，如此一来就不可能归还给原主了。叶利钦称俄罗斯的国际声誉岌岌可危，否决了这一议案，但国家杜马却再度提出。一名议员宣称，归还这些财富无异于"往在战争中遇害的 2,700 万苏联公民的坟墓上吐口水"。[10] 另一名极端民族主义者议员则抱怨叶利钦对"那时和现在都是法西斯恶棍"的德国人言听计从。[11] 虽然苏联已经垮台，但是人们对于"伟大的卫国战争"情怀不减。1997 年，叶利钦的否决被推翻，但他僵持了整整一年，不肯签署提案。1998 年，俄罗斯宪法法院迫使叶利钦签字，通过法案。新法不仅要求停止将艺术珍品归还给西欧，而且也终止了窃取自原苏联集团成员国的大量手工艺品的归还工作。

另一件使情况恶化的事情是，苏联的档案馆再次将西方的研究者拒于门外，致使他们几乎不可能追查失窃的珍宝。开放政策如昙花一现后，又倒退回酷似"苏联老路子"的保密文化。

虽然俄罗斯的反归还法有效地终结了大批量战利品珍品的归还，但仍有可能索回小批的藏品，即便通常也是既复杂又所费不赀。因为要彻底避开政治敏感的词"归还"，所以有时也要采取外交手段、钻法律漏洞，有时甚至纯粹靠贿赂。早期国家杜马欣然接受的这样一种"归还"，与列支敦士登的档案有关。1996 年，俄罗斯与列支敦士登王室经过谈判后达成协议，归还对方流落到莫斯科的档案。但是，国家杜马认为这是交换，而不是归还。王室按照俄罗斯的提示，先购买了一批珍贵文献，内容涉及 1918 年布尔什维克如何谋杀沙皇一家。这些文献藏在巴黎一个银行的金库达七十年之久，近来才在苏富比拍卖行露面，以 50 万美元的价格拍卖。

这一事件开启了一个用"交换"代替"归还"的新阶段。不久，用物品交换档案和图书的例子更多了。不过，不能说这种交换是新鲜事，它更多是回归到苏联的旧制度，当时苏联用信件或书籍等材料换取它想要的东西，尤其是与列宁、马克思有关的东西，他们几乎愿意付出任何代价。例如，苏联曾以瓦西里·康定斯基（Wassily Kandinsky）的油画换回列宁的亲笔签名。

在新的俄罗斯，民族主义已取代列宁主义，因此国家的遗产已占据至关重要的地位。俄罗斯所持的态度是，战利品珍品是由红军解放所获，而非抢劫而来。因此，只要想让俄罗斯归还，就必须做出赔偿。圣彼得堡艾尔米塔什博物馆馆长对一家英国报纸发表评论说："假如这些绘画作品1945年后仍留在德国，到现在为止可能已交过两三回遗产税了。在我看来显而易见的是，俄罗斯作为这些作品的保管人，比德国更有权利拥有这些珍品。"[12]

1999年，英国以关于沙皇尼古拉二世遇害的机密文件，换回了德国集中营里英国战犯的文献资料。至于法国，对敏感的概念"归还"避而不谈，使出浑身解数，收回了之前遭到阻挠的剩余档案。2000年，好几辆卡车的材料物归原主，包括一些属于巴黎全球犹太人联盟的资料，它共接收了34,000多份文件。

经过旷日持久的谈判后，荷兰与比利时也拿回了一些档案。比利时人支付了13万美元给俄罗斯人，作为"维护与保藏"这些档案50年的追溯性租金。

早在1992年，荷兰和叶利钦就达成了一项协议，但是为国家杜马所阻。经过多年徒劳无果又耗费时间的谈判后，解决方案于2001年呈递给了毕翠克丝女王（Koningin Beatrix），由女王与普京再签订协议。荷兰国家档案馆馆长从一位以色列大使那里听说，俄罗斯政府倾倒于皇室的魅力。当年晚些时候，第一批档案资料箱开始运抵荷兰。资料非常丰富，计有三千多个卷宗，数十万份文件，大多属于一系列犹太组织机构，包括阿姆斯特丹的国际社会史研究所和位于海牙的荷兰大东方共济会会所。但是，这些材料不是免费归还，荷兰支付了10万多美金，作为档案馆租金、管理费和俄罗斯档案馆为这批材料制作缩微胶卷的费用。[13]

事实证明，个人几乎不可能索回自己的材料，唯一引人瞩目的例外是罗斯柴尔德家族。早在1993年，一名研究人员在斯大林的秘密档案馆里查找有关奥斯维辛的文献时，就看到了奥地利、法国的罗斯柴尔德家族旁系的文献资料。1994年，当时还有足够的时间把这些法国的文献送回法国，包括总部设在巴黎的家族银行的档案。档案到达巴黎的同一天，国家杜马开始了一场火药味十足的争论，最后决定终止所有的归还工作。这些文献被送往伦敦的罗斯柴尔德档案馆，该馆自1978年以来就收集、保存这个著名家族的大量资料。

但是，掠自奥地利的文件仍在莫斯科，这些文件是关于19世纪全世界最强大的某个工业与金融业家族的宝贵史料。同时也发现，档案馆里还有一些罗氏家族最早的文献，可追溯至法兰克福和家族先人梅耶·阿姆斯洛的事业起步阶段。1760年代，梅耶成为银行家。[14] 罗氏一族的文献不仅对家族自身意义重大，从更广泛的意义来看，对于撰写18世纪末至第一次世界大战的历史也极为重要。

依靠合法的归还程序，从俄罗斯的档案馆要回这些文献，看来已绝不可能，这些档案馆的大门对外面的世界已越关越紧。不过，仍有其他可能性，即向俄罗斯当局提供他们无法拒绝的东西，这一次是俄罗斯人的一批情书。1999年夏天，俄国沙皇亚历山大二世写给第二位皇后多尔戈鲁卡娅（Ekaterina Mikhailovna Dolgorukova）的大量稀世情书，出现在克利斯蒂拍卖行。罗斯柴尔德家族以18万英镑的价格，拍下了这5,000封书信。有人向他们透露，俄罗斯国家档案馆对这些信感兴趣，但苦于没有资金购买。[15] 诱饵起作用了，双方的谈判几乎立刻畅通无阻。

正如其他几次交换，俄罗斯政府也有巧妙的借口归还这批档案，即它们是在波兰而不是德国截获的。在俄罗斯，政治上最不可能的事是把物品归还给老牌"法西斯国家"（德国和奥地利），但是在反归还法中也有一项条款声明，纳粹主义的受害人"除外"。俄罗斯政府发现罗氏家族的文献不属于战利品后，于2001年予以归还。沙皇的情书则用来抵销俄罗斯保存这些档案期间产生的"费用"。

然而，尽管有些文献已经归还，仍有许多，包括从塞萨洛尼基的犹太人那里盗取的文献，仍留在俄罗斯、白俄罗斯和乌克兰的档案馆。还有很大一部分没有追回，但由于俄罗斯的政治形势，已几乎没有进一步调查的余地。虽然苏联解体后，一些被劫掠的档案回到了原主人手中，但是数百万战利品书籍中，只有相当少的书物归原主。1992年将604本图书还给荷兰，是俄罗斯唯一一次按照规章制度"归还"图书。

早在1991年以前，就有消息说一些价值较高的图书馆馆藏，或者确切地说其中的一部分，还留在苏联境内，其中就有巴黎屠格涅夫图书馆的藏书。然而，很快又有消息称，相关图书已经散落于俄罗斯、白俄罗斯和乌克兰各地。1980年代，盖有屠格涅夫图书馆印章的图书出现在莫斯科的旧书店。[16]后来，又在俄罗斯中部沃罗涅什（Voronezh）的大学图书馆发现了15本书，在乌克兰卢甘斯克（Luhansk）的大学里发现了1本。甚至在遥远的东方，日本北部库页岛上的一座图书馆里，也发现了零星的若干册图书。[17]有些书走出了俄罗斯，很可能是通过交换或者俄罗斯人的移民到了别的地方。例如，加利福尼亚的斯坦福大学有两本来自屠格涅夫图书馆的书。

2001年屠格涅夫图书馆庆贺建馆125周年时，10万册被劫掠的图书中，仅有1册回到了巴黎。在90年代初还给荷兰的600册图书中，有一本里面盖着该馆印章的《圣经》，极有可能是因为它是荷兰语版本，所以才会误寄到阿姆斯特丹。21世纪初，已经可以确定，屠格涅夫图书馆大约仍有8,000—10,000册书归俄罗斯所有，主要是在莫斯科的前列宁图书馆。[18]最终，数年后，118本图书送了回去，如今就在巴黎的该图书馆里。这些书之所以能收回，是因为存在着法律漏洞，也就是说，这些书不受制于国家杜马通过的反归还法。这些书是以前在波兰发现的，80年代波兰把它们作为礼物赠送给了苏联共产党。因此，它们不是受法律保护的"战利品书"。2002年快到年底时，这些书被交给了驻莫斯科的法国大使馆。

一个比较悲惨的案例可能是犹太社区图书馆，即罗马犹太圣会的消失不见了的图书馆。意大利政府迫于犹太圣会的压力于2002年成立的委员会断定，"可以想象"该馆藏书被带到了苏联。[19] 至于其姐妹图书馆，也坐落于罗马犹太会堂内的拉比学院图书馆的图书，在洪根找到后移交给了奥芬巴赫档案库。但是犹太社区图书馆的图书始终找不到，它的命运一直是个谜。在奥芬巴赫或坦森贝格分拣时，不可能漏掉如此值得注意的图书，因为该馆藏书都清晰地盖着印章。

委员会的结论是，这两个图书馆的藏书是1943年分两个阶段运走的。拉比学院图书馆的书最后到了法兰克福，而运送犹太社区图书馆藏书的火车走了另外一条路。最有可能的推测是，这些书不是运到了柏林的罗森堡特别任务小组，就是帝国中央安全局，然后从柏林疏散到了东方的波兰、苏台德区和西里西亚。但是，没有证据支持这一推测，因为关于罗森堡特别任务小组和党卫队在意大利的活动的文件大多已经销毁。[20] 委员会对有关档案的进一步调查没有找到任何关于图书下落的线索，但是有迹象表明，它们可能被带到了苏联，最有可能是去了莫斯科。

因为这个原因，2005年该委员会开始考察在俄罗斯的藏书中寻找这批图书的可能性，这项工作需要政治层面最高级别的谈判。委员会自己的研究人员没有权利独自进俄罗斯的档案馆，因此调查不得不由俄罗斯"方面"来进行。2007年，双方达成了协议，由银行支持下的委员会支付3万欧元给莫斯科的外国文献图书馆，由后者寻找图书。该图书馆提交了三份报告，但委员会都认为不充分而不予采纳，因为它们在很大程度上只是参考了早已知晓的资料来源、档案和藏品。2009年委员会提交自己最终的报告时，一本书也没有找回。委员会无法证明能在俄罗斯境内找到这些书，因此它无可奈何地宣布，"委员

经过漫长的等待，来自伯明翰城外坎诺克（Cannock）的克里斯汀·埃尔斯终于拿到了其祖父的书。这是理查德·科布拉克唯一被归还的遗物。

会活动期间,在俄罗斯档案馆查阅资料遇到的种种限制取消后",才有可能进一步调查。[21] 在目前的氛围之下,俄罗斯既缺乏打开档案馆之门的政治意愿,也无意重启归还工作。在可预见的未来,政治局势似乎也不可能改变。转机没有出现以前,数百万册战利品书籍就依然是"战犯",虽然无人说得清究竟有多少,这正是历史学家格瑞姆斯泰德的看法:"如今在俄罗斯,无人愿意把书归还给遭劫掠的国家或家庭。但是,我们仍应了解,欧洲文化遗产中有许多书籍仍滞留俄罗斯,它们是一座纪念碑,纪念因为人类历史上最残酷的战争而毁灭、四分五裂的图书馆。"[22]

*   *   *

克里斯汀·埃尔斯举着一张 A4 纸,上面用绿色签字笔大大地写着我名字的大写字母。其实此举大可不必,因为坎诺克的小车站只有我们二人。甚至叫它为车站也有点夸张,因为它只是柴油列车短暂停留的地方,正是这辆车把我从伯明翰送到了这里。位于英格兰中部斯坦佛德郡(Staffordshire)的坎诺克是一个古老的矿区,当采煤业还是小镇的命脉时,镇里有整排整排的砖头房子。但是撒切尔时代之后,繁华不再。

"有人说我们这里的青少年怀孕率是全英格兰最高的,不过我不知道是真是假。"埃尔斯说,她开车带我朝着不远处她家祖屋的方向驶去。她笑着说,房子就在坎诺克"唯一一条像样的街上"。埃尔斯是附近一所学校的音乐老师,高高瘦瘦,五十上下,谈吐有着英格兰人所谓的"风趣"。

几分钟后,克里斯汀坐在米黄色的皮革沙发上,深深地吸了一口气。屋外的大花园疏于打理,散发着乡村气息。她双手捧着那本橄榄绿小书凝视良久,然后看向我。

"今天我在脸书(Facebook)上说,我在等这本书。我试图做点别的事情，但总是做不好。我一直等啊等，等这本书回来。我也一直问自己为什么，我的意思是我甚至看不懂，因为它是德文书。我想我就是想要它。虽然我是基督徒，但一直觉得自己也非常像犹太教徒。我一说起犹太人大屠杀就会流泪，就好像我和这些事息息相关。"埃尔斯边说边打开书翻了一会儿，然后又继续话题。

"我非常感激这本书，因为……我了解我在英国的外祖父外祖母，他们的生活与死亡。没有祖父母也很正常，许多人都没有。但这件事还是有点不正常，因为我连他们的照片都没有。心里有个洞，有个情感真空，希望你明白我的意思。总有什么东西悬在半空中，没有表达出来的东西。"埃尔斯抓着书对我说。

"你知道吗，我父亲从不说这些。不提过去，也不提战争。但我的姑姑无休无止地说，一直说。她是兄弟姐妹中最大的一个，所以也最像'德国人'。她用言说来处理这件事，而我父亲采取了保持沉默的方式。小时候我就知道，发生了可怕的事情。我知道我的祖父母死于战争，后来又发现他们死于毒气室，但作为一个孩子并不知道那是什么意思。它就是一个故事——你没有真懂其中含义。然后我又知道了他们死于奥斯维辛。长大后我才开始明白，才抓住问题。我发现他们是在毒气室被关闭的十天前遇害时，非常难过。这很让人痛苦。我想象自己也坐在那列火车里，挨冻挨饿，然后被直接推进毒气室。我完全没法摆脱这样的想象。"

埃尔斯起身走到桌子边，桌上摊着文件夹和她家家族史的文献资料。大多数资料是德国历史学家托马斯·翁格劳贝（Tomas Unglaube）给她的，他做过科布拉克家族史研究。埃尔斯从一个文件夹里拿出一张全家福，拍摄的时间正是第二次世界大战前夕。右边坐着的人就是理查德·科布拉克——他上了年纪，长着一张圆脸，留了一点整洁的胡子，双手交握。他的妻子夏洛蒂坐在中间，含笑看着镜头。她是一位漂亮的妇人，两鬓已灰白。身旁站着他们的三个孩子，女儿珂特（Käthe）、伊娃-玛利亚（Eva-Maria），然后是克里斯汀的父亲赫尔穆特。他的手放在父亲的肩膀上,拍照时他大概十八九岁。

1927 年,理查德在柏林市政厅找到了一份工作后,全家从波兰的布雷斯劳搬到了柏林。全家人都是基督徒,没有自认为是犹太人。战争结束五十年后,年纪最大的姐姐珂特在书里写了她的回忆,埃尔斯拿给我看:

> 希特勒被任命为总理后的这个星期天,父母亲告诉我们,我们是犹太人后裔。他们二人一直都没有信奉过犹太教,他们在教堂里结婚,没有见识过任何犹太习俗,教我们子女用基督教的方式祈祷。但他们的祖父母是犹太裔,因此按照希特勒的定义,他们也是犹太人。基于同样的理由,我们也是。[23]

到 1933 年,理查德早已被降到不太重要的岗位,不过因为第一次世界大战中他是德军的前线战士,因此还能保住饭碗。他还曾被授予铁十字勋章。但是 1936 年《纽伦堡法》推行后,理查德被迫在 45 岁时"退休"。珂特描述了她家在 1930 年代的生活,以及自己如何被日益孤立:

> 我在学校里人缘不错,但我担心一旦朋友们发现(我是犹太人),他们就不想再和我交往了。因为这个原因,我远离真正的友谊,也不再去找老朋友或请他们来家里玩。和犹太人来往可能会让他们或他们的父母陷入险境。[24]

"太悲惨了。在父母告诉他们之前,孩子们不知道自己是犹太人。不过我不明白,他们怎么能继续留在这里,他们为什么不移民。我的祖父是个聪明人,他怎么能犯这样一个错误?他是个高级公务员,怎么会看不清形势?"

埃尔斯的姑母在记录下来的回忆中回答了这些问题，在一定程度上，她的答案适用于许多选择留在纳粹德国的人：

> 原因是我的父亲固执己见：我们是德国人，我们属于这里，希特勒（那个蛊惑人心的奥地利政客！）不会把我们赶走。他和他那些疯狂的想法不会永远存在。我的父亲一向睿智、政治消息灵通，但他的这个判断却犯了致命的错误。[25]

从珂特的日记不难看出，套索在慢慢收紧。她的父亲失去了工作，朋友们被盖世太保带走，兄弟姐妹们一个个无法上学。其他犹太儿童被踢出学校时，作为退伍军人的子女，他们还能去上课。1938年11月的"水晶之夜"事件后，连理查德也不得不承认前路渺茫，但为时已晚。战争爆发的数月前，科布拉克家设法把几个孩子送走。最小的女儿伊娃-玛利亚在"难民儿童行动"（Kindertransport）*中送走，而赫尔穆特和珂特分别通过工作签证和学生签证离开了德国。最后一个离开的是珂特，她走的时间是8月初，就在宣战前一个月。

"他们意识到大事不妙时，一切都太晚了。祖父母不惜一切代价把子女送走，但不幸的是，他们自己没能想法子离开，因为他们没有足够的钱。"

战争打响后，孩子们和滞留在德国的父母亲的联系就时断时续了。他们千方百计写信给孩子们，告诉他们"零碎的消息"。孩子们获悉，父母亲被逐出了公寓，搬到了夏洛滕堡（Charlottenburg）一个分给他们的公寓小房间里；祖母失踪了，很可能是被赶到了"东方"；还有，父母亲在忍饥挨饿。珂特收到了最后一张来自特莱西恩施塔特的明信

---

* 也译作"儿童撤离行动"，指第二次世界大战中为了拯救波兰、奥地利、德国、捷克斯洛伐克等国家的犹太儿童而进行的救援工作。这些孩子被安置在了英国的寄养家庭，躲过了纳粹的迫害。——译者注

片，1943年她的父母被驱逐到了那里。此后，他们杳无音信。这本橄榄绿的小书《法律、国家和社会》，很有可能是在被逐犹太人的家庭遭洗劫时，从科布拉克家在柏林的公寓里抢来的。至于这本书如何辗转流落到柏林市图书馆，目前还不明了，但毫无疑问它是数十万被没收、分类、出售的书籍中的一本。

科布拉克姐妹到了英国后，被安置在不同的寄养家庭，继续上学。但克里斯汀的父亲赫尔穆斯，时年19岁，却被当局扣押。

"开战后，英国人逮捕了他。在他们看来，他是个'德国小伙子'，因此就是敌人。一开始他被押解到马恩岛（Isle of Man），后来和其他德国人一起被赶上船，准备送往澳大利亚羁押。"

1940年夏天，他和2,542名"敌国侨民"被秘密押送上臭名昭著的"敦拿"（*Dunera*）号运兵船，送到澳大利亚。其中大约2,000名"侨民"是犹太难民，年纪介于26—60岁之间，他们从欧洲的纳粹魔掌中逃到了英国。为时57天的航行，条件极为恶劣：

> 整艘船严重超载，活像地狱。吊床相互撞来撞去，许多人不得不睡在桌子或地板上。二十个人共用一块肥皂，十个人只有一条毛巾……茅厕里屎尿横流，船上痢疾肆虐。体罚、用枪托打人是家常便饭。有个难民晚上想上厕所，这违反了禁令，结果肚子被刺了一刀。[26]

赫尔穆特后来获释，想返回欧洲，但英国人征用了他搭乘的船。

"他们把他扔在孟买，当时他20岁，没有工作，没有钱，没有家。他告诉我，他曾在街头徘徊三个夜晚。最后，他想办法在一家棉纺厂找到了工作，但直到1949年，他才成功回到英国。他也从不提'敦拿'号，很可能是受到了极大的创伤。我自己开始调查后，才发现这件事。"埃尔斯说。

她告诉我，她父亲最痛苦的事莫过于无法接受教育。

"我想他始终对此耿耿于怀。他以前上学时很有天赋，但不得不辍学。他一直梦想当一名医生。他社交能力强，但仍怀有普鲁士人对于正义与责任的那些理想。我完全能想象他当医生的样子，但最后他只能在伦敦的珠宝行工作。他用阅读激励自己，是个不折不扣的书呆子。每次无论我们去哪里度假，他总会带上一整箱的书。"

克里斯汀·埃尔斯的父亲于1994年逝世，这时她才开始探究自己的家族史。过去的十年里，在翁格劳贝的帮助下，她一直试图勾画出父祖的生平。她的桌子上摊满了大批文件、文件夹和一页页从档案馆里带回来的纸，但这些只是她想整理的一部分材料而已。

"今年，托马斯寄了一个又一个包裹的资料：复印件、研究报告、文件。然后我们像拼图一样，把所有的一切拼合在一起。因为我父亲不愿提起的事情太多了，所以我只知道某些方面。他只开口说过一次，当时是圣诞节，我遇到了些麻烦，非常烦恼，只想一个人待着。于是他走到我身边，对我说起'水晶之夜'。当时他才14岁，因为不想被抓而拼命逃跑，整晚不停地变换藏身之地。"

黄昏来临，我们已经谈了好几个小时，于是决定第二天再聊。她的丈夫马克陪我们坐在寒冷的花园里，后来开了一瓶波尔多葡萄酒。他是一位健谈的退休校长，穿着拖鞋和长袍走来走去。

"我们得喝最好的酒，庆祝一下。"

克里斯汀给我们做了砂锅鹿肉，配烤土豆和球芽甘蓝。在我回到客房之前，她让我看挂满屋子的她姑母伊娃-玛利亚的画——色彩明亮，表现主义风格的风景画，许多主题与法国南部有关。

"她是家里年纪最小的人，所以最英国化，极端反德，余生都不在德国的土地上过夜，永远不想再和德国有任何关系。"

克里斯汀站在厨房里，专心阅读一个酒红色的本子，内页从上到下写满了小巧整齐的蓝色字。这是她姑母珂特的战争日记。

"大战期间，她坚持写日记。从1939年8月3日她去英国的那一天，一直写到1945年3月。"埃尔斯边说边用纸巾擦眼泪。她说她每次阅读都会掉泪,虽然这几年好了一点。她把她祖父的橄榄绿小书放到了日记的旁边,我问她为什么想要那本书。

"因为我没有一点他的东西。我有姑母的照片,有一块上面破了个洞的波斯地毯,那是我继承下来的。我也有父亲的东西,但没有祖父母的任何东西。我深深地眷恋他们。我不知道要这本书做什么,我只想看一看,拿着它,这对我很重要。"埃尔斯说。

她想读一段姑母的日记,于是翻到了1945年3月31日那一页,那是最后一则日记。之后她什么都不写了,因为她找到了"真相",埃尔斯解释说,然后开始朗读:

> 苏联人占领了整个东普鲁士和近乎西里西亚全境。他们已踏足奥地利领土,并深入捷克斯洛伐克。看起来战争即将结束——但是果真如此吗?我们还敢怀有希望吗?这是真的吗?希望在什么地方会离你而去?几天前我们听说了特莱西恩施塔特的生活——总的说来那种描述快慰人心。我们听说,集中营里已有数千人获释去了瑞士——以后会有更多人获释吧?你们会不会也在其中?如此多的问题,如此多的焦虑——而唯一的答案却是"等等看吧"。学校里的路易斯·帕尔默说过:"保持信心。"明天是复活节,我们能做的就是——永不放弃希望。[27]

致谢

我要向无数的人道谢。众多人士慨然奉献了他们的知识与时间，为此我向所有促成本书的人谨致谢忱，尤其是接待过我的图书管理员、档案管理员和研究人员。他们为我开放了藏书与档案，毫不吝啬地与我分享他们的研究成果、想法与人脉关系。

我要感谢访问德国期间接待了我的图书管理员和研究人员，尤其是柏林中央与地方图书馆的芬斯特瓦尔德和博肯汉姆。对于他们专心致志、不知疲倦地从事馆内数十万册被掠图书的归还工作，我非常敬佩。我也要感谢柏林来源研究所的艺术史学家哈特曼，以及魏玛安娜·阿玛利亚公爵夫人图书馆的诺奇、豪非、克劳考斯基，还有慕尼黑巴伐利亚国家图书馆的凯尔纳。

我要将特别的谢意献给荷兰罗森塔尔图书馆前馆员霍格伍德，他对阿姆斯特丹犹太人图书馆失窃一事的调查具有不可估量的价值，他还为我的工作提出了许多重要意见。要道谢的还有罗森塔尔图书馆的维瑟、生命之树图书馆的沃纳克和国际社会史研究所的桑德斯。我也非常感谢共济会文化中心的皮彭布罗克和沃尔特，他们引领我见识了共济会的秘密和克洛斯图书馆激动人心的历史。

巴黎之行，我要谢谢全球犹太人联盟图书馆馆长和档案学家库珀敏茨，他让我有机会数度回访。也要热忱感谢屠格涅夫图书馆的监管人与图书馆员卡普兰，一次晤面，终生难忘，她与我分享了该馆的悲惨命运。我也真心感谢巴黎波兰图书馆的维托尔德·扎霍尔斯基（Witold Zahorski）和伊利诺伊大学的历史学者、图书馆员斯洛卡，他为我提供了关于波兰图书馆的辅助材料。

在罗马，承蒙多人相助，在此谨表谢意：泰德斯基，他率领意大利政府委员会找回了曾经失去的犹太社区图书馆。书目中心的莱维，他加深了我对意大利犹太人感人而丰富的文学史的认识。

至于在塞萨洛尼基，我要感谢的有犹太博物馆的泽茉尔，以及独立研究者保罗·伊萨克·海格尔（Paul Isaac Hagouel），他大方地允许我分享他那无与伦比的塞萨洛尼基城犹太人史研究材料。也要特别感谢在维尔纽斯城，立陶宛犹太圣会会长法因娜·库克莱斯基（Faina Kuklainsky）热情地接待了我。

在捷克共和国，我极为感谢图书管理员卜赛克，他欢迎我去布拉格的犹太博物馆，而且他对特莱西恩施塔特部队的调查价值非凡。我也要向特雷津历史部的托马斯·费德洛维卡（Tomáš Fedorovič）和文档中心（Documentation Centre）的勒娜特·克斯特洛娃（Renata Košťálová）道谢，他们对第二次世界大战期间发生在捷克斯洛伐克的偷书行动发表了真知灼见。

许多人对我讲述了他们的故事，但因为种种原因，本书没有给它们一席之地，但我仍要向那些人致谢。尤其要感谢纽伦堡市立教育学校图书馆（Stadtbibliothek im Bildungscampus）的克里斯汀·萨奥尔（Christine Sauer）、维也纳大学当代历史图书馆（Fachbereichsbibliothek Zeitgeschichte der Universität Wien）的克里斯蒂娜·科斯特纳－潘塞尔（Christina Köstner-Pemsel），以及奥地利国家图书馆（Österreichische Nationalbibliothek）的玛戈特·沃讷（Margot Werner）。

对于理查德·科布拉克的孙女克里斯汀·埃尔斯，我也要诚挚地道谢。她欢迎我去她在伯明翰城外坎诺克的宅邸，也和我分享她的家族史。

我对哈佛大学乌克兰研究院助理研究员、（阿姆斯特丹）国际社会史研究所荣誉成员格瑞姆斯泰德尤其感激不尽，她为了详尽阐明第二次世界大战期间图书、档案的流散所付出的努力，无人能及。她所贡献的杂文、论文与人脉对我而言意义重大。同样重要的还有她那些相关主题的著作,任何人想要深入了解这个复杂问题,都应该阅读她的大作。我尤其要推荐她的下列作品:2001年出版的《战利品与帝国:乌克兰的档案遗产、第二次世界大战与归还的国际政治》(Trophies of War and Empire: The Archival Heritage of Ukraine, World War II, and the International Politics of Restitution),以及2013年的《自俄罗斯而回:纳粹在西欧的档案劫掠活动及最近的归还问题》(Returned from Russia: Nazi Archival Plunder in Western Europe and Recent Restitution Issues)。

我还要感谢那些努力使本书得以面世的人:诺斯特(Norstedts)出版社,尤其是我的发行人斯蒂芬·斯科格(Stefan Skog),我们初次见面时他便对本书满怀信心。此外还有两位优秀的编辑,英格马·卡尔森(Ingemar Karlsson)和马林·泰德菲尔特(Malin Tynderfeldt)。

最后但同样重要的是,我要感谢那些以各种方式提供意见和核查事实的人士。谢谢作家阿图尔·苏尔克斯(Artur Szulcs)对本书的各方面做出评点,哥德堡大学(Göteborgs universitet)文学与思想史学系的读者安德里亚斯·奥纳弗斯(Andreas Önnerfors)对共济会史提出了很有价值的见解。也感谢索德托恩大学(Södertörns högskola)思想史讲师安德斯·伯曼(Anders Burman)、历史与当代研究系教师埃里克·坦吉尔斯坦德(Erik Tängerstad),还有艾克索图书(Axl Books)的发行人兼网站编辑斯塔凡·隆格伦(Staffan Lundgren),他在魏玛古典主义、德国理想主义和歌德问题上提供了重要的见解。

我所获的资助与支持从各方面使本项目成为可能,为此我要向作者基金(Författarfonden)、自然与文化工作基金(Natur & Kultur arbetsstipendium)和圣米歇尔基金会(Stiftelsen San Michele)致谢。

安德斯·莱德尔
2015年6月

注释

1 吞噬世界的大火：柏林

1. Todd Kontje, *The Cambridge Introduction to Thomas Mann*, Cambridge University Press, 2011, pp. 73-74.
2. E. Leonidas Hill, "The Nazi Attack on 'Un-German' Literature, 1933-1945," p. 12, in *The Holocaust and the Book* (ed. Jonathan Rose), Amherst: University of Massachusetts Press, 2001.
3. *Völkischer Beobachter*, April 14, 1933.
4. Hill, "The Nazi Attack on 'Un-German' Literature, 1933-1945," p. 14.
5. Rebecca Knuth, *Libricide: The Regime-Sponsored Destruction of Books and Libraries in the Twentieth Century*, Westport, CT: Praeger, 2003, p. 97.
6. Hill, "The Nazi Attack on 'Un-German' Literature, 1933-1945," p. 14.
7. Jan-Pieter Barbian, *The Politics of Literature in Nazi Germany: Books in the Media Dictatorship*, New York: Bloomsbury Academic, 2013, p. 169.
8. Jay Worthington, "Mein Royalties," *Cabinet,* issue 10, 2003. http://www.cabinetmagazine.org/issues/10/mein_royaltyies.php.
9. Hill, "The Nazi Attack on 'Un-German' Literature, 1933-1945," p. 16.
10. Joseph Goebbels, *Völkischer Beobachter*, May 12, 1933.
11. Stefan Zweig, *Världen av i går*, trans. Hugo Hultenberg, Stockholm: Ersatz, 2011, p. 395.
12. Guy Stern, "The Burning of the Books in Nazi Germany, 1933: The American Response," *Simon Wiesenthal Annual,* vol.2, ch. 5.
13. *Holocaust Encyclopedia*, "Immediate American Response to the Nazi Book Burnings," http://www.ushmm.org/wlc/en/artical.php?ModuleId=10007169,

United States Holocaust Memorial Museum, 2014.

14. Chiristoph Daxelmüller, "Nazi Concept of Culture and the Erasure of Jewish Folklore," p. 79, *The Nazification of an Academic Discipline: Folklore in the Third Reich*, Bloomington: University of Indiana Press, 1994.

2　柏林市图书馆的幽灵：柏林

1. Rudi Joelsohn, memorial book. https://www.bundesarchiv.de/gedenkbuch/intro.html.en.
2. Akt nummer 512-515 och 515/1. Inventarienummer C Rep. 120. Landesarchiv, Berlin.
3. Sebastian Finsterwalderand Peter Prölls, "Tracing the Rightful Owners: Nazi-Looted Books in the Central and Regional Library of Berlin," in *'The West' Versus 'The East' or The United Europe?*, 见 2013 年 10 月 8—9 日在 Poděbrady 召开的国际学术会议的论文集, Mečislav Borák 编。http://socialhistory.org/sites/default/files/docs/grimsted-podebradyessay13.pdf. Documentation Centre for Property Transfers of Cultural Assets of WWII Victims, Prague, 2014. pp. 92–102.
4. Melonie Magruder, "A Holocaust Survivor's Childhood Book Comes Home,"*Malibu Times,* July 22, 2009.
5. Michael Sontheimer, "Retracing the Nazi Book Theft: German Libraries Hold Thousands of Looted Volumes," *Der Spiegel*, October 24, 2008. http://www.spiegel.de/international/germany/retracing-the-nazi-book-theft-german-libraries-hold-thousands-of-looted-volumes-a-586379-2.html.
6. Heike Pudler and Michaela Scheibe, "Provenienzforschung/-erschließung an der Staatsbibliothek zu Berlin,"*Bibliothek Forschung und Praxis*, vol. 34, April 2010, pp. 51–56.
7. Cornelia Briel, *Beschlagnahmt, erpresst, erbeutet.NS-Raubgut, Reichstauschstelle und Preusische Staatsbibliothek zwischen 1933 und 1945*, Berlin: Akademie Verlag, 2013.
8. Rebecca Knuth, *Libricide: The Regime-Sponsored Destruction of Books and Libraries in the Twentieth Century*, Westport, CT: Praeger, 2003, p.99.
9. Briel, *Beschlagnahmt,erpresst, erbeutet.*
10. Sontheimer, "Retracing the Nazi Book Theft."
11. Regine Dehnel, "Perpetrators, Victims, and Art: The National Socialists'

Campaign of Pillage," *Eurozine*, September 26, 2007. http://www.eurozine.com/articles/2007-09-26-dehnel-en.html.

12. Knuth, *Libricide*, p. 99.
13. Ibid.
14. Michael Dobbs, "Epilogue to a Story of Nazi-Looted Books; Library of Congress Trove of War Propaganda Included Many Stolen Jewish Works,"*Washington Post*, January 5, 2000.
15. Sontheimer, "Retracing the Nazi Book Theft."

3 歌德的橡树：魏玛

1. White House, Office of the Press Secretary, "Remarks by President Obama, German Chancellor Merkel, and Elie Wiesel at Buchenwald Concentration Camp," June 5, 2009. http://whitehouse.gov/the-press-office/remarks-president-obama-german-chancellor-merkel-and-elie-wiesel-buchenwald-concent.
2. David A. Hackett (ed.), *Der Buchenwald-Report:Bericht über das Konzentrationslager Buchenwald bei Weimar*, Munich: C. H. Beck, 2010, p. 188.
3. Klaus Neumann, *Shifting Memories: The Nazi Past in the New Germany*, Ann Arbor: University of Michigan Press, 2000, p. 179.
4. Ernst Wiechert, *I dödens skog*, trans. Irma Nordvang, pp. 119–120. Stockholm: Wahlström & Widstrand, 1946.
5. Prisoner no. 4935, "Über die Goethe-Eiche im Lager Buchenwald."*Neue Zürcher Zeitung*, November 4, 2006. http://www.nzz.ch/articleEMAWX-1.73138.
6. Johann Gottlieb Fichte, *Fichte: Addresses to the German Nation*, Cambridge University Press, 2009, p. 10.
7. Paul Zanker, *The Mask of Socrates: The Image of the Intellectual in Antiquity*, Berkeley: University of California Press, 1996, p. 4.
8. Wolf Lepenies, *The Seduction of Culture in German History*, Princeton University Press, p. 157.
9. Peter Gay, *Weimarkulturen 1918–1933*, trans. Per Lennart Mansson, Nova, Sweden: Nya Doxa, 2003, pp. 22–24.
10. Ingemar Karlsson and Arne Ruth, *Samhället som teater*, Stockholm: Liber, 1983, p. 56.
11. Karl-Heinz Schoeps, *Literature and Film in the Third Reich*, Rochester, NY:

Camden House, 2003, pp. 3-6.
12. Manfred Görtemaker, *Thomas Mann und die Politik*, Frankfurt: Fischer Verlag, 2005, p. 51.
13. E. Alan Steinweis, "Weimar Culture and the Rise of National Socialism," *Central European History*, vol. 24, no. 4, Cambridge University Press, 1991, pp. 402-414.
14. W. Daniel Wilson, "Goethe and the Nazis," *Times Literary Supplement*, March 14, 2014.
15. Ibid.
16. Inez Hedges, *Framing Faust: Twentieth-Century Cultural Struggles*, Carbondale: Southern Illinois University Press, 2009, p. 73.
17. Wilson, "Goethe and the Nazis."
18. Jürgen Weber, "…because Herr Goldschmidt is a Jew of course."*Arsprototo*, issue 1 (2013). http://www.kulturstiftung.de/category/arsprototo/jahrgang-2013/ausgabe-12013/.
19. Ibid.
20. Ibid.
21. 战前阿玛利亚公爵夫人图书馆的前身是德国古典文学中央图书馆。

4 希姆莱的图书馆：慕尼黑

1. Hermann Kurzke, *Thomas Mann: Life as a Work of Art: A Biography*, Princeton University Press, 2001, p. 364.
2. Chris McNab, *The SS, 1923–1945: The Essential Facts and Figures for Himmler's Stormtroopers*, London: Amber Books, 2009, p. 18.
3. Roderick Stackelberg, *Hitler's Germany: Origins, Interpretations, Legacies*, London; New York: Routledge, 1999, p. 116.
4. Werner Schroeder, "Bücherraub. Strukturen des Bücherraubs: Die Bibliotheken des Reichssicherheitshauptamtes (RSHA), ihr Aufbau und ihr Verbleib," *Zeitschrift für Bibliothekswesen und Bibliographie*, vol. 51, 2004, pp. 316-324.
5. Ibid., p. 316.
6. Jan-Pieter Barbian, *The Politics of Literature in Nazi Germany: Books in the Media Dictatorship*, New York: Bloomsbury Academic, 2013, p. 112.
7. Schroeder, "Bücherraub," pp. 316-324.

8. Michael Berenbaum, *The World Must Know*, Baltimore: Johns Hopkins University Press, 2009, p. 49.
9. Alan Confino, *A World Without Jews: The Nazi Imagination from Persecution to Genocide*, New Haven, CT: Yale University Press, 2014, pp. 115-117.
10. Patricia Kennedy Grimsted, "Restitution of Confiscated Art Works: Wish or Reality?" 见2007年10月24至26日在利贝雷茨（Liberec）召开的国际学术会议的论文集，Tilia，2008，p.131。
11. Schroeder, "Bücherraub," pp. 316-324.
12. Grimsted, "Restitution of Confiscated Art Works: Wish or Reality?" p. 128.
13. Ibid., p.132.
14. Ibid., p.144.

5　反对耶路撒冷的战士：基姆湖

1. "Models for a Nazi party school on the Chiemsee and for buildings on the Adolf Hitler-Platz in Weimar," c. 1939, Prints and Photographs Division, LOT 8613 (G) [P&P], Library of Congress, Washington, DC. https://www.loc.gov/item/2005683331/.
2. Nuremberg Trial Proceedings, vol. 7, February 6, 1946. The Avalon Project.
3. Ingemar Karlsson and Arne Ruth, *Samhället som teater*, Stockholm: Liber, 1983, p. 82.
4. Jan-Pieter Barbian, *The Politics of Literature in Nazi Germany: Books in the Media Dictatorship*, Bloomsbury Academic, 2013, p. 117.
5. Joachim Fest, *The Face of the Third Reich*, New York: Pantheon Books, 1970, p. 163.
6. Alfred Rosenberg, *Pest in Russland*, Munich: Franz Eher, 1938, p. 16.
7. Robert Cecil, *The Myth of the Master Race*, London: B. T. Batsford, 1972, p. 17.
8. Alfred Rosenberg, *The Myth of the Twentieth Century*, CreateSpace Independent Publishing Platform, 2011, p. 65.
9. Karlsson and Ruth, *Samhället som teater*, p. 90.
10. Ibid., p. 93.
11. Cecil, *The Myth of the Master Race*, p. 17.
12. Ibid., pp. 20-24.
13. Alfred Rosenberg, *Dietrich Eckart: Ein Vermächtnis*, Munich: Franz Eher,

1928, p. 45.
14. Albert Speer, *Inside the Third Reich*, London: Orion Books, 1970, p.96.
15. Ernst Piper, *Alfred Rosenberg: Hitlers Chefideologe*, Munich: Karl Blessing Verlag, 2005.
16. Volker Ullrich, *Adolf Hitler: Die Jahres des Aufstiegs*, Frankfurt: Fischer Verlag, 2013.
17. Adolf Hitler, *Mein Kampf D. 1, En uppgörelse*, trans. Anders Qviding, Stockholm: Hägglunds förlag, 2010, p. 322.
18. *Holocaust Encyclopedia*, "Protocols of the Elders of Zion," United States Holocaust Memorial Museum, 2014, www.ushmm.org/wlc/en/article.php?ModuleId-10007058.
19. Rosenberg, *The Myth of the Twentieth Century*, p. 66.
20. Ibid., p.201.
21. Ibid., p.15.
22. Ibid., p.381.
23. Alfred Rosenberg, *Gestaltung der Idee*, Munich: Zentralverlag der NSDAP, 1943, p. 53.
24. Rosenberg, *The Myth of the Twentieth Century*, p. 4.
25. Kristie Macrakis, *Surviving the Swastika: Scientific Research in Nazi Germany*, Oxford University Press, 1993, p. 79.
26. Philipp Lenard, "Great Men of Science," p. 105, *Physics and National Socialism: An Anthology of Primary Sources*, Basel: Birkhäuser, 1996.
27. Macrakis, *Surviving the Swastika*, p. 75.
28. Cecil, *The Myth of the Master Race*, p. 128.
29. Ibid., p.154.
30. Franz Albert Heinen, *The Ordensburg Vogelsang*, Berlin: Christoph Links Verlag, 2014, p. 17.
31. Frank H. W. Edler,"Alfred Baeumler on Hölderlin and the Greeks: Reflections on the Heidegger-Baeumler Relationship,"*Janushead*, vol. 1, no. 3, 1999, part 1.
32. Ibid., vol.2, no. 2, 1999, part 12.
33. Simon Gerd, *Chronologie Hohe Schule der NSDAP*, Universität Tübingen, 2008.

6　抚慰以色列的苦难：阿姆斯特丹

1. Jonathan Israel, *Conflicts of Empires: Spain, the Low Countries and the Struggle for World Supremacy*, New York: Bloomsbury Academic, 2003, p. 324.
2. Brian Pearce and A. D. Lublinskaya, *French Absolutism: The Crucial Phase, 1620-1629*, Cambridge University Press, 2008, p. 118.
3. Harm Den Boer, "Amsterdam as Locus of Iberian Printing in the Seventeenth and Eighteenth Centuries," p. 87, in *The Dutch Intersection: The Jews and the Netherlands in Modern History* (ed. Yosef Kaplan), Leiden; Boston: Brill, 2008.
4. K. Adri Offenberg (ed.), *Bibliotheca Rosenthaliana: Treasures of Jewish Booklore*, Amsterdam University Press, 2009, pp. 4-20.
5. J. Frits Hoogewoud, "An Introduction to H. de la Fontaine Verwey's Bibliotheca Rosenthaliana During the German Occupation," *Omnia in Eo: Studies on Jewish Books and Libraries in Honor of Adri Offenberg Celebrating the 125th Anniversary of the Bibliotheca Rosenthaliana in Amsterdam*, Leuven, Belgium: Peeters, 2006, p. 55.
6. Jaap Kloosterman and Jan Lucassen, "Working for Labour: Three Quarters of a Century of Collecting at the IISH," in *Rebels with a Cause: Five Centuries of Social History Collected by International Institute of Social History*, Amsterdam: Aksant, 2010, p. 17.
7. Simon Gerd, *Chronologie Hohe Schule der NSDAP*, Universität Tübingen, 2008.
8. Ibid.
9. Michael Curtis, *Verdict on Vichy: Power and Prejudice in the Vichy France Regime*, New York: Arcade, 2003, p. 149.
10. Patricia Kennedy Grimsted, "Reconstructing the Record of Nazi Cultural Plunder," Amsterdam: IISH, 2011, p. 30.
11. Kloosterman and Lucassen, *Working for Labour: Three Quarters of a Century of Collecting at the IISH*, p. 14.
12. Matthew Battles, *Library: An Unquiet History*, New York; London: Norton, 2003, p. 64.
13. Meyuhas Alisa Ginio, *Jews, Christians, and Muslims in the Mediterranean World After 1492*, London; New York: Routledge, 1992, p. 8.

14. Frits J. Hoogewoud, "The Looting of a Private and a Public Library of Judaica and Hebraica in Amsterdam During World War II.The Cases of Ets Haim/ Livraria Montezinos and Bibliotheca Rosenthaliana," in *Jewish Studies in a New Europe*, Copenhagen: C. A. Reitel A/S International Publishers, 1998, pp. 379–390.
15. Ibid.
16. Ibid.
17. Alan E. Steinweis, *Studying the Jew: Scholarly Antisemitism in Nazi Germany*, Cambridge, MA: Harvard University Press, 2009, pp. 115–116.
18. Frits J. Hoogewoud, *Dutch Jewish Ex Libris Found Among Looted Books in the Offenbach Archival Depot* (1946). Leiden; Boston: Brill, 1998.
19. Grimsted, "Reconstructing the Record of Nazi Cultural Plunder," p. 253.
20. E. Leonidas Hill: "The Nazi Attack on 'Un-German' Literature, 1933–1945", p.30, in *The Holocaust and the Book*, Amherst: University of Massachusetts Press, 2001.
21. Frits J. Hoogewoud,"Omnia in Eo: Studies on Jewish Books and Libraries in Honour of Adri Offenberg Celebrating the 125th Anniversary of the Bibliotheca Rosenthaliana in Amsterdam," pp. 50–51.
22. *Holocaust Encyclopedia*, "Westerbork," United States Holocaust Memorial Museum, 2014, www.ushmm.org/wlc/en/article.php?ModuleId-10005217.
23. Hoogewoud, "Omnia in Eo," p. 56.
24. Levie Jehuda (Louis) Hirschel: www.dutchjewry.org.

7 挖掘共济会的秘密：海牙

1. Christopher Campbell Thomas, "Compass, Square and Swastika: Freemasonry in the Third Reich," thesis, Texas A&M, 2011, p. 55.
2. Paul M. Bessel, "Bigotry and the Murder of Freemasonry," www.bessel.org/naziartI.htm.
3. *Holocaust Encyclopedia*, "Freemasonry Under the Nazi Regime," United States Holocaust Memorial Museum, 2014,www.ushmm.org/wlc/en/article/php?ModuleId-10007187.
4. Wendy Lower, *Hitler's Furies: German Women in the Nazi Killing Fields*, Boston: Houghton Mifflin Harcourt, 2013, p. 34.

5. Jimmy Koppen, "The Conspiracy of Freemasons, Jews and Communists: An Analysis of the French and German Nationalist Discourse (1918–1940)," thesis, Free University, Brussels, 2009.
6. Jimmy Koppen, "The Anti-Masonic Writings of General Erich Ludendorff," thesis, Free University, Brussels, 2010.
7. Ibid.
8. Ibid.
9. Ibid.
10. Leo XIII, "The Letter 'Humanum Genus' of the Pope, Leo XIII, against Free-Masonry and the Spirit of the Age, April 20, 1884." Trans. Albert Pike, Charleston: Grand Orient of Charleston, 1884.
11. *Holocaust Encyclopedia*, "Freemasonry," United States Holocaust Memorial Museum, 2014, www.ushmm.org/wlc/en/article.php?ModuleId-10007186.
12. Koppen, *The Conspiracy of Freemasons, Jews and Communists*.
13. Alfred Rosenberg, *The Myth of the Twentieth Century*, CreateSpace Independent Publishing Platform, 2011, p. 116.
14. Thomas, *Compass, Square and Swastika*, p. 134.
15. Bessel, "Bigotry and the Murder of Freemasonry."
16. Thomas, *Compass, Square and Swastika*, p. 134.
17. István Fodor, et al. (eds.), *Spoils of War*, No. 3. Bremeb: Koordinierungsstelle der Länder für die Rückführung von Kulturgütern beim Senator für Bildung, Wissenschaft, Kunst und Sport, No. 3, 1996.
18. Patricia Kennedy Grimsted, "Reconstructing the Record of Nazi Cultural Plunder," p.27.
19. Fodor et al., *Spoils of War*, p. 18.
20. Cultural Masonic Centre Prins Fredrik: Archive, Library and Museum of the Grand East of the Netherlands, p. 6.
21. Irvine Wiest, "Freemasonry and the Nuremberg Trials. A Study in Nazi Persecution." Paper presented at the Fifteenth Annual Consistory of the Society of Blue Friars, Washington DC, February 1959.
22. Ibid.
23. Ibid.

8 列宁工作过的地方：巴黎

1. Jean-Marc Dreyfus and Sarah Gensburger, *Nazi Labour Camps in Paris: Austerlitz, Levitan, Bassano, July 1943-August 1944*, New York: Berghahn Books, 2011, pp. 9-11.
2. Ibid.
3. Sem C. Sutter, "The Lost Jewish Libraries of Vilna and the Frankfurt Institut zur Erforschung der Judenfrage," p. 221, in *Lost Libraries* (ed. James Raven). New York: Palgrave Macmillan, 2004.
4. Patricia Kennedy Grimsted, "The Road to Minsk for Western 'Trophy' Books: Twice Plundered but Not Yet Home from the War," *Libraries & Culture* vol. 39, no. 4, 2004.
5. Gilles Rozier, "The Bibliothèque Medem: Eighty Years Serving Yiddish Culture," *Judaica Librarianship*, 2004, pp. 4-15.
6. E. Leonidas Hill, "The Nazi Attack on 'Un-German' Literature, 1933-1945," p. 31, *The Holocaust and the Book* (ed. Jonathan Rose), Amherst: University of Massachusetts Press, 2001.
7. Michael Curtis, *Verdict on Vichy: Power and Prejudice in the Vichy France Regime*, New York: Arcade, 2003, pp. 148-149.
8. James Cowan, "Sebald's Austerlitz and the Great Library," in *W. G. Sebald: Schreiben ex patria* (ed. Gerhard Fischer), Amsterdam: Rodopi, 2009.
9. Rebecca Knuth, *Libricide: The Regime-Sponsored Destruction of Books and Libraries in the Twentieth Century*, Westport, CT: Praeger, 2003, pp. 92-93.
10. Sutter, "The Lost Jewish Libraries of Vilna and the Frankfurt Institute zur Erforschung der Judenfrage," p. 222.
11. Patricia Kennedy Grimsted, "Reconstructing the Record of Nazi Cultural Plunder," Amsterdam: IISH, 2011, p. 30.
12. John Glad, *Conversations in Exile: Russian Writers Abroad*, Durham, NC: Duke University Press Books, 1992, pp. 271-273.
13. Robert Service, *Lenin: A Biography*, London: Pan, 2010, p. 189.
14. Patricia Kennedy Grimsted, "The Odyssey of the Turgenev Library from Paris, 1940-2002. Books as Victims and Trophies of War," Amsterdam: IISH, 2003, p. 24.

15. Avraham Greenbaum, "Bibliographical Essay," p. 381, in *Pogroms: Anti-Jewish Violence in Modern Russian History*. Cambridge University Press, 2004.
16. Patricia Kennedy Grimsted, "The Odyssey of the Petliura Library and the Records of the Ukrainian National Republic During World War II." Text from *Cultures and Nations of Central and Eastern Europe in Honor of Roman Szporluk* (ed. Zvi Gitelman), Cambridge, MA: Harvard Ukrainian Research Institute, 2000, pp. 181–208.
17. Nina Berverova, "The Disappearance of the Turgenev Library," trans. Patsy Southgate, *Grand Street*, no. 41, 1992, pp. 94–101.
18. Ibid.
19. Grimsted, "The Odyssey of the Turgenev Library from Paris, 1940–2002," pp. 36–37.
20. Hanna Laskarzewska, *La Bibliothèque Polonaise de Paris: Les Peregrinations de Collections dansles Annees 1940–1992*, Paris: Bibliothèque Polonaise, 2004.
21. Sem C. Sutter, "Polish Books in Exile: Cultural Booty Across Two Continents, Through Two Wars," pp. 144–145, *The Holocaust and the Book* (ed. Jonathan Rose), Amherst: University of Massachusetts Press, 2001.
22. Ibid., pp. 144–147.
23. Ibid., p. 148.
24. Laskarzewska, *La Bibliothèque Polonaise de Paris*.
25. Ibid.
26. Astrid Eckert, *The Struggle for the Files: The Western Allies and the Return of German Archives After the Second World War*, Cambridge University Press, pp. 99–100.
27. Grimsted, "The Odyssey of the Petliura Library and the Records of the Ukrainian National Republic During World War II," pp. 181–208.
28. Grimsted, "The Odyssey of the Turgenev Library from Paris, 1940–2002," pp. 38–44.

9　消失的图书馆：罗马

1. Wayne A. Wiegand and Donald G. Davis Jr., *Encyclopedia of Library History*, New York: Routledge, 2015, p. 323.

2. Stanislao G. Pugliese, "The Book of the Roman Ghetto under the Nazi Occupation," p. 52, *The Holocaust and the Book* (ed. Jonathan Rose), Amherst: University of Massachusetts Press, 2001.
3. Zvi Ben-Dor Benite, *The Ten Lost Tribes: A World History*, Oxford University Press, 2009, pp. 17-18.
4. Salah Asher, "A Matter of Quotation," pp. 170-178, *The Italian Judaica Jubilee Conference* (eds. Shlomo Simonsohn, et al.), Leiden; Boston: Brill, 2012.
5. Jacob D'Ancona, *The City of Light*, New York: Citadel, 2003, pp. 23-24.
6. Matthew Fishburn, *Burning Books*, New York: Palgrave Macmillan, 2008, p. 4.
7. Kenneth R. Stow, "The Burning of the Talmud in 1553, in the Light of Sixteenth Century Catholic Attitudes Toward the Talmud," *Bibliothèque d'Humanisme et Renaissance,* 34, 1972, pp. 435-439.
8. David Berger, "Cum Nimis Absurdum and the Conversion of the Jews," *Jewish Quarterly Review*, pp. 41-49. New Series, 70, 1979.
9. Kenneth R. Stow, *Popes, Church, and Jews in the Middle Ages: Confrontation and Response*, Aldershot, England: Ashgate, 2007, p. 51.
10. Pugliese, "The Book of the Roman Ghetto Under the Nazi Occupation," p. 51.
11. Seth Jerchower, "Judeo-Italian." The Jewish Language Research Website, Bar-Ilan University. http://www.jewish-language.org/judes-italian.html.
12. Pugliese, "The Book of the Roman Ghetto Under the Nazi Occupation," p. 52.
13. Robert Katz, *Black Sabbath: A Journey Through a Crime Against Humanity*, London: Arthur Baker, 1969, p.120.
14. Commission for recovery of the bibliographic patrimony of the Jewish Community of Rome stolen in 1943, *Report on the Activities of the Commission for Recovery of the Bibliographic Patrimony of the Jewish Community of Rome Stolen in 1943*.Translated by Lenore Rosenberg. Governo Italiano, 2009. p.15. http://presidenza.governo.it/USRI/confessioni/doc/rapporto_finale_eng.pdf.
15. Pugliese, "The Book of the Roman Ghetto Under the Nazi Occupation," p.48.
16. Susan Zuccotti, *The Italians and the Holocaust: Persecution, Rescue, and Survival*, Lincoln: University of Nebraska Press, 1987, p.33.
17. Michele Sarfatti and Anne C. Tedeschi, *The Jews in Mussolini's Italy: From Equality to Persecution*, Madison: University of Wisconsin Press, 2006, p. 179.
18. Ibid., pp.186-187.

19. Pugliese, "The Book of the Roman Ghetto Under the Nazi Occupation," p.52.
20. *Report on the Activities of the Commission for Recovery of the Bibliographic Patrimony of the Jewish Community of Rome Stolen in 1943*, p.30.
21. Pugliese, "The Book of the Roman Ghetto Under the Nazi Occupation," p.52.
22. Ibid., p.52.
23. Robert G. Weisbord and Wallace P. Sillanpoa, *The Chief Rabbi, the Pope, and the Holocaust: An Era in Vatican-Jewish Relations*, New Brunswick, NJ: Transaction, 2011, pp. 61–66.
24. Joshua D. Zimmerman, *Jews in Italy Under Fascist and Nazi Rule, 1922–1945*, Cambridge University Press, 2005, p. 231.

10　民族的碎片：塞萨洛尼基

1. Mark Mazower, *Salonica, City of Ghosts: Christians, Muslims and Jews 1430–1950*, New York: Vintage Books, 2006, p. 398.
2. Leon Saltiel, "Dehumanizing the Dead: The Destruction of Thessaloniki's Jewish Cemetery in the Light of New Sources," *Yad Vashem Studies*, vol. 42, no. 1, 2014, pp. 11–46.
3. Ibid.
4. Mazower, *Salonica, City of Ghosts*, p. 398.
5. Saltiel, "Dehumanizing the Dead," pp. 11–46.
6. Mazower, *Salonica, City of Ghosts*, p. 398.
7. Ibid., p.50.
8. Gilles Veinstein, *Salonique 1850–1918: La "ville des Juifs" et le reveil des Balkans*, Paris: Editions Autrement, 1992, pp. 42–45.
9. Mazower, *Salonica, City of Ghosts*, p. 48.
10. Ibid., pp. 36–54.
11. Yitzchak Kerem, "The Confiscation of Jewish Books in Salonika in the Holocaust," p. 60, *The Holocaust and the Book* (ed. Jonathan Rose), Amherst: University of Massachusetts Press, 2001.
12. Leah Aini, "No Other Jews Like Them," *Haaretz*, August 12, 2010.
13. Mazower, *Salonic, City of Ghosts*, p. 298.
14. Ibid., pp. 298–301.
15. Kerem, "The Confiscation of Jewish Books in Salonika in the Holocaust," p.

300.
16. Mazower, *Salonica, City of Ghosts*, p. 60.
17. Vilma Hastaoglou-Martinidis and Rena Molho, *Jewish Sites in Thessaloniki: Brief History and Guide*, Athens: Lacabettus Press, 2009, p. 18.
18. Kerem, "The Confiscation of Jewish Books in Salonika in the Holocaust," p. 59.
19. Aini, "No Other Jews Like Them,"*Haaretz*, August 12, 2010.
20. Kerem, "The Confiscation of Jewish Books in Salonika in the Holocaust," p. 60.
21. Mazower, *Salonica, City of Ghosts*, p. 394.
22. Kerem, "The Confiscation of Jewish Books in Salonika in the Holocaust," p. 62.
23. Ibid.
24. Mazower, *Salonica, City of Ghosts*, p. 400.
25. Steven Bowman (ed.), *The Holocaust in Salonika: Eyewitness Accounts*, New York: Bloch, 2002, p. 160.
26. Paul Isaac Hagouel, *History of the Jews of Thessaloniki and the Holocaust*, West Chester: University of Pennsyvania Press, 2006, p. 17.
27. Bowman, *The Holocaust in Salonika*, p. 166.
28. Steven Bowman, *The Agony of Greek Jews, 1940–1945*, Stanford University Press, 2009, pp. 104–108.
29. Primo Levi, *If This Is a Man*, New York: The Orion Press, 1959, p. 80.
30. Braha Rivlin, "Retorno del Inferno,"*Aki Yerushalayim*, no. 49–50, 1995.
31. Kerem, "The Confiscation of Jewish Books in Salonika in the Holocaust," p. 63.

11 造纸厂就是乱葬岗：维尔纽斯

1. David E. Fishman, "Embers Plucked from the Fire: The Rescue of Jewish Cultural Treasures from Vilna,"p. 69, *The Holocaust and the Book* (ed. Jonathan Rose), Amherst: University of Massachusetts Press, 2001.
2. Ibid., pp. 66–67.
3. Shivaun Woolfson, *Holocaust Legacy in Post-Soviet Lithuania: People, Places and Objects*, London: Bloomsbury, 2014, p. 34.

4. Susanne Marten-Finnis, *Vilna as a Centre of the Modern Jewish Press, 1840–1928: Aspirations,Challenges, and Progress*,Oxford; New York: Peter Lang, 2014, pp. 59−60.
5. Cecile Esther Kuznitz, "YIVO," *The YIVO Encyclopedia of Jews in Eastern Europe*, YIVO Institute for Jewish Research. http://www.yivoencyclopedia.org/article.aspx/YIVO.
6. Cecile Esther Kuznitz, *The Origins of Yiddish Scholarship and the YIVO Institute for Jewish Research*, Ph.D. diss., Stanford University, 2000, quoted in Marek Web, "Operating on Faith: YIVO's Eighty Years," *Yedies*, no. 199, 2005.
7. "Special Masters for Holocaust Victims Assets Litigation," YIVO, 2005.
8. Carl J. Rheins, "Recovering YIVO's Stolen Art Collection," *YIVO News*, no. 191, 2000−2001.
9. Albert Einstein, "Letter of support for the YIVO Institute by Albert Einstein," April 8, 1929, YIVO digital archive, Document no: RG 82/yarg82f2243d002.
10. Avraham Novershtern, "Reyzen, Zalmen,"*The YIVO Encyclopedia of Jews in Eastern Europe*,YIVO Institute for Jewish Research. http://yivoencyclopedia.org/article.aspx/Reyzen-Zalmen.
11. Sem C. Sutter, "Polish Books in Exile: Cultural Booty Across Two Continents, Through Two Wars," p. 149, *The Holocaust and the Book* (ed. Jonathan Rose), Amherst: University of Massachusetts Press, 2001.
12. Maria Wardzyńska, *Był rok 1939. Operacja niemieckiej policji bezpieczeństwa w Polsce. Intelligenzaktion*, Institute of National Remembrance, 2009.
13. Sutter, "Polish Books in Exile," p. 149.
14. Hans van der Hoeven and Joan van Albada, "Memory of the World: Lost Memory: Libraries and Archives Destroyed in the Twentieth Century," UNESCO, 1996.
15. Sutter, "Polish Books in Exile," p. 149.
16. Joanna Pasztaleniec-Jarzyńska and Halina Tchórzewska-Kabata, *The National Library in Warsaw: Tradition and the Present Day*, Warsaw: Biblioteka Narodowa, 2000, p. 9.
17. Marek Sroka, "The Destruction of Jewish Libraries and Archives in Cracow During World War II,"*Libraries and Cultures*, vol. 38, no. 2, 2003.
18. Rebecca Knuth, *Libricide: The Regime-Sponsored Destruction of Books and*

Libraries in the Twentieth Century, Leiden; Boston: Praeger, 2003, p. 84.
19. Sroka, "The Destruction of Jewish Libraries and Archives in Cracow During World War II."
20. Ibid.
21. Knuth, *Libricide*, p. 84.
22. Kazimierz Moczarski, *Conversations with an Executioner*, Englewood Cliffs, NJ: Prentice-Hall, 1984, p. 164.
23. Hugh Trevor-Roper and Gerhard L. Weinberg (eds.), *Hitler's Table Talk 1941–1944: Secret Conversation*, New York: Enigma Books, 2013, p. 27.
24. Norman Davies, *Europe at War 1939–1945: No Simple Victory*, London: Pan Macmillan, 2008, p. 306.
25. Patricia Kennedy Grimsted, "Reconstructing the Record of Nazi Cultural Plunder," Amsterdam: IISH, 2011, p. 33.
26. Patricia Kennedy Grimsted, "Roads to Ratibor: Library and Archival Plunder by the Einsatzstab Reichsleiter Rosenberg,"*Holocaust Genocide Studies*, no. 19, 2005.
27. Grimsted, "Reconstructing the Record of Nazi Cultural Plunder," p. 23.
28. Yitzhak Arad, *The Holocaust in the Soviet Union*, Lincoln: University of Nebraska Press, 2009, pp. 413–414.
29. Leonidas E. Hill, "The Nazi Attack on 'Un-German' Literature, 1933–1945," p. 31, *The Holocaust and the Book* (ed. Jonathan Rose), Amherst: University of Massachusetts Press, 2001.
30. Patricia Kennedy Grimsted, "Roads to Ratibor."
31. Ibid.
32. Grimsted, "Reconstructing the Record of Nazi Cultural Plunder," p. 23.
33. Hill, "The Nazi Attack on 'Un-German' Literature, 1933–1945," p. 32.
34. Jörg Ganzenmüller, "Blockade Leningrads: Hunger als Waffe," Zeit Online, July 18, 2011. http:www.zeit.de/zeit-geschichte/2011/02/Kriegsziele-General plan-Ost.
35. Hill, "The Nazi Attack on 'Un-German' Literature, 1933–1945," p. 31.
36. Hirsz Abramowicz, "Khaykl Lunski," pp. 260–264, *Profiles of a Lost World: Memoirs of East European Jewish Life Before World War II*, Detroit: Wayne State University Press, 1999.
37. Ibid.

38. Joseph H. Prouser, *Noble Soul: The Life and Legend of the Vilna Ger Tzedek Count Walenty Potocki*, Piscataway, NJ: Gorgias Press LLC, 2005, pp. 1-3.
39. Fishman, "Embers Plucked from the Fire," p. 68.
40. Ibid.
41. Yitskhok Rudashevski, *Diary of the Vilna Ghetto*, Washington, DC: United States Holocaust Memorial Council, 1991, pp. 77-78.
42. Herman Kruk, "The Ghetto and the Readers," pp. 192-197, *The Holocaust and the Book* (ed. Jonathan Rose), Amherst: University of Massachusters Press, 2001.
43. Fishman, "Embers Plucked from the Fire," p. 69.
44. Ibid.
45. Ibid.
46. Web, "Operating on Faith: YIVO's Eighty Years."
47. Joseph Berger, "Yiddish Poet Celebrates Life with His Language," *New York Times*, March 17, 1985.
48. Fishman, "Embers Plucked from the Fire," p. 71.
49. Ibid.
50. "Ona Simaite," Shoah Resource Center, the International School for Holocaust Studies, www.yadvashem.org/odot_pdf/Microsoft%20Word%20-%206025.pdf.
51. Web, "Operating on Faith: YIVO's Eighty Years."
52. Yitzhak Arad, *In the Shadow of the Red Banner: Soviet Jews in the War Against Nazi Germant*, Jerusalem; New York: Gefen, 2010, p. 205.
53. Joseph Berger, "Abraham Sutzkever, 96, Jewish Poet and Partisan, Dies," *New York Times*, January 23, 2010.
54. Ruth Wisse, "Abraham Sutzkever," *Holocaust Literature: Lerner to Zychlinsky*, London; New York: Routledge, 2003, pp. 1234-1237.
55. Saul Friedländer, *The Years of Extermination: Nazi Germany and the Jews, 1939-1945*, New York: Harper Perennial, 2008, p. 633.
56. Fishman, "Embers Plucked from the Fire," p. 73.

12　塔木德部队：特莱西恩施塔特集中营

1. Luke Harding and Louise Osborne, "Vienna Philharmonic and the Jewish Musicians Who Perished Under Hitler,"*Guardian*, March 11, 2013.

2. Michal Bušek et al., *Hope Is on the Next Page: 100 Years of the Jewish Library in Prague*, Prague: Jewish Museum, 2007, p. 37.
3. "Nazi propaganda film about Theresienstadt/Terezín," Steven Spielberg Film and Video Archive, US Holocaust Memorial Museum, Film ID: 140.
4. Robert Skloot, "Staying Ungooselike: The Holocaust and the Theatre of Choice," p.248, *Jewish Theatre: A Global View* (ed. Edna Nahshon), Leiden; Boston: Brill, 2009.
5. Bušek et al., *Hope Is on the Next Page*, p. 44.
6. Ibid., pp.38-39.
7. Ibid., p.41.
8. Ibid., p.63.
9. Dov Schidorsky, "Confiscation of Libraries and Assignments to Forced Labor: Two Documents of the Holocaust," *Libraries and Culture*, Vol. 33, 1998, pp. 347-388.
10. Patricia Kennedy Grimsted, "Restitution of Confiscated Art Works: Wish or Reality?" 见2007年10月24—26日在利贝雷茨（Liberec）召开的国际学术会议的论文集。Prague: Tilia, 2008, pp. 144-145.
11. Schidorsky, "Confiscation of Libraries and Assignments to Forced Labor."
12. Ibid.
13. Ibid.
14. Patricia Kennedy Grimsted, "Roads to Ratibor: Library and Archival Plunder by the Einsatzstab Reichsleiter Rosenberg," *Holocaust Genocide Studies*, vol. 19, no. 3, Winter 2005, pp. 390-458.
15. Ibid.
16. Anne Rothfeld, "Returning Looted European Library Collections: An Historical Analysis of the Offenbach Archival Depot, 1945-1948," *RBM: A Journal of Rare Books, Manuscripts, and Cultural Heritage*, vol. 6, no. 1, 2005.
17. Grimsted, "Roads to Ratibor."
18. Evelyn Adunka, "The Nazi Looting of Books in Austrian and Their Partial Restitution," www.lootedart.com/MFVALY48822.
19. Ibid.
20. Grimsted, "Roads to Ratibor."
21. Adunka, "The Nazi Looting of Books in Austria and Their Partial Restitution."

22. Alan Riding, *And the Show Went On: Cultural Life in Nazi-Occupied Paris*, New York: Alfred A. Knopf, 2010.
23. Grimsted, "Roads to Ratibor."

13 "没有犹太人的犹太人研究"：拉提波 – 法兰克福

1. Patricia Kennedy Grimsted, "Roads to Ratibor: Library and Archival Plunder by the Einsatzstab Reichsleiter Rosenberg,"*Holocaust Genocide Studies*, no. 19, 2005, pp. 390–458.
2. Ernst Piper, "Die Theorie des mörderischen Wahns,"*Frankfurter Rundschau*, October 12, 2005.
3. Steven Topik and Kenneth Pomeranz, *The World That Trade Created: Society, Culture and the World Economy, 1400 to the Present*, London; New York: Routledge, 2014, p. 208.
4. Sem C. Sutter, "The Lost Jewish Libraries of Vilna and the Frankfurt Institute zur Erforschung der Judenfrage," p. 222, *Lost Libraries* (ed. James Raven), New York: Palgrave Macmillan, 2004.
5. Patricia Kennedy Grimsted,"The Odyssey of the Turgenev Library from Paris, 1940–2002. Books as Victims and Trophies of War," Amsterdam: IISH, 2003, p. 38.
6. Grimsted, "Roads to Ratibor."
7. Patricia von Papen-Bodek, "Anti-Jewish Research of the Institut zur Erforschung der Judenfrage in Frankfurt am Main between 1939 and 1945," pp. 155–173, *Lessons and Legacies VI: New Currents in Holocausts Research*, Evanston, IL: Northwestern University Press, 2004.
8. Ibid.
9. Sutter, "The Lost Jewish Libraries of Vilna and the Frankfurt Institute zur Erforschung der Judenfrage," p. 220.
10. Jan Björn Potthast, *Das jüsdiche Zentralmuseum der SS in Prag: Gegnerforschung und Völkermord im Nationalsozialismus*, Frankfurt: Campus Verlag 2002, p. 180.
11. Grimsted, "Roads to Ratibor."
12. Ibid.
13. Ardelia Hall Collections, Records Concerning the Central Collecting Points,

Offenbach Archival Depot, 1946–1957, National Archives and Records Administration, M1942, Section 1, photos 15–17.
14. Ibid., photo 12.
15. Ibid., photo 13.
16. Alon Confino, *A World Without Jews. The Nazi Imagination from Persecution to Genocide*, New Haven, CT: Yale University Press, 2014, p. 151.
17. von Papen-Bodek, "Anti-Jewish Research of the Institut zur Erforschung der Judenfrage in Frankfurt am Main between 1939 and 1945," pp. 155–173.
18. Ibid.
19. Wilhelm Grau, "Die Geschichte des Judenfrage und ihr Erforschung," *Blätter für deutsche Landesgeschichte,* 83, no. 3, 1937, p. 167, quoted in A. Confino, *A World Without Jews*, p. 110.
20. Ibid., p. 194.
21. Ibid., p. 196.
22. Ibid., p. 177.
23. Ibid., p. 241.
24. Chaim Kaplan, *Scroll of Agony: The Warsaw Ghetto Diary of Chaim A. Kaplan*, Trans. Abraham Katsh, New York: Macmillan, 1965, pp. 90–91.
25. Ibid., pp. 399–400.
26. Patricia Kennedy Grimsted, "Sudeten Crossroads for Europe's Displaced Books: The Mysterious Twilight of the RSHA Amt VII Library and the Fate of a Million Victims of War," *Restitution of Confiscated Art Works: Wish or Reality?*, ed. Mecislav Borak, Prague: Tilia, 2008, pp. 160–161.
27. Ibid., p. 142.
28. Katarzyna Leszczyńska, *Hexen und Germanen: Das Interesse des Nationalsozialismus an der Geschichte der Hexenverfolgung*, Bielefeld: Transcript Verlag, 2009, p. 52.
29. Michael David Bailey, *Magic and Superstition in Europe: A Concise History from Antiquity to the Present*, Lanham, MD: Rowman & Littlefield, 2007, pp. 235–237.
30. Leszczyńska, *Hexen und Germanen*, pp. 18–20.
31. Bailey, *Magic and Superstition in Europe*, pp. 235–240.
32. Grimsted, "Sudeten Crossroads for Europe's Displaced Books," pp. 162–163.

33. von Papen-Bodek, "Anti-Jewish Research of the Institut zur Erforschung der Judenfrage in Frankfurt am Main between 1939 and 1945," p. 170.
34. Hans Hagemeyer, "Preparations already made for the International Congress," Nazi Conspiracy and Aggression Vol. IV, Document No. 1752-PS. Avalon Project. Letter dated June 15, 1944. http://avalon.law.yale.edu/imt/1752-ps.asp.
35. Ibid.
36. von Papen-Bodek, "Anti-Jewish Research of the Institut zur Erforschung der Judenfrage in Frankfurt am Main between 1939 and 1945," p. 163.
37. Ibid.
38. Hagemeyer, "Preparations already made for the Internaitonal Congress."
39. Ibid.
40. Grimsted, "Roads to Ratibor."
41. Ibid., "The Odyssey of the Turgenev Library from Paris, 1940−2002," p. 45.
42. Patricia Kennedy Grimsted, "Reconstructing the Record of Nazi Cultural Plunder," IISH Research Paper 47, 2011, p. 427.
43. Violet Brown and Walter Crosby, "Jew Finds Hebrew Collection Nazis Stole in Lie Drive," *Brooklyn Daily Eagle*, April 9, 1945.

14　一马车的鞋子：布拉格

1. Tomas Sniegon, *Vanished History: The Holocaust in Czech and Slovak Historical Culture*, New York: Berghahn Books, 2014, p. 214.
2. Andrea Jelinkova, "Books in the Terezín Ghetto and their Post-War Fate," *Judaica Bohemiae*, 2012, pp. 85−107.
3. Ibid.
4. Patricia Kennedy Grimsted, "Sudeten Crossroads for Europe's Displaced Books: The Mysterious Twilight of the RSHA Amt VII Library and the Fate of a Million Victims of War," p. 165, *Restitution of Confiscated Art Works: Wish or Reality?*, ed. Mecislav Borak, Prague: Tilia, 2008.
5. Ibid., p. 165.
6. Ibid., pp. 172−174.
7. Lucy Schildkret to Joseph A. Horne, "Subject: Restitutable books in Czechoslovakia," April 19, 1947. Records Concerning the Central Collecting

Points ("Ardelia Hall Collection"): Offenbach Archival Depot, 1946–1951. M1942, Roll 006, p. 101.https://www.fold3.com/image/232161141/.
8. Grimsted, "Sudeten Crossroads for Europe's Displaced Books," p. 175.
9. Frits J. Hoogewoud, "Duth Jewish Ex Libris Found Among Looted Books in the Offenbach Archival Depot," *Dutch Jews as Perceived by Themselves and by Others: Proceedings of the Eighth International Symposium on the History of the Jews in the Netherlands*, Leiden; Boston: Brill, 2001, p. 254.
10. Michal Bušek et al., *Hope is on the Next Page: 100 Years of the Jewish Library in Prague*, Jewish Museum, Prague, 2007, p. 63.
11. Grimsted, "Sudeten Crossroads for Europe's Displaced Books," p. 180.
12. Patricia Kennedy Grimsted, *Trophies of War and Empire: The Archival Heritage of Ukraine, World War II, and the International Politics of Restitution*, Cambridge, MA: Harvard University Press, 2001, p. 251.
13. Patricia Kennedy Grimsted, "The Odyssey of the Turgenev Library from Paris, 1940–2002; Books as Victims and Trophies of War," Amsterdam: IISH, 2003, p. 48.
14. Ibid., pp. 50–51.
15. Ibid., pp. 52–53.
16. Ibid., p. 59.
17. Patricia Kennedy Grimsted, "The Road to Minsk for Western 'Trophy' Books: Twice Plundered but Not Yet Home from the War," *Libraries & Culture*, vol. 39, no. 4, 2004.
18. Patricia Kennedy Grimsted, "Tracing Trophy Books in Russia," *Solanus*, 19, 2005, pp. 131–145.
19. Ibid.
20. Grimsted, *Trophies of War and Empire*, pp. 259–260.
21. Grimsted, "The Odyssey of the Turgenev Library from Paris, 1940–2002," p. 56.
22. Ibid., p. 65.
23. Robert Cecil, *The Myth of the Master Race*, London: B. T. Batsford, 1972, p. 214.
24. Alfred Rosenberg, *Grossdeutschland, Traum und Tragödie*, Selbstverlag H. Härtle, 1970, p. 180.
25. Cecil, *The Myth of the Master Race*, pp. 216–217.

26. Seymour J. Pomrenze, "Personal Reminiscences of the Offenbach Archival Depot, 1946–1949: Fulfilling International and Moral Obligations," *Washington Conference on Holocaust Era Assets*, ed. J. D. Bindenagel, Washington, DC: Dept. of State, 1999, pp. 523–528.
27. Ibid.
28. Ibid.
29. Herman de la Fontaine Verwey, "Bibliotheca Rosenthaliana During the German Occupation," in *Omnia in Eo: Studies on Jewish Books and Libraries in Honor of Adri Offenberg, Celebrating the 125th Anniversity of the Bibliotheca Rosenthaliana in Amsterdam*, Leuven: Peeters, 2006, pp. 70–71.
30. Jaap Kloosterman and Jan Lucassen, "Working for Labour: Three Quarters of a Century of Collecting at the IISH," p. 14, in *Rebels with a Cause*, Amsterdam: Askant, 2010.
31. Patricia Kennedy Grimsted, "The Odyssey of the Petliura Library and the Records of the Ukrainian National Republic During World War II," pp. 181–208, *Cultures and Nations of Central and Eastern Europe in Honor of Roman Szporluk* (ed. Zvi Gitelman), Cambridge, MA: Harvard Ukrainian Research Institute, 2000.
32. Hanna Laskarzewska, *La Bibliothèque Polonaise de Paris: Les Peregrinations de Collections Dans les Annees 1940–1992*, Paris: Bibliothèque Polonaise, 2004.
33. Patricia Kennedy Grimsted, *Returned from Russia: Nazi Archival Plunder in Western Europe and Recent Restitution Issues*, Builth Wells, Wales: Institute of Art and Law, 2013, p. 207.
34. Ibid., p. 206.
35. Ibid.
36. Ibid., p. 209.
37. Grimsted, "The Road to Minsk for Western 'Trophy' Books."
38. Michael Dobbs, "Epilogue to a Story of Nazi-Looted Books," *Washington Post*, January 5, 2000.
39. Ibid.
40. Sem C. Sutter, "The Lost Jewish Libraries of Vilna and the Frankfurt Institut zur Erforschung der Judenfrage," p. 231, *Lost Libraries* (ed. James Raven),

New York: Palgrave Macmillan, 2004.
41. Paul Robert Magocsi, *Historical Atlas of East Central Europe*, Seattle; London: University of Washington Press, 1993, pp. 164-168.
42. Ibid.
43. Ibid.
44. W. Gelles, "Interview with Historian, and the Author of 'The War Against the Jews' and 'From That Place and Time'."*Publishers Weekly*, December 5, 1989.
45. Lucy S. Dawidowicz, *From That Place and Time: A Memoir, 1938-1947*, New York: W.W. Norton, 1989, p. 119.
46. Walter Ings Farmer, *The Safekeepers:A Memoir of the Arts at the End of World War II*, Berlin; New York: Walter de Gruyter, 2000, p. 101.
47. Dawidowicz, *From That Place and Time*, p. 316.
48. David E. Fishman, "Embers Plucked from the Fire: The Rescue of Jewish Cultural Treasures from Vilna," pp. 73-74, *The Holocaust and the Book* (ed. Jonathan Rose) , Amherst: University of Massachusetts Press, 2001.
49. Ibid.
50. Ibid.
51. Abraham Sutzkever, "Mon témoignage au procès de Nuremberg," *Les Écrivains et la Guerre*, Paris: Messidor, 1995.
52. Christian Delage, "The Place of the Filmed Witness: From Nuremberg to the Khmer Rouge Trial, " *Cardozo Law Review*, vol. 31, 2010.
53. Robert Cecil, *The Myth of the Master Race*, p. 221.
54. Burton C. Andrus, *The Infamous of Nuremberg*, London: Leslie Frewin, 1969, p. 172.
55. Cecil, *The Myth of the Master Race*, p. 219.
56. Ibid.
57. Ibid., p. 228.
58. Ibid., p. 229.
59. Alan E. Steinweis, *Studying the Jew: Scholarly Antisemitism in Nazi Germany*, Cambridge, MA: Harvard University Press, 2009, pp. 115-116.
60. Howard K. Smith, "The Execution of Nazi War Criminals," International News Service, October 16, 1946.

15　踏上归途的书：柏林－坎诺克

1. Richard Kobrak, ID: 123456. Ancestry.com.
2. Patricia Kennedy Grimsted, *Trophies of War and Empire:The Archival Heritage of Ukraine, World War II, and the International Politics of Restitution*, Cambridge, MA: Harvard University Press, 2001, p. 257.
3. Ibid.
4. Ibid., p. 258.
5. Ibid.
6. Ibid., p. 394.
7. Ibid., p. 396.
8. Ibid., p. 400.
9. Patricia Kennedy Grimsted, "The Road to Minsk for Western 'Trophy' Books: Twice Plundered but Not Yet Home from the War,"*Libraries & Culture,* vol. 39, no. 4, 2004.
10. Patricia Kennedy Grimsted, *Returned from Russia: Nazi Archival Plunder in Western Europe and Recent Restitution Issues*, Builth Wells, Wales: Institute of Art and Law, 2013, p. 291.
11. Grimsted, *Trophies of War and Empire*, p. 403.
12. Tanya Chebotarev and Jared S. Ingersoll (eds.), "Russian and East European Books and Manuscripts in the United States," pp. 114–119, 俄罗斯 Bakhmeteff 档案馆五十周年纪念会议论文集。New York: Routledge, 2014.
13. Grimsted, *Returned from Russia*, p. 245.
14. Ibid., p. 289.
15. Chebotarev and Ingersoll, "Russian and East European Books and Manuscripts in the United States," pp. 117–119.
16. Patricia Kennedy Grimsted, "The Odyssey of the Turgenev Library from Paris, 1940–2002. Books as Victims and Trophies of War," Amsterdam: IISH, 2003, p. 14.
17. Ibid., p. 90.
18. Ibid., p. 96.
19. Commission for recovery of the bibliographic patrimony of the Jewish Community of Rome stolen in 1943, *Report on the Activities of the Commission*

for Recovery of the Bibliogtaphic Patrimony of the Jewish Community of Rome Stolen in 1943. Translated by Lenore Rosenberg, Governo Italiano, 2009, p. 6.
20. Ibid., p. 26.
21. Ibid., p. 43.
22. Grimsted, "The Road to Minsk for Western 'Trophy' Books."
23. Käthe Kobrak 的日记，1995 年 8 月 10—15 日，私人收藏。
24. Ibid.
25. Ibid.
26. Alan Parkinson, *From Marple to Hay and Back*. Marple Local History Society, 2002. http://www.marple-uk.com/misc/dunera.pdf.
27. Käthe Kobrak 的日记，1939 年 8 月 3 日—1945 年 3 月 31 日，私人收藏。

图书在版编目（CIP）数据

纳粹与书：追寻被掠夺的历史记忆 /（瑞典）安德斯·莱德尔著；朱慧颖译 .—北京：商务印书馆，2021

ISBN 978-7-100-19955-1

Ⅰ.①纳… Ⅱ.①安… ②朱… Ⅲ.①第二次世界大战—图书史 Ⅳ.① G256.1

中国版本图书馆 CIP 数据核字（2021）第 094511 号

权利保留，侵权必究。

纳粹与书：追寻被掠夺的历史记忆
〔瑞典〕安德斯·莱德尔 著
朱慧颖 译

商 务 印 书 馆 出 版
（北京王府井大街36号 邮政编码100710）
商 务 印 书 馆 发 行
北京艺辉伊航图文有限公司印刷
ISBN 978 - 7 - 100 - 19955 - 1

2021年8月第1版　　　　开本 710×1000　1/16
2021年8月北京第1次印刷　印张 20¼
　　　　　　定价：66.00元